그리스도인으로 살아가는 것에 대한 모든 것

The Story of **LIFE**

삶에 대한 이야기

이용훈 주교

가톨릭 비타꼰

그리스도인으로 살아가는 것에 대한 모든 것

The Story of **LIFE**

삶에 대한 이야기

생활 속 가톨릭 윤리 / 젊은이여 일어나라 / 사제의 삶

이용훈 주교

가톨릭 비타꼰

글을 시작하며
어떻게 살아갈 것인가

유발 하라리(Yuval Noah Harari)는 「호모 데우스 – 미래의 역사」에서 이렇게 말했습니다.

"아무 역사책이나 잡히는 대로 들고 펼쳐보라. 십중팔구 굶어 죽어가는 사람들에 관한 끔찍한 이야기와 마주할 것이다. 1692년과 1694년 사이에 인구의 15%에 해당하는 약 280만명의 프랑스 인이 굶어 죽었지만, 그동안 태양왕 루이 14세는 베르샤유 궁전에서 정부들과 놀아났다. 이듬해인 1695년에는 에스토니아에 기근이 닥쳐 인구의 5분의 1이 죽었다. 1696년은 핀란드 차례가 되어 인구의 4분의 1 내지 3분의 1이 죽었다. 스코틀랜드는 1695년과 1698년 사이에 심각한 기근을 겪었고, 몇몇 행정구역은 거주자의 20%를 잃었다."

오늘날 대부분의 사람들은 이런 지독한 고통을 겪지 않습니다. 하지만 우리 조상들은 불쌍하게도 이런 고통에 매우 익숙했습니다. "저희에게 일용할 양식을 주시고"라고 하느님께 하는 기도는 참으로 간절한 것이었습니다. 하지만 20세기에 접어들면서 많은 것이 바뀌었습니다. 유발 하라리에 의하면 고대 농경사회에서는 사망원인의 약 15%가 인간의 폭력이었던 반면, 20세기에는 그 비율이 5%에 불과했고, 21세기 초에는 약 1%로 줄었습니다. 2012년 전세계 사망자 수는 약 5600만명이었는데 이 가운데 62만명이 폭력으로 죽었습니다. 전쟁에서 죽은 사람이 12만명, 범죄로 죽은 사람이 50만명이었습니다. 반면 80만명이 자살했고, 150만명이 당뇨병으로 죽었습니다. 현재 화약보다 더 위험한 것이 설탕입니다.

현대 사회가 본격적인 대량 생산 및 소비 사회로 진입한 1990년대와 2000년대의 인류는 과거와는 전혀 다른 소비행태를 보이고 있습니다. 지속적인 경제 성장으로 생활 수준도 향상되었고, 과거와 달리 자신의 재량에 따라 물건을 소비할 기회가 많아졌습니다. 하지만 이같은 풍요는 역설적으로 소비의 차별을 불러왔습니다.

우리들은 꼭 필요하지 않더라도 남들이 하니까 따라 하는 '모방소비'와 '과시소비'에 쉽게 빠질 수 있습니다. 또한 스트레스, 실망, 좌절, 자율성 상실, 자아존중감 등의 결핍을 보상받기 위해 물건을 사고, 얼마되지 않은 쓸만한 물건들도 교체하는 '보상소비', 구매행동을 억제하지 못하는 '중독소비' 등도 문제입니다.

과연 이러한 삶이 옳은 것일까요. 돈으로 행복을 살 수 있는 것일까요. 돈으로 행복해질 수 없다면 우리는 무엇을 지향하며 살아야 할까요.

지금 우리에게 중요한 것은 허전함을 달랠 그 무엇인가를 돈이나 다른 곳에서 찾을 것이 아니라, 매 순간 그리스도인의 삶에 충실히 임하는 것입니다.

그리스도인이라는 위대한 이름과 바꿀만한 것은 세상에 없습니다. 한번 주님께서 부르셨으면 우리는 하느님의 사람입니다. 하느님은 내 삶의 출발점, 근거, 규범, 준거점입니다. 하느님 외에 모든 것은 이차적이고 부차적인, 차선적인 가치를 지닐 뿐입니다. 그럼에도 오늘날 많은 이들이 자신의 명성, 지위, 권력, 재물 등을 성취하는데 삶의 목표를 두고 뛰어가고 있습니다.

하느님이 지금 부르고 계십니다. 주님과 만나고 대화하는 기도 안에서 나의 뜻과 의지는 유보(留保)되고 사라져야 합니다. 그렇게 하느님의 의지를 고백하고 따르며 실천하면 그 외의 것은 덤으로 주어집니다.

쇠도끼를 잃었던 나무꾼이 금도끼를 욕심냈다면 쇠도끼 마저 잃었을 것입니다. 하지만 겸손하고 정직한 나무꾼은 정직하게 쇠도끼로 만족하였기에 금도끼까지 덤으로 얻을 수 있습니다. 중요한 것은 돈이나 황금이 아니라, 눈에 보이지 않는 가치를 추구하는 것입니다. 혹시 우리는 지금 금도끼를 탐해서 쇠도끼를 잃는 우를 범하고 있는 것은 아닌지요.

많은 것을 얻고 싶습니까. 하느님 이외의 것을 내려놓고, 그 자리에 하느님을 모시십시오. 그러면 모든 것을 얻을 수 있습니다.

이 책은 하느님을 모시는 삶이 얼마나 아름다운 것인지 탐색하는 과정에서 나온 열매입니다. 진정한 삶의 의미가 무엇인지, 또 어떻게 살아야 완전한 행복에 도달할 수 있을지 고민한 내용을 담았습니다. 또 소외된 이들 및 사회 지도층 각자가 스스로의 정체성을 어떻게 만들어 나가야 하는지에 대한 윤리신학적 고찰도 함께 다뤘습니다. 이 책을 읽는 분들이 저와 함께 참 사랑, 참 진리, 참 행복의 여정에 나설 수 있기를 소망합니다. 그리고 마지막 날에 하느님이 주시는 가장 완전한 행복에 푹 잠길 수 있기를 희망합니다. 또한 저와 함께 수원교구를 위해 애쓰시는 교구청 신부님들과 교구 사제단에 감사드립니다. 이 책이 나오는데 기꺼이 협력해 주신 도서출판 가톨릭 비타꼰 최의영 안드레아 사장 신부님과 우광호 라파엘 편집장님께도 심심한 감사를 드립니다.

2018년 4월
수원교구장 이용훈 주교

Contents

글을 시작하며
어떻게 살아갈 것인가

제1부   삶에 대한 이야기

015　돈(錢)
021　일하는 행복 – 그리스도교적 노동의 의미
027　교회는 왜 사회문제에 개입하는가
033　보편적 윤리규범에의 복종
039　인권에 대하여
045　자화상
051　어머니의 역할
057　새로운 시대, 새로운 사회윤리
063　진정한 부자
069　무뎌진 칼날
075　한국인이 부럽습니다
081　가난한 날의 행복
087　이웃에 대하여
093　겸손의 계단
099　가난한 이들을 위한 우선적 선택
105　성 요한 세례자가 오늘 우리에게 온다면?
111　가톨릭 기업인의 역할과 자세
117　열매 맺기
123　마지막 보루

129　정(情) – 정남본당의 추억
135　마더 데레사
139　아기예수의 성녀 데레사
145　고통에 대하여
151　양심에 대하여
157　빛의 삶, 십자가의 삶
163　어린아이 닮기
169　한식(寒食)과 마음의 가난
175　부활의 삶
181　권력, 권력자, 권위에 대하여
187　오염사회
193　'일한다'는 것의 의미
199　위기의 가정
205　피임에 대하여
211　교회의 성에 대한 가르침
217　성(性)에 대하여
223　혼인의 본질과 가정의 의무
229　혼돈의 시대를 살아가는 법
235　여성의, 여성에 의한, 여성을 위한 교회
241　노인복지, 노인사목
247　장애인들께 드리는 편지
253　참된 행복
259　참된 자유에 대하여 1
265　참된 자유에 대하여 2

제2부 동성애, 교회는 어떻게 바라보는가

- 273 동성애에 대한 이야기를 시작하며
- 281 동성애의 원인과 환경
- 289 동성애자들의 삶과 혼인
- 297 성경이 말하는 동성애
- 301 동성애에 대한 윤리성 논란
- 309 동성애에 대한 교회의 가르침
- 317 동성애자에 대한 사목적 배려

제3부 젊은이여 일어나라

- 327 당신이 축복입니다
- 329 선물로 주어지는 내일
- 331 우리는 왜 세상에 존재하는가
- 335 깨어있는 삶
- 337 시간의 가치
- 341 자선에 대하여
- 343 목표 세우기
- 347 참된 가치
- 349 침묵에 대한 권유
- 351 고통의 극복
- 353 빛에 대한 묵상

제4부 사제의 삶

- 359 성직자와 수도자의 삶
- 365 독신 생활
- 373 정결
- 377 사제의 정체성과 영성생활
- 385 사제의 직무와 역할
- 391 기도생활과 외적활동의 조화
- 397 이 시대의 사제, 사제직

글을 마치며
다시 기억하는 교황 프란치코의 방한
– 가톨릭 윤리의 자각

그리스도인으로 살아가는 것에 대한 모든 것
The Story of LIFE
삶에 대한 이야기

제1부

삶에 대한 이야기

돈(錢)

40대 중반의 회사원 K씨.

아들과 딸, 아내와 함께 단란한 가정을 꾸려가는 K씨는 성경을 읽을 때마다 당혹스러울 때가 많습니다. 며칠 전, 소공동체 모임에서 성경을 읽을 때도 마찬가지였습니다.

"돈을 사랑하는 것이 모든 악의 뿌리입니다."(1티모 6,10)

난감합니다. 돈 없이 한 순간도 살기 어려운데, 성경은 돈을 멀리하라고 가르칩니다. 그렇다면 지금 누리고 있는 안정된 생활을 포기하라는 말일까요. 신앙과 돈은 양립할 수 없는 것일까요. K씨의 고민은 오늘도 깊어갑니다.

사실 우리는 돈 없으면 한 순간도 살 수 없습니다. 옷을 사 입어야 하고, 밥을 먹어야 하고, 집이 있어야 합니다. 책을 읽고 싶어도 돈이 있어야하고, 사랑하는 사람과 품위 있고 멋진 저녁식사를 하고 싶어도 돈이 있어야 합니다. 요즘 영화, 연극, 미술, 음악, 출판계도 돈이 없으면 운영 자체가 불가능합니다. 심지어 피정이나 성지순례 등 신앙생활을 하기 위해서도 최소한의 돈은 필요합니다. 교회 또한 막대한 돈을 들여 다양한 사목활동을 전개하고 있습니다. 돈이 없으면 아무것도 할 수 없는 세상입니다. 이런 실정에서 '돈을 추구하는 것은 나쁜거야'라고 자신 있게 말할 수 있는 사람이 과연 몇이나 될까요.

피의자들이 변호사를 선임하지 못해서, 사법상 불이익 처분을 받고 옥살이를 한다면 누가 책임질 것입니까. 현실적으로 유전무죄(有錢無罪) 무전유죄(無錢有罪)라는 말이 들어맞지 않습니까. 돈이 없어 병원 치료도 제대로 받지 못하고 세상을 떠난 사람에게 우리는 어떤 말을 할 수 있을까요.

분명하게 말하지만, 가난과 빈곤은 퇴치해야 할 악(惡)입니다. 물론 예수님은 부자 청년에게 영원한 생명을 얻기 원하는 모든 재산을 팔아 가난한 이들에게 나누어 주고 당신을 따르기를 원하십니다.(마르 10,17-22 참조) 그렇다고 예수님께선 재화의 무소유 정신을 당신이 만난 모든 이에게 무작정 조건 없이 요구하지는 않으십니다. 그 분은 부자들과도 친분을 유지하며 물적 도움도 받으셨습니다.

사도 베드로와 그 외 사도들은 생계에 필요한 선박들을 소유하였고, 그것을 이용하여 물고기를 잡았습니다.(마르 4,35-41; 6,45-52) 돈은 참으로 좋은 것이며, 돈을 많이 소유하는 것도 훌륭한 일입니다.
문제는 돈을 어떻게 사용하는가를 질문해야 한다는 점입니다. 하느님으로부터 받은 재화를 사용하는 것은 모든 이의 공동권리에 속합니다. 따라서 개인의 돈이라도 그 돈은 개인의 것이 아닙니다. 개인의 돈은 만인을 위해 사용되어야 합니다.(「노동하는 인간」 14항 참조)
변화하는 사회의 환경과 민족들의 정서와 문화에 따라 소유권의 형태는 다양할 수 있겠으나, 재화의 보편적 목적은 언제나 동일할 수밖에 없습니다.

따라서 누구나 재화를 사용할 때에는 합법적으로 소유하는 외적 재산이라고 하더라도 사유물(私有物)로만 생각할 것이 아니라, 공유물(共有物)로 보아야 합니다. 돈은 그래서 자신에게 뿐 아니라, 타인에게도 유익과 선익이 되도록 사용해야 합니다.(「사목헌장」 69 참조)

오늘날 우리 사회는 실업, 기업의 감원 시책과 연관된 조기퇴직, 명예퇴직, 수출부진, 고물가 저성장의 가속화 등으로 인해 경제적으로 매우 힘겨운 상황에 있습니다. 최근 세계 경제의 불황은 우리들의 고통을 가중시키고 있습니다.

더욱이 하위직 노동자와 빈곤층이 겪는 고통과 애환은 심각한 상황입니다. 이런 상황에서 일부 부유층들의 불건전한 호화 소비생활은 불난데 부채질하는 격입니다. 많은 서민들이 삶에 회의를 느끼며 살맛을 잃고 있습니다. 인간이 사는 목적은 무엇일까요. 동물적 생존과 오락, 쾌락, 편리를 위해 살고 돈을 쓰는 것이 그 목적일 수 없습니다. 인간의 처지에서 사셨던 예수 그리스도의 관심사항, 곧 하느님과 이웃에 대한 사랑을 실천하면서 자신을 완성하는 것이 삶의 목적이어야 합니다. 이 목적을 위해 돈이 사용되어야 합니다.

돈은 자체로 악이라거나 가난은 무조건 선하다고 보는 것은 용납될 수 없는 오류이고 편견입니다. 하지만 누구를 막론하고 소유한 돈을 제대로 이용하지 않고 아무렇게나 방치하는 것도, 쓸모없고 헛된 일에 써대는 것은 잘못입니다. 한 인간이 소유한 돈과 정신적 재능은 하느님의 뜻에 따라 자신과 이웃, 사회를 위해 요긴하고 유익하게 사용되고 관리되어야 합니다. 과학과 기술, 그리고 경제생활은 보다 높은 정신적 종교적 가치를 실현하고 완성하는 도구임을 잊어서는 안 될 것입니다.(「어머니요 스승」 175~177항 참조)

다시 말해서, 외적이고 물질적인 재화이든 정신적인 재능이든 하느님께로부터 풍성한 은혜를 많이 받은 사람은 자기의 인격 완성에 그것을 활용하고, 하느님 섭리의 봉사자로서 다른 사람들의 유익을 위하여 그것을 사용해야 합니다.(「어머니와 교사」 119항 참조)

성 요한 크리소스토무스(Joannes Chrisostomus 349?~407)는 세속 재물의 소유 정도는 어떤 보상이나 벌의 수단이 아니라고 보았습니다. 선한 자나 악한 자나 모두가 차별 없이 가난하거나 부유할 수 있습니다. 따라서 부자는 자신의 부(富)가 스스로의 선행, 공로의 결과인 것으로 착각하지 말아야 하며, 가난한 자도 그 비참한 현실을 보고 하느님으로부터 저주 받았다고 생각할 필요가 없습니다.

건강과 질병, 부와 가난 등은 모든 이에게 공통적으로 분배 되는 것입니다. 크리소스토무스에게 있어서 이 지상생활은 정의의 심판 때가 아니고, 악한 이들이 회개할 수 있도록 모든 이에게 부여된 사랑과 자비의 때입니다. 크리소스토무스는 또 부 자체의 가치와 유익성을 부정하지 않으며, 다만 부의 그릇된 사용을 단죄합니다. 부가 필요한 사람들을 위해 사용되는 경우에는 선한 것입니다. 그는 이렇게 말했습니다.

"다른 사람의 것을 도둑질하는 부자가 있는가 하면, 자기의 것을 가난한 사람들에게 주는 부자가 있다. 전자는 축재(蓄財)로써 부유하게 되고 후자는 나눔으로써 부유하게 된다."(요한 크리소스토무스「시편 강론」48)

재물 자체를 무익하다거나 악한 것이라고 주장하는 것은 하느님의 훌륭한 창조사업을 부정하는 일이 될 것이며, 육체와 더불어 사는 인간 생명의 존재를 부정하는 잘못을 범하게 됩니다.

"사람이 빵만으로 살지 않는다"(신명 8,3)는 말은 빵이 필요 없다는 의미가 아닙니다. 사도 야고보는 헐벗고 배고픈 형제에게 말로만 자선을 베풀 것이 아니라, 실제로 가시적인 실천으로 도울 것을 촉구하고 있습니다. 다시 말하자면, 인간의 궁극적 목표는 결코 물질을 통해 구현되지 않습니다.

현실 세계에서 만나는 모든 가시적 물질현상은 유한하고 무상(無常)하며 상대적입니다. 세상의 재화와 물질은 결코 영원하지도 무한히 선하거나 아름답지도 않습니다. 따라서 인간 삶의 목표는 신적 생명에 참여하도록 초대하시는 하느님의 사랑에 전적으로 자신을 열어놓고 수용하는 근본적인 신앙에 달려있습니다. 인간 삶의 의미는 물질을 소유하고 향유하는 정도에 따라서가 아니라, 영적 삶을 통해 하느님을 발견하는 정도에 따라서 드러납니다. 이처럼 신앙 안에서 돈을 바라볼 때 우리는 이렇게 말할 수 있습니다.

"돈이 있을 때는 겸손하라. 그리고 나누어라. 돈이 없을 때는 주눅들지 말라. 당당하라."

일하는 행복 – 그리스도교적 노동의 의미

　인간에게 노동은 신성하고 소중한 삶의 원동력을 제공하는, 본질적이고 불가피한 과제입니다. 그런데 그 노동에는 반드시 육체적 고단함과 고통이 따라옵니다. 그래서 많은 이들이 노동을 힘들어 합니다. 개미가 되기보다는 베짱이가 되고 싶어 합니다. 노동이야말로 인간에게 숙명적으로 주어진 형벌적 굴레일지도 모릅니다.

　하지만 저는 확신합니다. 노동은 형벌이 아닙니다. 고통스러운 그 어떤 것이 아닙니다. 인간이 타락하기 전부터 노동이 존재하였기 때문입니다. 인간은 하느님으로부터 창조된 후 에덴동산에서 유쾌하고 즐겁게 가꾸고 돌보는 일(노동)에 종사하였습니다.

　"주 하느님께서는 사람을 데려다 에덴 동산에 두시어, 그곳을 일구고 돌보게 하셨다."(창세 2,15)

　하지만 하느님께 불순종하여 죄를 범한 이후에 인간의 노동은 매우 짜증스럽고 고생스러운 모습으로 나타납니다.(창세 3,17 참조)

　그런데 그 고통스런 노동을 통해 인간은 인간다운 삶을 영위할 수 있습니다. 노동 자체도 섭리입니다. 인간에게 노동은 재화를 얻을 수 있는 유일한 근거이고, 인간이 살아야하는 이유와 기반입니다. 인간은 노동을 통해 얻은 물질을 통해 최소한의 기본적 품위와 양식을 갖춥니다. 그래서 노동은 인간을 인간다운 삶으로 초대하는 큰 축복 중 하나입니다. 노동을 통해 인간은 가난과 빈곤을 벗어나며 이웃에게 물적 나눔을 베풀 수 있는 기반과 기회를 만들게 됩니다.

그렇다고 해서 노동지상주의 혹은 노동 숭배에 빠질 이유는 없습니다. 노동 그 자체가 인간 삶에 있어서 궁극적인 의미를 갖는 것은 아니기 때문입니다. 세상 안에 몸 담고 있는 동안 인간은 노동하면서 살아야 하지만, 인간 생명의 기원과 인간 삶의 최종적이고 결정적인 목표는 하느님이십니다. 따라서 하느님의 본성인 정직과 진실을 은폐하면서 재산을 축적하는 행위는 부끄럽고 지탄받는 일이 됩니다. 반면 정의와 진리에 따라 처신하며 노동에 종사하는 태도는 명예롭고 칭송받는 행위입니다.

더 나아가 인간은 노동을 통해 타고난 능력을 표현합니다. 인간이 노동을 할 때 중요한 점은 바로 인간이 노동의 중심에 서 있으며, 노동의 주체이며 목적이라는 점입니다. 결코 인간이 노동을 위해 존재하는 것이 아닙니다. 인간은 노동에 종속되어 반인간적 상황에 떨어져서는 안됩니다. 인간은 노동을 통해 자신의 의지와 꿈을 실현하고 가족과 인류 공동체에 기여합니다.

인간을 극진히 사랑하여 사람이 되신 하느님의 외아들 예수 그리스도께서도 평생 노동하셨고 노동을 사랑하셨으며, 인류 구원을 위해 십자가에 돌아가셨습니다. 그래서 인간은 노동이 주는 수고와 땀을 통해 예수님의 십자가상 고통의 한 부분을 짊어지며 세상과 인류의 구원사업에 참여해야 합니다. 인간은 맡겨진 일상의 노동으로 십자가를 지고 가는 그리스도의 제자입니다. 노동은 인간 자신을 성화하는 수단이고 그리스도의 정신을 온 세상을 향해 선포하는 방법인 것입니다.

이렇게 노동은 인간 자신과 세상을 변화시키는 창조행위이기에, 궁극적인 구원행위에 참여하는 인간존재의 근원적인 차원에서 이해해야 합니다. 예수님의 정신과 의식, 실천적 모범에 따라 노동에 참여하는 사람들은 예외 없이 성자 예수 그리스도님의 구원활동, 복음 활동에 전적으로 협력하고 있는 것입니다. 각 개인에게 고유하게 주어진 노동의 수고와 고통을 통해 그리스도인은 예수님 십자가의 한 부분을 지고 가는 제자들의 모습을 반영하고 있습니다. 인간은 노동을 통해 숙명적으로 보완하고 완성할 역사의 주인공이 되는 것이며, 자기 몫을 다하는 노동에 의해 피조물로서 하느님께는 영광을 드립니다. 동시에 인간은 노동으로 동료 인간에게 자선과 나눔을 실천하는 충만한 인간성을 실현합니다. 이렇게 볼 때 노동은 분명히 교회와 사회, 인간 자신을 성화하는 최상의 도구입니다. 세상을 그리스도의 정신으로 물들이는 유용한 방법이기 때문입니다.

노동과 함께 결코 간과하지 말아야할 부분은 휴식에 관한 사항입니다. 휴식은 인간을 노동의 노예 상태에서 지켜주며, 온갖 종류의 비인간적인 갈등과 착취, 소외로부터 인간됨을 지켜주는 안전지대입니다. 또 휴식을 통해 인간은 노동의 참 가치를 인식하게 되고, 세상일의 주인공으로서 위치를 확고히 유지하면서 창조주이신 하느님과 영원한 일치를 이룰 수 있는 희망을 가질 수 있습니다. 이렇게 휴식은 인간으로 하여금 하느님의 창조위업과 활동을 기억하고, 자신들이 하느님의 걸작품임을 스스로 인식하는 동시에 하느님의 극진한 사랑과 보살핌으로 생명의 양식과 영원한 구원을 보장받았음에 대해 감사드리게 합니다.

예수님 역시 공생활을 하시면서 끊임없이 일하셨습니다. 예수 그리스도께서는 공생활을 제외하고는 지상생애의 대부분을 양부 성 요셉을 도우면서 노동자의 삶을 사셨습니다. 공생활 중, 낮에는 철저하게 인간을 질병과 영적 죽음에서 해방시키는 일에 전념하십니다. 더 나아가 예수님은 복음 선포를 위한 설교의 많은 부분을 노동하는 사람들에 대한 비유로 채우십니다.(마태 25,14-30; 24,46 참조)

그러나 휴식을 취해야 할 밤에는 늦도록 깨어 기도하였고, 새벽에도 일찍 일어나시어 홀로 기도하셨습니다. 예수님은 인간이 노동의 노예로 전락해서는 안 된다는 점을 강조하십니다. 노동을 하는 것은 인간 자신의 영혼을 성숙하기 위한 방편입니다. 인간이 마음을 두고 정진할 것은 천상의 보화를 마련하는 일입니다.

"너희는 자신을 위하여 보물을 땅에 쌓아 두지 마라. 땅에서는 좀과 녹이 망가뜨리고 도둑들이 뚫고 들어와 훔쳐 간다. 그러므로 하늘에 보물을 쌓아라. 거기에서는 좀도 녹도 망가뜨리지 못하고, 도둑들이 뚫고 들어오지도 못하며 훔쳐 가지도 못한다. 사실 너의 보물이 있는 곳에 너의 마음도 있다."(마태 6,19-21)

일이 근심과 걱정거리의 대상이 되어서는 안 됩니다. 노동과 그와 관련된 모든 것은 사라질 수 없는 하느님 나라와 그 의로움을 구하는 일에 초점을 맞추어야 합니다.

결론적으로 인간의 노동활동은 윤리적인 질서를 지향하며 하느님의 계획을 완성해야 합니다. 모든 재화는 정의의 원리에 따라 분배되어야 하며, 인간이 이기주의와 물질주의 정신에 사로잡혀 전체 사회의 공동선을 훼손해서는 안 됩니다.

아울러 교회는 노동자 계층의 구체적인 현실을 파악하여 열악한 근로조건과 환경을 극복하려는 의지를 천명하고, 공동이익에 중점을 둔 노사관계, 노동자 인권문제에 대한 대안과 전망을 시대에 맞게 제시해야 할 것입니다.

교회는 왜 사회문제에 개입하는가

정치, 개발, 돈, 경제, 이윤추구….

얼핏 생각하면 교회와는 어울리지 않아 보이는 단어들입니다. 우리는 일반적으로 '교회'라고하면 신앙, 희생, 헌신, 겸손, 절제 등의 단어를 떠올립니다. 교회가 경제와 정치에 대해 말하면 마치 비전문가가 전문가의 영역을 넘보는 것으로 생각하는 경향이 없지 않습니다. 그래서 지금도 교회가 정치 경제적 문제에 대해 발언하는 것에 대해 불편해 하는 신앙인들이 많습니다.

하지만 신앙과 사회, 교회와 세상, 영과 육 등 이분법적 사고방식은 이제 탈피해야 합니다. 교회와 세상은 함께 공존하고 공생하는 것이지 결코 분리되거나 동떨어져 있지 않습니다.

우리가 간과하지 말아야 할 것이 있습니다. 교회는 돈, 경제, 사유재산, 이윤추구, 정치에 대해 말하기를 한 번도 멈춘 일이 없습니다. 사회 그 자체가 교회가 뿌리를 둔 터전이자 복음화의 대상이기 때문입니다.

그런데 여기서 교회가 세상을 향해 하는 말은 정치인, 경제인, 시민단체가 말하는 그 말과 분명이 다릅니다. 순수성을 담고 있습니다. 이데올로기적 고집이 아니며, 정치 경제적 이권을 위한 것이 아닙니다. 교회의 외적 이익과 성장 등 제 3의 목적을 갖는 것은 더더욱 아닙니다. 오직 그리스도의 평화, 그리스도의 복음 구현에 초점이 맞춰져 있습니다. 이러한 교회의 말들이 구체적으로 문서화된 것이 바로 사회교리, 혹은 사회적 가르침들입니다.

지금까지 교회는 끊임없이 사회교리를 선포해 왔으며 그 사회교리를 복음화의 도구로 사용해 왔습니다. 사회에 대한 가르침을 포기하는 일은 교회 선교 사명의 본질적인 부분을 망각하는 일이기 때문입니다.

만약 교회가 기존 신앙공동체를 관리하고 운영하는데만 급급해 한다면, 그 교회는 성장을 포기한 모습이 되고 맙니다. 교회 내부적인 활동, 곧 교리교육, 성사집행, 교회 건축, 의무적 사회활동과 봉사에 참여하는 일 등이 교회활동의 전부라면 그 교회는 침체되고 후퇴하는 교회라고 진단 할 수 있습니다. 그 누구도 이런 교회 가르침에 귀를 기울이지 않을 것입니다.

사회에 봉사하며 이바지하기를 멈춘 교회는 부패하고 병든 교회입니다. 교회는 사회의 건전한 발전에 영향을 주어야하고 이바지해야합니다. 사회가 구조적으로 악을 자행하여 죽음과 파괴의 문화를 주도하고 있다면 교회는 과감히 개입하여 그 불의와 부정을 고발하며 새로운 삶의 이정표를 제시할 수 있어야 합니다. 더 나아가 교회는 정치, 경제, 사회, 문화, 예술, 자연환경, 체육 등 모든 면에 관심과 애정을 기울이며 인간본성과 윤리에 어긋나는 사안들에 대해 분명하게 지적하고, 바른 방향과 노선을 제시해야 합니다. 또 이를 위해 선의의 모든 이와 함께 공동 작업을 전개해야 합니다.

물론 정치 공동체와 교회는 담당하는 영역에서 독립적이면서도 자율적인 성격을 갖고 있습니다. 교회의 임무와 권한은 정치 공동체와는 혼동될 수 없습니다. 양자는 동일한 인간의 서로 다른 측면에서 봉사하고 있습니다. 하지만 교회는 복음의 진리를 선포하면서 그리스도인의 봉사를 통해 시민들의 정치적 자유와 책임을 증진시킬 의무도 갖고 있습니다.

세상 안에 현존하는 교회는 사람이 사는 땅끝까지 복음을 전파해야 하는 중대한 사명을 안고 있습니다. 교회의 복음화는 세상에 사는 모든 이를 향해 천지만물을 조성하시고 다스리시는 하느님의 섭리를 알리며, 사람이 사는 이유와 목적을 전하고, 영원하신 하느님께서 주시는 참 생명의 의미를 알리는데 초점을 맞추고 있습니다. 따라서 교회는 세상사에 무관심하지 않으며 세상의 복지증진과 사람들이 평온하게 지낼 수 있는 인권보장, 생명사랑, 바른 생태환경의 조성에도 다방면으로 힘을 기울이고 있습니다. 구체적인 복지정책은 정치인들의 몫이지만 세상과 연대하여 사람들에게 육체적인 고통과 빈곤을 감소하는데 기여하는 것은 교회의 역할입니다. 또한 기본권이 유린되거나 전인적 구원이 위기에 처했을 때 교회는 발 빠르게 대처하여 사회가 밝은 미래를 향해 나가도록 도와야 합니다. 그러기에 교회는 "인간의 기본권과 영혼들의 구원이 요구할 때 정치질서에 관한 일에 대하여도 윤리적 판단을 내리는 것은 정당하다"(「사목」 76)는 점을 강조하고 있습니다.

그래서 나온 것이 사회교리 입니다. 교회는 그동안 지속적으로 사회교리를 선포해왔습니다. 사회교리 혹은 사회적 가르침은 그리스도인 뿐 아니라, 세상에 살고 있는 모든 선의의 사람들이 평화롭고 안정된 사회생활을 영위하기 위한 내용을 담고 있습니다. 영육으로 결합한 인간은 세상에 존재하는한 불가피하게 두 측면, 곧 영적이고 지상적인 차원의 균형을 이루며 살아야 합니다. 따라서 신앙교리의 내용과 사회교리의 내용은 전혀 무관한 별개의 실체가 아닙니다. 이 둘은 인간을 구원하고 행복에 이르게 하는 축이며 중심입니다.

그리스도인은 하느님의 일과 세상의 일을 바르게 판단하고 볼 줄 아는 혜안을 가져야합니다. 그래서 시대의 예언자적 소명을 수행해야 합니다. 신앙생활은 바르고 신실한데 사회생활에 있어서는 악표양과 불량한 모습을 보인다거나, 사회생활에서는 모범적이고 진실한데 신앙생활에서는 합당하지 않은 상태에 있다는 것은 있을 수 없는 일입니다. 올바른 신앙생활은 자연스럽게 사회의 안녕과 행복으로 이어집니다. 신앙 따로, 생활 따로의 삶은 더 이상 안됩니다. 기도와 생활이 분리되어 있다는 것은 병리적인 모습입니다. 그리스도인은 하느님 앞에서 의롭고 정의로운 사람으로 남기를 원하고 노력하듯이 정치, 경제, 사회생활에서도 뚜렷한 척도와 규범을 갖고 양심적으로 매사에 앞장서야 합니다.

이를 위해 우리는 신앙교리를 사회 안에서 해석하고 적용하는 방법에 대해 배전의 노력을 기울여야 합니다. 교회가 신앙교리만을 가르치고 사회교리를 외면하거나 가치 없는 것으로 평가 절하한다면 그리스도인과 세상은 방황하고 좌초할 것입니다. 만일 사회적인 책임과 사명을 저버리는 교회와 그리스도인의 태도와 행동이 드러난다면, 사회 안에서 양심을 지키며 진실을 추구하는 보통의 일반인들은 이런 그리스도인의 모습을 보며 위선적이고 허구적이라고 신랄하게 비난할 수밖에 없을 것입니다.

세상의 구조적인 악과 불의에 대항하는 일도 결국 복음을 선포하는 봉사직의 일부분이며, 교회의 예언적 직무에 속하는 것입니다. 교회가 가장 우선하는 것은 복음 선포입니다. 교회의 바른 복음 선포는 세상의 부정과 부패를 일소하고 예언적 소명에 성실하게 임하는 것입니다. 모든 신앙인들은 이러한 교회의 복음 선포 사명에 동참해야 합니다.

하느님은 '나'를 초대하셨습니다. 그런데 그 초대는 공동체 안에서 이웃들과 함께 손잡고 오라는 초대입니다. 나 혼자서 당신께 오라는 초대가 아닙니다. 나와 내 가족, 내 회사와 집단, 내가 속한 가문, 기업, 지역, 정당만 잘되면 다른 모든 문제는 상관없다고 생각하는 이기주의와 무관심이 만연한 이 시대, 바오로 사도가 성령의 은혜 안에서 통찰한 내용이 더욱 의미 있게 다가옵니다.

"여러분은 죽었다가 다시 살아난 사람으로서 여러분 자신을 하느님께 바치고 여러분의 지체가 하느님을 위한 정의의 도구로 쓰이게 하십시오."
(로마 6,13)

보편적 윤리규범에의 복종

"교회가 왜 세상 사람들에게 이래라저래라 나서서 이야기를 합니까."
"교회가 세상일에 간섭하는 것은 옳지 않아 보입니다."
 적지 않은 이들이 세상을 향한 교회의 외침을 부담스럽게 느끼고 있는 것이 사실입니다. 심지어 "교회의 역할은 신앙적인 차원에만 한정되어야 한다"고 말하는 사람도 있습니다.
 그러나 "교회가 세상일에 관여하는 것은 옳지 않다"고 말하는 것은 예수님의 가르침을 거스르는 중대한 잘못입니다. 교회가 세상의 윤리 규범에 대한 바른 가르침을 전개하는 것은 당연한 일입니다.

 진리는 언제나 누구에게나 어느 시대에나 동일한 것입니다. 진리의 원리, 원칙, 일관성은 결코 훼손될 수 없습니다. 살인, 낙태, 안락사, 자살에 대한 교회의 가르침은 불변합니다. 이는 교회가 임의대로 정해서 가르치는 것이 아니라, 하느님께서 명하신 것을 그대로 실천하고 있는 것입니다.
 교회는 그리스도께서 보여주신 대로 관용과 사랑을 조화시켜야 합니다. 세상을 심판하러 오지 않으시고 구원하러 오신 주님께서는 죄에 대해서는 단호하셨고, 죄인들에 대해서는 인내와 자비가 지극하셨습니다. 하지만 교회는 죄에 대해서는 분명하고 변함없는 태도와 단호한 입장을 보이고 있습니다.

보편적 윤리 규범에 복종함으로써만 인간은 자신의 인격적 고유성은 물론, 그 진정한 도덕적 성장을 기대할 수 있게 됩니다. 보편적 윤리 규범은 모든 인간, 시대, 상황에 그대로 변함없이 적용되는 것입니다. 이런 교회의 임무와 봉사는 인류 전체를 향하고 있습니다. 교회의 임무, 과제, 사명은 개인을 위한 것만이 아니고 공동체, 사회 전체를 위한 것입니다. 이 규범들은 실제로 의롭고 평화로운 인간적 공감대를 형성하며, 진정한 민주주의의 흔들림 없는 기초와 확고한 보증이 되기 때문입니다.

민주주의가 하느님의 계명, 명령에 바탕을 두고 발전한다면, 인류의 평화와 정의를 순조롭게 이룰 것입니다. 그러나 민주라는 이름으로 인권이 유린당하는 경우가 인류 역사에는 비일비재하였습니다. 다수결의 원리는 장점도 있고 사회 발전에 기여하였지만, 하느님과 그 정신을 부정하고 저항하는 일에 악용될 수 있습니다. 다수결에 의해 진리를 결정할 수 없으며, 경우에 따라 유동적인 입장을 취할 수는 없습니다.

하느님의 영원법과 자연법을 거스르는 일에 불복하는 것은 인간이 가진 천부적 권리입니다. 이른바 악법에 대한 시민 불복종권리가 있습니다. 낙태, 배아실험, 배아줄기세포 배양 등이 그렇습니다. 사형제도는 논란 중에 있으나 현대 인간사회의 성숙 정도로 보아 폐지하는 것이 옳다고 보고 있습니다.

참된 민주주의는 공통적인 권리와 의무를 지닌 구성원 모두의 평등을 바탕으로 발전합니다. 내적인 악을 금하는 윤리 규범에 대해서는 그 어떤 특권이나 예외가 인정되지 않습니다. 여기에 빈부, 성별, 종족, 연령의 차이도 없습니다. 정당한 윤리적 요구 앞에 우리는 모두 절대적으로 평등합니다.

이렇게 윤리 규범들은 개인적이고 사회적인 의미와 구속력을 드러냅니다. 십계명의 두 번째 부분들은 모든 사회생활의 기본적 척도를 제시합니다. 모든 사회 제도의 근원과 주체, 목적은 인간을 지향하며, 다른 어떤 것도 그 목적이 될 수 없습니다. 따라서 계명들은 인간 행위의 세부적인 사례에서 구체화되고 더욱 세세하게 규정될 수 있습니다. 비록 지향이 선하고 상황이 어렵고 특수한 경우라 하여도, 공직자들과 특정한 개인은 결코 인간의 기본적이고 양도할 수 없는 권리를 침해할 권리를 갖고 있지 않습니다. 어떤 특수한 상황에 따라 규범의 성격이 악이나 선으로 둔갑될 수 없습니다.

하느님의 목소리는 인간의 양심과 교회의 가르침을 통해서 끊임없이 들려오고 있습니다. 또한 외적으로는 성교회의 성사들, 성경말씀, 교의와 전승, 교도권의 가르침과 문헌들을 통해서 계속적으로 만나게 됩니다.

이런 가르침들 안에 인간이 반드시 따라야 하는 윤리 규범, 척도, 원칙, 법의 내용이 있습니다. 대부분의 것은 신앙인이 아니라도 지켜야 하는 것입니다. 인권, 인간의 생명, 자연법칙 등은 모든 인간에게 예외 없이 해당됩니다.

그럼에도 상식과 예의범절을 거스르고, 교회와 사회에 불이익과 악표양을 줄 뿐만 아니라, 엄청난 해악과 혼란을 초래하는 개인의 신조, 신념, 사상, 이념, 주관적 사고와 지식에 따라서만 어떤 일을 판단하고 행동에 옮긴다면, 이것은 인간 사회가 수용하거나 용납할 수 없을 것입니다. 이런 행위는 하느님의 신성한 의지를 거스르며, 나아가 인간성을 피폐하게 만들기 때문입니다.

아무리 양심선언에 따른 행위라고 하더라도 반사회적이고 반교회적이며, 반인륜적, 반인간적 행위는 언제나 단죄의 대상이라고 보아야 할 것입니다. 양심이 선은 행해야 하고, 악은 피해야 한다는 자연법의 정신을 거스르게 되면, 이미 오류적 양심, 이완된 양심, 혼미한 양심, 회의적 양심에 속하게 되어 바른 판단과 행위의 잣대 역할과 구실을 할 수 없게 됩니다. 따라서 양심은 부단히 올바른 성숙과 발전을 향해 나아가야 합니다.

양심의 판단은 객관적인 윤리규범과 합치할 때만이 정당성을 갖습니다. 한 개인의 허위의 윤리적 원칙이나 무지의 결과, 추리와 추정을 따르면 그릇된 양심의 나락으로 추락하게 됩니다. 원칙적으로 정당하고 확실한 양심만이 올바른 행동규범 입니다.

태아의 생명 존중, 모든 이의 인권 존중, 인공피임과 낙태에 대한 가르침, 순결과 정결에 대한 가르침, 혼인의 불가해소성과 이혼의 부당성 등은 불변하는 가르침입니다. 물론 그 해석이나 사목적 배려에 대해서는 여러 논의가 가능합니다.

부당한 근거를 바탕으로 윤리의 질서를 흔드는 주관주의, 상황주의, 다원주의의 주장과 입장에는 동의할 수 없습니다. 교회는 윤리적 행위의 올바른 척도를 분명하게 제시하기 위해 그동안 수많은 사회회칙 등을 반포하였습니다. 신자들과 선의의 모든 이는 이 교회의 가르침을 받아들여야 할 것입니다.

 가톨릭 사회교리의 가르침과 정신에 따라 이 세상과 교회에 진정한 생명 문화가 꽃피우고, 평화와 정의가 구현되는 하느님 나라가 도래하기를 간절히 소망합니다.

인권에 대하여

우리 각자는 독특한 개성을 갖고 있으며 그에 따라 사고방식과 행동양식도 서로 다릅니다. 또 외모나 교육 정도, 사는 형편 등도 제각기 다릅니다.
하지만 한 가지 같은 것이 있습니다. 사람에겐 그 누구에게도 빼앗길 수 없는 인권이 있다는 것입니다.

인권(人權)은 말 그대로 인간으로서 당연히 누려야 할 권리입니다. 사람은 누구나 다른 누군가로부터 침해당하지 않을 권리를 가지고 세상에 태어납니다. 이런 권리를 하늘이 준 인간의 권리라는 뜻으로 '천부인권'(天賦人權)이라고 부릅니다. 인권은 헌법에 적혀 있기 때문에, 혹은 나라에서 허락했기 때문에 보장되는 것이 아니라, 인간이기 때문에 누구나 가지고 있는 것입니다.
이것은 하느님께서 모든 인간에게 부여하신 것이며, 언제나 그 인간의 존엄성은 존중받아야 합니다. 북한 사람이건 남한 사람이건, 가난한 사람이건 부자건, 장애인이건 아니건, 여자건 남자건, 외국인이건 우리나라 사람이건, 사람은 누구나 인간으로서 당연히 누려야 할 인권을 갖고 있습니다.
이러한 인권에는 자유로울 권리, 차별받지 않을 권리, 일할 권리 등이 포함되어 있습니다. 만약 이런 인권들이 보장받지 못한다면 진정한 민주주의를 이루기 힘듭니다. 민주주의는 인간 존엄성을 지키는 것을 목표로 하기 때문입니다. 하지만 우리 주변을 돌아보면 아직도 외모나 성별, 국적 등을 이유로 인권이 무시되는 경우가 많습니다.

교회는 역사 안에서 끊임없이 인권의 중요성을 강조해왔습니다.
1891년 반포된 교황 레오 13세의 회칙 '노동헌장'(Rerum Novarum)은 노동자의 권리와 의무를 강조하면서 분명하게 인간의 사회적 권리들을 지적합니다. 또한 교황 비오 12세는 1941년부터 제2차 세계대전 중에 매년 성탄 라디오 교서를 발표했는데, 여기서 "윤리의 가장 신성한 원리는 모든 이의 마음에 하느님께서 기록하신 도덕법의 존중을 전제로 하고, 하느님께서 주신 자연법, 기본적 인권, 인권을 침해할 수 없는 품위가 이를 증명한다"고 강조했습니다.
또 교황 요한 23세는 회칙 '지상의 평화'(Pacem in Terris)에서 인권은 지성과 자유를 부여받은 인간에게만 해당되는 것이라고 밝히고 있습니다. 이것으로 인간은 인간적 양심의 유일하고 참된 심판자인 하느님과 통교할 수 있는 능력을 소유하게 됩니다.

또한 1974년 현대 세계의 복음화에 대한 제2차 주교 시노드가 개최되었는데, 이때 '인권과 화해'라는 주제 하에 세계를 향한 강력한 호소력이 담긴 말씀들이 메아리쳤습니다. 이 주교 시노드 문헌에서 교회는 인권의 중

진이 복음의 요청이며 교회의 직무상 중심 위치를 차지해야 한다고 강조한 후, 다음과 같이 인권의 내용을 제시하고 있습니다.

▲ 생명존중권

▲ 소수의 손에 경제적 부가 집중되는 현상을 단죄하는 '사회-경제적 권리'

▲ 나치즘을 단죄하고 출판과 의견 발표를 자유롭게 할 수 있는 '정치-문화적 권리'

▲ 종교 자유의 권리

교회는 1975년 '현대의 복음선교'를 통해 구원 자체는 인간을 모든 제도적 억압에서뿐만 아니라, 죄와 악신으로부터 해방(제9항)시키는 것이라고 하는 본질적 해방 개념을 도입, 복음 선교와 인류 발전 또는 복음 선교와 인간 기본권의 신장 사이에 결합 구도를 제시하고 있습니다.

또 1981년에 반포된 '노동하는 인간'은 노동자들이 향유해야 하는 기본 인권의 철학적이고 신학적인 주제들을 소상히 고찰하고 있습니다. 또한 1987년에 선포된 '사회적 관심'은 '민족들의 발전' 선포 20주년을 기념하여 지난 한 시대를 반성하면서 사회적 경제적 문화적 정치적 분야에 대한 기본권 이행 여부를 면밀히 검토하는 일면을 보여주고 있습니다.

또 1991년에 이르러 '노동헌장' 반포 100주년을 기념해서 나온 회칙 '백주년'은 4~11항에서 100년 전 회칙을 회고하면서 노동자들의 기본권 보장, 노동자들의 권익 보호에 전력할 것을 강조합니다.

이렇게 교회는 인간이 갖고 있는 자연적 인권은 인간이면 누구이건 상실할 수 없는 인간의 본성에 자리 잡고 있는 신성불가침한 것이라고 가르쳐왔습니다. 끊임없이 역사의식을 갖고 문헌 반포를 통해 기본권 신장에 관한 사항들을 세계의 모든 그리스도인과 선의의 인간들을 향해 천명했던 것입니다.

교회는 앞으로도 세상 끝날 때까지 시대적 상황 안에서 역사적 소명의식을 갖고 기본권 옹호와 신장에 대해 그 기본 구도와 입장을 밝혀 나갈 것입니다. 이에 모든 신앙인도 구체적 정의사회 실현을 위한 기본적 실천에 앞장서야 할 것입니다.

신앙인들이 인권을 위해 활동하고, 차별받고 고통받는 이들을 위해 헌신해야 하는 것은 더 이상 늦추거나 방관할 수 없는 일입니다.

지금 인권을 보장받지 못하는 이들을 위해 나서지 않은 채, 무릎을 꿇고 기도만 하고 있을 수 없습니다. 기도와 실천은 동행해야 하는 그리스도인의 아름다운 덕목입니다. 은총의 충만함 속에서 살아가는 사람이라면 자연스레 인권신장을 위해 온몸을 던지셨던 그리스도를 닮아야 하기 때문입니다.

여기서 우리는 전 세계 그리스도인과 선의의 사람들의 양심을 흔들어 깨우고 있는 프란치스코 교황님의 말씀을 떠올릴 필요가 있습니다.

"막대한 부요 곁에서 매우 비참한 가난이 소리 없이 자라나고 가난한 사람들의 울부짖음이 좀처럼 주목받지 못하는 사회들 안에 살고 있는 우리에게 순교자들의 모범은 많은 것을 일깨워 줍니다. 이러한 속에서, 그리스도께서는 우리가 어려움에 처한 형제자매들에게 뻗치는 도움의 손길로써 당신을 사랑하고 섬기라고 요구하시며, 그렇게 계속 우리를 부르고 계십니다."(한국 순교자들의 시복 미사, 서울 광화문 광장, 2014년 8월 16일)

자화상

현대사회는 과학 문명이 주도하는 사회입니다.

과학적 사고방식은 사회생활에 지대한 영향을 주고 있습니다. 이러한 과학기술은 생활의 편리와 안락을 제공합니다.

하지만 이는 양날의 칼이기도 합니다. 인간은 과학기술 만능주의에 사로잡혀 헤어날 수 없는 마력에 젖어들 수 있습니다. 그 결과 근본적으로 추구해야 하는 정신적, 윤리적, 종교적 가치는 사라지고, 결국 삶의 궁극적 의미를 상실하고 방황하는 처지에 놓이게 되었습니다.

오늘날에는 케이블 TV, 컴퓨터, 통신 위성 등 탈 획일화 미디어를 주도하는 인터넷의 보급으로 무제한의 정보를 제공받을 수 있습니다. 인간 개개인의 개성이 강조되고, 사회는 다양성을 추구하는 방향으로 가고 있습니다. 불변하는 체제와 제도, 고정된 사고, 기존의 윤리규범을 거부하고, 개인의 정서와 감정을 우위에 놓거나 절대시하려는 경향이 강해지고 있습니다.

성 윤리의 탈선과 이혼이 일상화하고 있고, 혼인제도 자체의 무의미와 무가치를 주장하기도 하며, 동성애를 기본권으로 요청하는 움직임도 노골화하고 있습니다. 가시적인 세계가 전부라는 전제하에 종교적, 정신적 가치와 활동이 퇴조하고 있는 것입니다.

더 나아가 현대 사회의 권력, 부(富), 지식을 의미하는 '정보'는 현대인의 필수적 구비요소가 됐습니다. 이렇게 넘쳐나는 정보들이 어느덧 하느님의 자리를 대신 차지하고 있습니다. 이른바 인터넷 활용이 극대화하는 정보화 시대는 전 세계의 시간적, 공간적 간격을 없애고 실시간으로 정치, 경제, 문화의 교류를 가능하게 만들고 있습니다.

집에 앉아서 모든 행정 업무를 처리하고, 동산과 부동산을 매매하고, 물건을 사고팔고, 주문하는 일이 일상화되고 있습니다. 물론 출근하지 않고 집에서 일을 하면 여가시간이 늘어나 가족과 대화하고 시간을 많이 활용할 수 있게 됩니다. 하지만 이런 편리한 삶의 이면에는 정신적 공허와 방황, 삶의 비인간화가 초래되는 측면을 간과할 수 없습니다.

또 극도의 개인주의와 이기주의가 부른 비인간화 사회가 되어가고 있습니다. 이는 정치권에서부터 극명하게 드러나고 있으며 그 이기적 정치권이 정치의 대상으로 삼는 대중들 안에서는 폭력, 살인, 자살 등이 만연하고 있습니다. 폭력적이고 선정적 영화, 마약, 비정상적 섹스와 음란문화, 퇴폐적 외설적 문화 등 또한 확산되고 있습니다. 우리의 사회는 지금 물질만능주의 사회로 접어들고, 이를 쾌락만능주의가 떠받치고 있습니다.

또한 공해 문제, 미세 먼지 문제 등 각종 환경 문제들 또한 인류의 생존과 행복을 위기로 몰고 가고 있습니다. 공해유발 방지 운동을 벌이고 공해제거 기술을 끊임없이 발전시키겠지만, 여전히 미래의 세상은 불안하고 어둡기만 합니다. 공해를 생산하는 과학기술 발전 속도를 차단하기 어렵기 때문입니다. 게다가 지금까지 개발되어 보유하고 있는 핵무기, 화학전 재료, 세균무기 등은 지구의 멸망과 파괴, 인류의 대량학살 가능성을 높여주고 있습니다.

더 나아가 현대사회는 극도로 긴장해야 하는 사회입니다. 피곤하고 불안한 사회입니다. 쉴 사이 없이 봇물 터지듯 쏟아져 나오는 새로운 상품을 구입하여 사용하고, 새로운 기술을 익히고 적응해야 하는 것은 고통스러운 일이기도 합니다. 새 상품과 기계의 구매와 활용은 자동화, 간소화, 편리함 등을 제공하여 시간을 단축시키고 있으나, 정신적으로는 늘 긴장해야 하기에 인간적인 여유와 휴식을 박탈당하게 됩니다. 또 역설적으로 여가 산업의 발전이 고요함과 정신적인 안락함을 빼앗고, 오히려 소란함, 부산함, 긴장과 불안을 증폭시키는 부작용을 불러일으키고 있습니다.

또한 생활방식과 의식구조의 변화로 인해 이에 부응하려는 신흥종교들이 출현하고 있습니다. 신흥종교 중에는 건전하게 발전하는 경우도 없지 않으나, 많은 경우에 말세 임박설, 교주 신격화, 기존 사회질서 거부와 관련한 직장, 학업, 재산, 가정생활의 포기, 집단 히스테리와 성 문란 행위, 공동생활과 집단 폐쇄성이 낳는 폭력 행위, 노동력 착취 등의 문제를 갖고 있습니다.

이뿐 아닙니다. 세계화와 개방화의 물결로 인해 신흥종교, 집단적이고 공간적인 장소를 이용하지 않고 집단적인 예배의식 없이도 컴퓨터 네트워크만으로 연결되는 '인터넷 종교'(cyber religion) 등이 젊은 층을 중심으로 확산되고 있습니다. 이러한 움직임은 향후 연령층, 지적 수준, 직업에 관계없이 확산될 것입니다.

이렇게 인류의 행복을 보장할 수 있으리라고 믿었던 과학과 기술은 핵무기, 생태계 파괴의 주요 원인인 화학물질의 합성 등으로 인하여 인류와 세상을 불안과 공포에 떨게 하고 있습니다.
세상이 경제적 가치, 황금의 위력, 물질적 가치, 육체적이고 감각적 쾌락의 추구, 취미와 오락의 극대화 등을 숭상하고 지향하는 사회로 달려가고 있어 인간의 본질적인 가치와 규범이 실종되고, 정신적 유산, 종교적 신심이 고갈되어 가고 있습니다.

이것이 바로 2018년 현재 우리의 자화상입니다. 묵상을 위해 촛불을 밝힙니다. 수많은 상념이 머릿속에 가득합니다.

"이런 세태와 풍조 속에서 교회는 무엇을 위해 존재하는 것이며, 세상을 위해 어떻게 이바지할 것인가. 진정으로 교회는 세상에 희망을 주고 있는가. 교회는 무엇이며 지금 무엇을 하고 있으며, 어디를 향해 가고 있는가."

"이런 세태와 풍조 속에서 사제는 무엇을 위해 존재하는 것이며, 세상을 위해 어떻게 이바지할 것인가. 진정으로 사제는 세상에 희망을 주고 있는 가. 사제는 누구이며 무엇하는 사람이며, 지금 어떻게 살고 있는가."

어머니의 역할

　학교 폭력과 학력 경쟁으로 신음하다 자살하는 청소년이 속출하고 있습니다. 청소년 개개인의 나약한 심성 탓으로 돌릴 문제가 아닙니다. 우리의 아이들, 지금 많이 아파하고 있습니다. 우리의 아이들이 지금 얼마나 아파하고 있는지 냉철히 바라봐야 합니다. 지금 학교에는 친구들끼리 서로를 존중하는 문화, 사회의 건강한 주인공으로 성장해 나가는 문화가 없다고 해도 과언이 아닙니다. 경쟁, 입시, 출세가 우선인 학교에선 더 이상 배려, 사랑, 희생의 덕목을 찾아보기 힘듭니다.
　물론 이러한 문제와 관련해 우선적으로 가시적 해법을 내 놓아야 할 곳은 학교 당국이겠지만, 사회 구성원 모두가 나서서 이 문제에 대해 관심을 갖고 해결 방안을 모색해야 합니다. 그 중심에 가정과 부모가 있습니다.

　한 가정의 분위기가 다음 세대에 가정을 꾸미는 젊은이들에게 미치는 영향은 가히 지대한 것이라고 볼 수 있는데도, 현재 많은 가정들은 그 본래적 기능을 잃어버리고 있습니다. 특히 현대 가정은 생활필수품과 음식물들을 대부분 가정 밖에서 제공받고 있습니다. 많은 음식물이 즉석 가공식품으로 포장되어 공급되기에, 따뜻한 어머니의 손길이 담긴 정성스런 음식을 마주할 기회를 상실하고 있습니다. 게다가 삭막한 현대 경쟁 사회에서 아버지는 생계 전선으로 내몰리고 있으며 그 결과, 과거의 부성적 교육은 기대할 수 없게 되었습니다. 여기에 어머니들도 취업에 나서면서 자녀들은 전통적 가정교육을 받을 기회를 박탈당하고 있습니다. 이러한 가정의 변화는 가족의 공동 운명체 의식의 약화로 자연스레 이어지고 있습니다. 가정의 의미가 최소한의 숙식을 해결하는 장소 정도로 변질되어 가고 있는 것입니다.

게다가 가정은 이미 오락적 기능도 상실했습니다. 대형화된 위락 단지 조성으로 나이와 취미에 따라 다양한 모습으로 여가를 보낼 수 있는 장치가 마련되었기 때문입니다. 부모와 자녀들은 더 이상 놀이를 위해 함께할 필요가 없습니다. 가족 각 구성원은 이제 독립적으로 가정 밖에서 여가 시간을 자유롭게 보낼 수 있습니다. 이런 사회에서 종교와 신앙도 더 이상 가정에서 최고의 목적이 아닌 것으로 드러나고 있습니다.

학교에서 소외되고 고통 받는 청소년이 갈 곳은 가정이지만 더 이상 가정은 편안한 안식처가 되지 못하고 있습니다. 만약 가정이 종교적이라면 청소년은 그 종교적 분위기 속에서 위안을 얻을 수 있지만, 대부분의 가정에서 신앙교육이 제대로 이뤄지지 않고 있습니다. 가족 구성원들이 함께 모여 아침 저녁 기도를 바치는 가정이 과연 얼마나 될까요.

이처럼 요즘에는 진리, 사랑, 희생, 배려, 양보, 용서 등의 덕목들을 가정에서 실천하거나 가르치는 일이 쉽지 않습니다. 더 나아가 그리스도교 가정에서조차 그리스도교 가치관에 따라 사는 일을 소홀히 하고 있습니다. 이런 가정의 위기가 바로 학교 교육과 우리 사회에 직접적으로 치명적인 위험으로 이어지고 있습니다.

이러한 문제들을 해결하기 위한 대안으로 나는 여성, 특히 어머니에게 특별한 기대와 희망을 걸고 있습니다. 여성의 가장 매력적이고 강인한 모습은 어머니의 역할에서 나타납니다.

세상에서 가장 아름다운 이름이 '어머니'입니다. 남녀 모두 한 인간의 출생에 동등하게 참여하지만 어머니의 몫은 특별합니다. 잉태, 출생, 교육에서 어머니는 누구도 줄 수 없는 천부적인 역할을 담당합니다. 어머니는 자녀를 낳은 후 그들에게 삶과 윤리, 신앙의 언어를 가르치고, 자녀가 세상을 올바로 살게 하는데 결정적 기여를 합니다. 어머니는 자녀에게 선악을 구별하게 하고 윤리적 규범을 알려주며 한 인간으로서 의연한 모습으로 설 수 있도록 인도합니다. 무엇보다도 어머니는 자녀에게 하느님의 존재를 알려주고, 바른 신앙을 넣어줍니다. 어린이의 머리는 백지와 같아서 어머니가 의도하는바 신앙의 내용을 어린이의 머리에 쓰면 어린이는 그대로 자연스럽게 받아들입니다.

오늘날 우리 사회의 유아와 초중고생들은 인격적이고 신앙적 교육을 제대로 받지 못한 채 냉혹한 세상에 던져지고 있습니다. 소위 입시 위주의 교육정책으로 일반 학과목 중심의 학습, 특별 과외에 내몰리고 있습니다. 심지어는 예체능 특별 과외도 받아야 합니다. 이런 상황에서 우리의 아이들은 유치원 시절부터 대학 입학 시기에 이르기까지 험난한 파도와도 같은 경쟁 사회를 고통스럽게 헤쳐 나가야 합니다.

이미 오래전부터 상당수 초등부 학생들이 성당 주일학교에 불참하고 있습니다. 중고등부는 더욱 심각하여 몇몇 성당에서는 문을 닫는 사례도 나타나고 있습니다. 이처럼 신앙교육이 가정과 교회에서 실종되고 있습니다. 어머니들도 자녀 앞날을 위해서는 신앙보다도 사회의 대세와 풍조를 따르지 않을 수 없다는 입장입니다. 이렇게 출세 지향적 사회는 가정과 교회의 신앙 교육을 위험에 내몰면서 인간을 단순한 기능인, 지식인으로 양산하고 있습니다. 인격적이고 올곧은 인간, 이웃에게 봉사하는 인간, 정의와 평화의 세상을 만드는데 이바지하는 인성과 품성을 제대로 갖춘 인간으로 키우는 일을 포기하고 있습니다.

어머니는 자녀에게 삶의 이정표를 바로 세우는 철학과 신앙을 먼저 가르쳐야 합니다. 사회적 지위, 출세, 물질적 소유만 있으면 과연 자녀가 행복할 것일까요. 모든 것을 가졌다 해도 부모와 자녀 사이에 대화가 불가능하고 가족 간에 극심한 갈등과 대립이 벌어지고 있다면, 고통과 희생을 무조건적으로 거부하는 공리주의적 사고방식으로 세상이 흐른다면, 진정한 평화와 정의는 구현될 수 없습니다.

세상의 어머니들은 자녀들을 먼저 사람 냄새 풍기는 인격인으로 성장시켜야 합니다. 신앙을 갖고 사는 어머니들은 자녀가 예수 그리스도를 삶의 중심에 모시는 참 신앙인으로 성장하도록 우선적 노력을 기울여야 합니다.

어머니의 모태로부터 한 생명이 태어난다는 것은 그 자체로 기쁨과 환희를 동반하는 사건입니다. 하느님으로부터 온 그 생명에게 하느님의 뜻대로 세상을 살고, 삶의 마지막에 이르러 자신의 생명을 자기 존재의 근원이신 주님께 온전히 돌려 드려야 할 소명을 일깨워 주어야합니다. 그것이 곧 자녀를 진정한 행복으로 인도하는 길입니다. 또한 그것은 하느님으로부터 부여받은 부모로서의 자녀 양육과 사랑의 의미를 다하는 지혜로운 길이 될 것입니다. 한 자녀를 향한 한 어머니의 모범이 현재와 미래 사회를 향한 복음화의 초석과 산실이 됩니다.

새로운 시대, 새로운 사회윤리

　새로운 시대(新時代)입니다.
　현재 인류가 겪고 있는 문화적 전환은 마치 구석기에서 신석기 시대로, 청동기에서 철기 시대로 넘어가는 그 충격에 버금간다고 해도 과언이 아닙니다. 인간은 사용하는 도구가 변하면 인식 및 사고 체계, 생활양식이 바뀌기 마련입니다. 불과 철기를 사용하면서 새로운 문명을 일궈냈듯, 인간은 최근 스마트 혁명을 넘어, 4차 산업 혁명이라는 미지의 신세계로 접어들고 있습니다.
　컴퓨터 통신, 인터넷, 휴대 이동통신 단계를 넘어 스마트 폰, 태블릿 PC 시대로 진화하는데 불과 20년이 채 걸리지 않았습니다. 지금은 이를 넘어 5G 시대, 4차 산업혁명의 시대를 이야기하는 단계에 이르렀습니다. 20여 년 전만해도 상상도 하지 못했던 일들이 이제는 현실이 됐습니다. 그만큼 문화도 달라졌고, 인간의 사유 방식도 달라졌습니다. 호랑이 이야기에 울음을 그쳤던 아기 세대와, 플라스틱 장난감을 보며 울음을 그쳤던 아기 세대, 스마트 폰을 보며 울음을 그치는 아기 세대의 사고 체계 및 문화 향유 방식은 본질적으로 다를 수밖에 없습니다.

　문제는 이러한 '다름'과 '급격한 변화'가 우려와 불안을 자아내고 있다는 데 있습니다. 요즘 한국사회는 기존의 윤리와 가치 질서가 붕괴되는 모양

새 입니다. 많은 젊은이들이, 심지어 지성인들조차 다듬어지지 않은, 정립되지 않은 새 문화의 조류에 깊이 빠져들고 있습니다. 나만 잘 먹고 잘 살면 된다는 이기주의, 그릇된 부동산 정책이 낳은 불로소득의 형성과 이로 인한 도시 인구의 증가, 각종 향락 업소의 확산, 타인에 대한 맹목적 배타주의로 인한 구성원 간의 존경심과 이해심 및 양보의 부재, 불신 풍조, 잔혹 범죄의 증가, 학연 지연 등을 절대시하는 연고주의, 돈의 가치를 과잉 평가하는 황금만능의 사고방식, 낭비와 무절제, 사치와 허영을 탐하는 과시주의, 외래문화와 유행에 병적으로 집착하여 전통적이고 역사적인 주체성과 자긍심을 실추시키는 태도, 무책임하고 비양심적인 임시 변통주의 등이 최근 병리 현상들의 실례라고 볼 수 있습니다. 따라서 사회 전반에 파급되어 있는 이런 현상들을 제거하기 위하여 건강한 개인주의와 건전한 기업가 정신, 공동체를 우위에 놓는 이념적 사고의 진작이 요청되고 있습니다. 또한 질서 의식과 천직 의식을 일깨우고 모든 기회주의적 태도를 과감히 청산하여 우리 사회의 실추된 도덕성을 회복하고 모든 이의 복지를 지향하는 미래를 열어가야 할 것입니다.

도시화로 인해 황폐해진 세상에서 바른 가치관을 정립하기 위해서는 역사 안에 현존하시는 하느님의 구원 의지를 절실한 심정으로 인지하고 가슴에 새기며 실천하는 자세가 요청됩니다.

그렇다면 이러한 시대에 그리스도교 신앙인들은 구체적으로 어떤 새로운 사회윤리로 무장하고 보다 나은 세상의 평화와 안녕을 위한 길을 걸어가야 할까요.

  교회의 사회적 가르침에 주목할 필요가 있습니다. 교회는 1891년 교황 레오 13세의 「새로운 사태」 이후 100여년 동안 사회문제 전반에 관하여 분명한 가르침을 전개해 왔습니다. 이러한 교회의 사회적 가르침을 실천하는 일은 복음 전파 사명의 일부가 됩니다. 하느님과 교회를 위해 목숨을 걸고 고백해야 하는 신앙 교의(敎義, Dogma) 내용이 사회 현실 속에서 뿌리를 내리지 못하고 살아 움직이지 못하여 구체적 결과를 내지 못한다면, 신앙인들은 무의미 체험을 계속하게 될 것이며 사회와 세상은 비웃음과 비난으로 그리스도인의 이중성을 지적할 것입니다.

  그리스도교 신앙인들이 가져야할 사회 윤리의 뼈대는 사회 교리에서 지적하고 있는 대로, '생명' '인권' '정의' '환경' 등이 되어야 합니다. 이러한 개념들은 마치 공기와 같아서 평상시에는 의미 없게 다가올지도 모르지만, 결핍시에는 개개인과 한국 사회에게 중대한 문제를 발생시키게 됩니다.

  특히 생명과 환경만큼은 꼭 쥐고 가야할 중요한 가치입니다. 인간은 생명을 하느님으로부터 받았으며, 하느님은 그 생명의 주관자이십니다. 자연파괴와 인간 생명을 경시하는 태도 안에는 물질적 편리와 이윤만을 추구하고, 이웃과 공동체의 복지, 진정한 삶의 조건들을 도외시하는 반인간적이고 반자연적인 사유 체계가 자리 잡고 있습니다. 그러기에 자연과의 조화와 화해를 위해서는 사회적 관계들을 인간화 하고, 나아가 하느님의 인간 구원을 위한 보편적 의지를 우리 자신을 통해 세상에 드러내야 할 것입니다.

　인간은 다른 이의 생명은 물론 자기 자신의 생명에 대해서도 결코 소유권을 행사할 수 없습니다. 인간은 스스로의 생명에 대해서도 책임 있는 사용권과 관리권만 갖고 있을 뿐입니다. 모든 인간 생명의 주인과 통치권자는 바로 절대자 하느님이십니다. 그 분은 당신의 영광과 인간의 최종적 구원을 위해서 생명을 인간에게 주셨습니다. 하느님의 창조 행위는 한 번으로 종결된 실재가 아니라, 세상 끝날 때까지 계속됩니다. 인간은 모두 새 하늘과 새 땅을 건설하는 창조에 참여할 권리와 책임이 있습니다. 따라서 계속되는 인간의 창조 행위가 인간성을 거스르는 일탈된 욕구를 만족시키기 위해 자연과 인간의 생명을 파괴하거나 착취하는 것은 언제나 부당합니다.

　더 나아가 세상의 구조적인 악과 불의에 대항하는 일은 복음을 선포하는 봉사직의 일부분이며, 교회의 예언적 직무에 속합니다. 교회의 바른 복음 선포는 세상의 부정과 부패를 일소하고 예언적 소명을 성실히 수행하는 일이기 때문입니다. 교회의 사회적 가르침을 실천하는 것이야 말로 새로운 시대의 사회윤리를 바르게 세우는 지름길이 될 것입니다.

　그리스도인은 하느님 나라를 건설 하는데 온 몸을 던져 앞장서야 할 사명을 부여 받고 있습니다. 부도덕한 정치형태, 물질 만능주의를 지향하는 경제 제일주의, 인간의 존엄성과 생명 존중의식이 사라지는 왜곡된 현실 등을 보면서 바람직한 정신적 윤리적 척도와 기준을 제시하고 선도할 의무가 있습니다.

이를 위해 교회의 사회적 가르침이 제시하는 인간 존엄성의 원리, 정의의 원리, 사랑의 원리, 보조성의 원리, 연대성의 원리를 구체적으로 연구하고 실천하는 자세를 가져야 합니다. 교회는 하느님께서 베푸시는 인류에 대한 구원과 사랑의 보편적 의지를 온 세상에 전파할 사명을 결코 포기할 수 없습니다.

요즘 정치권이 유난히 시끄럽습니다. 전 세계의 이목을 집중시켰던 평창동계올림픽이 성황리에 막을 내렸지만, 개헌, 남북대화, 북핵, 한반도 안보 및 동아시아 평화 등의 해결과제들이 산적해 있습니다. 보수와 진보, 이념의 갈등을 넘어 상생하는 정치권의 넓은 시각과 전망을 염원합니다. 시간은 자꾸 흘러가는데…. 도끼자루가 썩고 있습니다.

진정한 부자

KB금융지주 경영연구소가 2012년 '2011 한국 부자 연구'를 발표한 일이 있습니다. 이 연구 자료를 바탕으로 대한민국 부자의 평균 모습을 그려보면 대략 이렇습니다.

- ▲ 이름 : 나부자
- ▲ 나이는 50대이고, 매일 헬스클럽에서 운동을 하고 가끔은 주중에도 골프를 즐긴다.
- ▲ 큰 아이는 미국의 대학에 유학을 하고 있고, 고등학교 2학년인 둘째 아이도 현재 유학 고려중이다.
- ▲ 보유자산은 소유한 두 채의 집값이 20억원, 예금과 주식 등 금융자산은 12억 7000만원이다. 그런데 정작 이 나부자씨는 자신이 부자라고 생각하지 않는다. 지금보다 자산이 세 배 이상 불어나야 진정한 부자라고 생각한다.

누구나 이런 '나부자'를 꿈꿉니다. 누구나 돈에 쪼들리는 가난한 생활을 싫어합니다. 그리스도교에서도 '가난' 그 자체는 인간의 존엄성을 해치는 사악한 조건이며 극복해야 할 대상이고, 하느님의 뜻에 반대되는 현상이라고 봅니다. 선택받은 민족 이스라엘은 구약을 통해 가난에서의 해방을 약속 받았습니다.

"주 너희 하느님께서 너희에게 상속 재산으로 차지하라고 주시는 땅에서 너희에게 복을 내리실 것이므로, 너희 가운데에는 가난한 이가 없을 것이다."(신명 15,4)

문제는 여기서 가난이 어떤 의미를 지니는가 하는 것입니다. 가난과 부에 대한 개념은 예수 그리스도의 가르침을 통해서 한 단계 더 높은 차원으로 승화됩니다. 예수께서는 인간이 부로부터 분리되어 독립적이고 자율적인 생활태도를 견지하라고 요구하십니다.

"너희는 먼저 하느님의 나라와 그 분의 의로움을 찾아라. 그러면 이 모든 것도 곁들여 받게 될 것이다."(마태 6,33)

예수께서는 가난하게 태어나셨고, 철저하게 가난하게 살다가 돌아가셨습니다. 공생활 중에도 그분은 집도 재산도 없이 타인의 도움으로 사셨습니다. 십자가에 돌아가실 때 입고 있던 옷마저 빼앗기셨습니다. 그분의 가난은 타인을 위한 것이었고, '인류를 부자가 되게 하는 가난' 곧 속죄적 가난이었습니다. 베들레헴 출현에서 십자가 죽음 사건까지 예수께서는 철저하게 가난한 자가 되어 전적인 낮춤과 비움의 길을 걸으셨습니다. 신앙을 갖는다는 것이 예수 그리스도를 받아들이고, 영적이고 물질적으로 가난한 분이셨던 그분과 동일시되려는 것임을 의미하는 한에 있어서 예수께서 취하신 태도는 신앙의 결단을 촉구하는 중요한 전환점과 구별점이 됩니다.

예수 그리스도는 교회와 그리스도인으로부터 분리할 수 없습니다. 교회와 그리스도인은 예수 그리스도의 인격 안에 삶의 근거를 두고 있기 때문입니다. 교회는 그분과 함께 선택된 새로운 백성입니다. 그분 안에서 믿는 모든 이들은 그분과 동일시되며, 신앙과 성사적 행위를 통하여 유사(類似)하게 됩니다.

그러므로 교회가 참으로 예수 그리스도의 교회가 되기를 원한다면 모든 면에 있어서 그분을 닮아야 합니다. 가난한 예수 그리스도를 따라서 가난하게 되어야 합니다. 이처럼 가난은 바로 그리스도를 본받고 따르는 데서 비롯하는 '덕목'입니다. 우리는 부유함으로 인하여 하느님 대전에서 경솔하게 처신하게 되며, 물질적 편의와 자기만족의 태도를 극대화할 위험성이 있습니다. 부는 최종적이고 영원한 사회정의의 기준과 표상으로서 고양될 수 없습니다. 절대적이고 유일한 사회정의는 '하느님'과 '하느님의 나라'를 건설하는 일인데, 이를 획득하기 위해서는 세상의 모든 명예, 권력, 금력으로부터 자유로워져야 합니다.

"하늘 나라는 밭에 숨겨진 보물과 같다. 그 보물을 발견한 사람은 그것을 다시 숨겨 두고서는 기뻐하며 돌아가서 가진 것을 다 팔아 그 밭을 산다. 또 하늘 나라는 좋은 진주를 찾는 상인과 같다. 그는 값진 진주를 하나 발견하자, 가서 가진 것을 모두 처분하여 그것을 샀다."(마태 13,44-46)

진정한 부자는 하느님 나라를 차지하는 사람입니다. 예수께서 실천하셨듯이 가난은 교회와 그리스도인이 추종해야 하는 최고의 사회정의 입니다. 이는 사명감을 갖고 가난을 '추종'하라는 의미가 될 것입니다. 그리스도인과 교회가 예수 그리스도를 본받는 이유는, 이들이 그리스도와 같아져야 하고, 자신들 안에 실제적인 자기 상(像)을 설정하여야 하고, 거기서 세상을 위해 자기 현존의 징표를 제시해야 하기 때문입니다.

"그리스도 예수님께서 지니셨던 바로 그 마음을 여러분 안에 간직하십시오. 그분께서는 하느님의 모습을 지니셨지만 하느님과 같음을 당연한 것으로 여기지 않으시고 오히려 당신 자신을 비우시어 종의 모습을 취하시고 사람들과 같이 되셨습니다. 이렇게 여느 사람처럼 나타나 당신 자신을 낮추시어 죽음에 이르기까지, 십자가 죽음에 이르기까지 순종하셨습니다."(필리 2,5-8)

그리스도인과 교회는 가난한 모습을 드러내면서 거센 세상의 파도를 헤치고 영적인 성숙을 향해 나가야 합니다. 왜냐하면 그들은 예수 그리스도의 날인을 받았기 때문입니다. 이런 의미에서 가난한 모습으로 예수 그리스도를 본받는 일은 신앙의 성숙을 의미합니다. 뿐만 아니라, 가난의 모습은 신앙적 진리를 드러내는 출중한 표현이기도 합니다. 곧 그리스도인과 교회가 가난할 때 세상의 소금과 빛으로서 인류의 구원을 위해 참되게 기여하게 될 것입니다.

복음적인 가난은 하느님께 다가서기 위한 전제 조건입니다. 가난한 이들은 의롭고, 온전하며 충실한 이들입니다.(시편 37,28;149,1 참조) 마태오 복음 5장 1절의 "마음으로 가난한 이들은 복되도다"에서 표현된 가난은 스바니야 예언자 시대 이래로 이해되어 온 영적 가난입니다. 여기서 세상 재물에 대한 무관심보다는 하느님의 뜻 이외에는 영속하는 것이 없다는 중요한 의미가 발견됩니다.

　이는 '재물에 대해 무관심하라'는 명령이 아닙니다. '하느님의 뜻이 얼마나 소중한지 깨달아야 한다'는 부르심입니다. 하느님 나라로의 초대…. 참된 부자는 이 하느님 나라를 차지하는 사람입니다.

　초대장은 이미 우리 손안에 있습니다. 초대 날짜는 바로 오늘, 지금입니다. 검소하고 깨끗한 옷으로 잘 갈아입고, 가벼운 마음으로 초대장에 적혀 있는 장소로 나가기만 하면 됩니다.

무뎌진 칼날

나이 지긋하신 신부님께 한 젊은이가 상담을 청했습니다. 그는 반복되는 죄로 인해 고민하고 있었습니다. 젊은이는 신부님께 의자를 바짝 가까이 당겨 앉으며 질문했습니다.

"저는 제 잘못에 대해 결심을 굳게하고 잘 하려고 해도 또 다시 잘못을 저지릅니다. 계속 똑같은 실수와 잘못을 저질러 헛수고만 하니 어찌하면 좋겠습니까?"

신부님은 잔잔한 미소를 지을 뿐이었습니다. 잠시 후 젊은이의 손을 잡고 말했습니다.

"또 다시 넘어져 코가 깨진다고 해도 그 길은 여전히 자네가 걷던 방향이 아닌가? 걸어가야 할 방향은 결코 바뀌지 않았네. 걱정하지 말고 다시 일어나 앞을 향해서 걷게나."

젊은이의 양심은 살아있었습니다. 그랬기에 넘어설 수 없는 죄에 대해 민감했고, 그 죄를 극복하고자 사제를 찾아간 것입니다. 이에 사제는 지금까지 걸어온 그 양심의 길을 묵묵히 걸어갈 것을 말하며 젊은이를 다독인 것입니다.

정치인들의 비리 사건은 어제오늘의 일이 아닙니다. 그 원인에 대한 진단과 처방이 다양한데, 가장 큰 뿌리는 역시 '양심의 부재'가 아닌가 싶습니다. 물론 심한 죄책감은 독이 되지만, 적절한 양심의 약이 투약되지 않을 경우 개인은 물론이고 사회와 나라 전체에 엄청난 재앙을 초래하는 만성질환이 될 가능성이 큽니다.

현대인들, 특히 권력과 명예를 쥐고 있는 이들이 죄에 대해 양심 감각이 약화되는 이유는 무엇일까요.

무엇보다도 먼저 세속주의를 들 수 있습니다. 이는 하느님을 완전히 배제한 채 인간적 행위와 물질적 생산만을 중심적인 최상의 가치로 평가하려는 극단적 인본주의적 태도를 일컫는 것입니다. 이렇게 될 경우 자연스럽게 물질적 소비주의와 육신적 쾌락에 정신을 빼앗겨 정신적 영성적 가치에 무관심하게 됩니다. 많은 이들이 스스로 하느님 없는 세상을 건설하려 하지만, 하느님의 마음과 정신을 제거한 인간은 세상과 세상의 문명, 과학으로부터 죽음과 직면한 위기와 도전을 받는 상황에 처하게 됩니다.

인간의 기원과 최종목적은 하느님이며 인간은 자신 안에 신적 생명을 갖고 있습니다. 그러기에 우선적으로 '하느님을 거스르는 것이 죄다'라는 죄의 본래적 의미가 바로 정립되어야만 죄에 대한 의식이 사람들 안에 일어나게 되는 것입니다.

더 나아가, 죄에 대한 감각을 약화시키고, 죄에 대한 감각을 박탈하기에 이르도록 하는 중요한 요인 중 한 가지로, 현대 인문 사회과학 분야의 발전을 들 수 있습니다. 이를테면 심리학에서는 인간 자유를 과장하여 해석하고 죄의식 자체를 과소평가하기도 합니다. 또 사회학에서는 개인의 잘못을 묻지 않고 덮어둔 채 사회에 모든 책임을 돌리기도 합니다. 문화인류학에서는 환경적이고 역사적인 요소를 지나치게 강조해 인간은 바른 행동을 할 수 없는 존재라고 하면서 그 책임성을 간과하기도 합니다. 또한 역사적 상대주의도 죄의 감각을 흐리게 합니다. 상대주의는 모든 윤리 규범을 상대화시켜, 그 자체로서 불법적인 행위는 없다고 봅니다.

이때 그리스도교적 윤리적 태도와 일체의 윤리적 규범은 전도되어 죄 관념이 사라지게 됩니다. 죄는 존재하지만 죄를 저지르는 주체는 어디에도 없다는 모순에 빠지게 됩니다. 그리고 죄를 병적인 죄의식으로 보거나 법적인 기준과 명령을 단순하게 어긴 것으로 보는 태도도 죄의 감각을 상실케 하고 있습니다.

이러한 죄에 대한 감각 상실은 결국 하느님을 거부하도록 만듭니다. 죄는 인간이 하느님과 맺고있는 관계를 단절하는 것입니다. 죄를 답습하는 것은 일상생활 속에서 하느님이 계시지 않는 듯이 살고 행동하는 것을 의미합니다. 세속주의를 극단적으로 표현하는 각종 선전과 광고, 홍보 매체 등도 죄의식을 무력화하는데 큰 몫을 하고 있습니다. 여기선 개인의 독립성을 강조하여 초자연적 규범을 무시하게 되고, 다수의 의견과 행동에 따라서 개인은 비양심적 행동 방식을 선택하게 됩니다. 이렇게 하여 하느님께서 인간의 삶과 죽음을 지배하고 있다는 사상을 배제하는 시도를 하게 됩니다.

교회 생활 안에서도 죄의 감각이 무뎌지는 현상이 발견되고 있습니다. 과거에는 교회 공동체 안에서 죄에 대한 반응이 매우 민감하게 살아 있었습니다. 하지만 현대에 와서는 죄의 실체를 가능하면 인정하지 않으려는 풍조와 태도가 고개를 들고 있습니다.

과거에는 하느님의 정의가 강조되고, 영원한 벌에 대한 두려움을 가졌던 대신 오늘날에는 하느님의 무한한 자비와 용서가 지나치게 강조되고 있습니다. 개인의 양심에 대한 극도의 존중사상은 죄를 고백할 심리적 공간적 여지를 박탈하기에 이르렀습니다. 그리스도교 규범에 대한 신학자들과 교리 교사들의 견해와 가르침들이 서로 달라, 신앙인들의 양심은 큰 혼란을 일으키고 죄의 감각은 약화되고 있는 실정입니다. 성사적 참회의 실천에서도 죄의 회개를 개인적 차원으로만 해석하기도 합니다. 반대로 선악의 개인적 가치는 전적으로 무시하고 공동체적 회개만을 외치는 경우도 있습니다. 이 두 가지 태도는 모두 지양되어야 하며 이 둘 사이에 조화와 균형을 이루어야 합니다.

죄에 대한 합당하고 적절한 감각을 회복하려면 심각한 정신적 위기 상황을 극복해야 합니다. 이를 위해서는 교회가 이성과 신앙이 불변하는 원칙을 분명하게 제시하는 일에 전력을 기울여야 합니다. 건전한 교리 교육은 죄에 대한 감각을 회복시키는데 결정적 역할을 할 수 있을 것입니다. 물론 양심에 대한 교회 교도권의 가르침에 귀를 기울이고 참회의 성사를 신중하고 의미있게 실천하는 노력도 보여야 할 것입니다.

제2차 바티칸 공의회는 양심을 "인간의 가장 은밀한 안방이요, 인간이 저 혼자서 하느님과 같이 있는 지성소"(사목 16)라고 보고 있습니다. 따라서 양심이 둔화되면 하느님께 대한 의식도 흐려지며 죄에 대한 감각도 약화되거나 소멸됩니다.

무뎌진 칼날을 예리하게 연마할 필요가 있습니다. 신앙인이라면 늘 칼날을 예리하게 벼리고 있어야 합니다. 그래야 영적 유혹과 투쟁이 일어나는 전쟁터에서 유용하게 그 칼을 사용할 수 있습니다.

한국인이 부럽습니다

한 일본인을 만난 일이 있습니다.

50대 중반쯤 된 이 일본인은 20여 년 전 한국과 일본을 오가며 사업을 하다가 한국의 젊은 여성을 만났고, 둘은 사랑에 빠졌습니다. 그런데 가톨릭 신자였던 여성은 일본인에게 "결혼을 하려면 먼저 세례를 받고 오라"고 했습니다. 일본인은 이에 흔쾌히 응하고, 일정기간 교리를 받은 후 세례를 받았습니다.

그런데 이후 이 일본인의 삶에 큰 변화가 일어나기 시작했습니다. 그동안 한 번도 경험해 보지 못한 신(神)에 대한 사랑과 감사, 경외가 마음 깊숙한 곳에서부터 피어나기 시작한 것입니다. 지금도 이 일본인은 하느님 사랑의 신비로운 체험을 이웃과 나누기 위해 레지오 마리애 활동을 비롯하여, 빈첸시오회 등 각 활동 단체에 가입해 열성을 다해 활발한 신앙생활을 하고 있습니다. 이 일본인이 어느 날 말했습니다.

"한국에서는 청소년들이 연예인들에게 열광하는데, 왜 일본에서는 40~50대 주부들이 연예인 스타에 열광하고 따라다니는지 아세요?"

대답이 선뜻 나오지 않자 일본인은 빙긋이 웃으며 말했습니다.

"허전해서 그렇습니다. 일본에서는 절대적 신 관념이 희박합니다. 은총이나 섭리, 감사와 경외에 대한 개념도 약합니다. 그러다 보니 의지할 곳이 없고, 허전해서 연예인들을 우상으로 모시고 따라다니는 것입니다." 그리고 말했습니다.

"한국인이 부럽습니다. 한국인들은 태어날 때부터 마음 깊은 곳에 하느님을 알고 섬기는 천부적인 좋은 심성을 지니고 태어납니다. 누가 가르쳐 주지 않았는데도, 장독 위에 정화수 떠 놓고 기도하는 이들이 한국인입니다. 일본인들에게는 그런 절대신에 대한 헌신적 정신과 실천이 희박합니다. 이 점을 볼 때 한국민족은 선택된 민족입니다. 이는 엄청난 선물이면서 동시에 세상을 풍요롭게 만드는 축복의 근원이기도 합니다. 하느님에 대한 신앙을 선천적으로 가지고 있는 한국인이 부럽습니다."

한동안 일본인 신앙인의 이 말에 큰 자부심을 느꼈습니다. 중국, 일본 등 다른 민족에게는 좀처럼 나타나지 않는 남다른 종교심을 한민족에게 거저 주신 하느님께 깊은 감사를 느꼈습니다.

하지만 요즘 세태를 보면 한국인의 남다른 유신론적 경향, 신 존재에 대한 경외, 이에 바탕을 둔 나눔과 희생의 정신이 희박해져 가는 것 같아서 안타까울 때가 많습니다. 돈과 권력, 명예와 안락, 취미와 오락을 극대화하고 우상화하는 사회로 점차 변화하고 있습니다. 특히 최근 뉴스 등을 통해 들려오는 정치인들의 발언을 보면, 한국 정치권 내에서도 무신론이 만연하고 있는 것은 아닌지 우려스럽습니다. 한 고등학교 교사에게 들은 말입니다.

"요즘 청소년에게 하느님은 있어도 그만, 없어도 그만인 그런 존재입니다. 수업시간에 '하느님을 믿느냐'고 조심스럽게 물으면 거의 대부분이 반응을 보이지 않습니다."

'공산주의'와 '사회주의'로 통칭되는 전체주의적이고 무신론적인 이념이 하느님을 거부하고 인간의 존귀함과 존엄성을 말살하고 고갈시킨다는 점에서 결코 용납할 수 없습니다.

그렇다고 자본주의를 교회가 무조건 환영하거나 수용하는 것은 아닙니다. 자본주의 시행과정에도 수많은 비리와 착오, 거짓이 숨어 있습니다. 교회는 자본주의가 지향하는 절대적 개인주의, 인간의 노동에 대한 시장원리의 우위와 무한 경쟁 등을 거부하고 있습니다. 국가는 부유하고 유복한 이들을 돌보면서, 동시에 사회의 대부분을 이루는 대중들, 가난한 이들, 소외된 이들을 포용해야 합니다. 노동의 기쁨과 가치를 박탈한 채 국가 주도로 기계적이고 도식적인 계획 경제 체제로 치닫는 것은 반인간적인 처사입니다. 동시에 자율적인 시장경제에 모든 것을 맡긴 채 극도의 빈부격차를 해소하지 못하고, 경제적 곤궁과 빈곤으로 인해 대다수 민중이 자아실현을 이룰 수 없다면 이 또한 문제입니다. 물론 자유 시장은 재원을 배치하고 욕구 충족을 돕는데 매우 효과적인 방법입니다. 그러나 이는 지불능력이 있는 구매력을 갖춘 욕구이며, 시장에 판매가 가능한 재원일 때 가능한 것입니다. 따라서 사랑과 정의의 엄격한 의무를 실현하기 위해 인간의 기본적인 욕구를 충족시키는 차원을 고려해야 할 것입니다.

무엇보다도 중요한 것은 인간이 단순한 상품으로 전락해서는 안 된다는 점입니다. 생계를 이어갈 수 있는 충분한 임금, 실직에 대한 사회 보장 등을 고려해야 합니다. 올바른 가치 체계, 공동선, 시장과 경제의 주도권을 합리적으로 조절하도록 해야 할 것입니다.

현대세계는 결코 단순하지 않으며 과거에 상상조차 할 수 없었던 수많은 난제들을 안고 있습니다. 특히 현대에는 신앙생활을 해치고 건전한 양심과 도덕의식을 오염시키는 사상과 흐름들이 많습니다. 육체와 물질 제일주의, 경제제일주의, 출세지상주의, 쾌락주의, 향락주의, 사회주의 이론에 따른 무신론, 뉴 에이지 이론, 상대주의, 종교적 다원주의, 과학주의, 영적 허무주의, 회의주의 등으로 고결한 양심을 지닌 사람들이 추락하고 있습니다.

이런 사조들 틈에서는 선량한 대중의 기본권이 보장될 수 없을 뿐 아니라, 건전한 사회생활, 정의롭고 안정된 세상을 만들 수가 없습니다. 그러므로 교회는 복음선포 행위의 중요한 부분을 점유하고 있는 사회교리를 전파하고 가르치는 데에 더욱 힘을 기울여야 할 것입니다.

우리는 참으로 유신론적 성향을 가진 민족입니다. 익숙하지 않은, 몸에 맞지 않는 옷은 당장 벗어버립시다. 험한 세상 살아가다 보니 무신론적 성향으로 약간 기울어진 것은 아닌지 반성하고 이를 바로잡아야 합니다.

어머니 뱃속에 있는 태아가 눈으로 어머니를 보지 못한다고 해서, 어머니의 존재마저 부정할 수는 없는 일입니다. 우리가 하느님의 사랑과 정의, 은총과 섭리를 명확히 알 수 없다고 해서, 절대자 존재의 의미까지 부정할 수 없는 일입니다. 세상을 향해 저울추가 기운 삶을 살아왔다면 이제는 다시 신앙편으로 무게중심을 옮겨야 합니다. 논리와 합리에 치중했다면 이제는 감성과 배려, 따뜻함에 관심을 가져야 합니다. 그러면 세상이 달라 보이고, 더 큰 선물을 받을 수 있습니다. 지혜로운 사람은 작은 것을 잃고, 큰 것을 얻는 사람입니다. 바오로 사도께서 힘주어 말한 내용이 있습니다. 두고두고 마음에 새길 말씀입니다.

"보이는 것은 잠시뿐이지만 보이지 않는 것은 영원합니다."(2코린 4,18)

가난한 날의 행복

　우리 집을 살펴보면 이것저것 참 많이 채워져 있습니다. 옷장, 책장, 냉장고, 창고, 가재도구장 등이 꽉 채워져 있습니다. 살림형편에 따라 다소 차이는 있겠지만 불필요한 것, 별로 사용하지 않는 것들이 넘쳐납니다. 버려도 끊임없이 쌓입니다. 이처럼 우리는 이렇게 가진 것이 많습니다. 나에게 당장 요긴한 것이 아니면 과감하게 나누어야 하는데 미련이 생겨 움켜쥐고 있습니다.

　우리의 마음과 정신이 욕심으로 가득하다면 어떻게 그 안에 주님께서 오셔서 둥지를 틀 수 있겠습니까. 조그만 나눔인들 어떻게 실현가능 하겠습니까. 또 어떻게 내 마음에 고결한 교회 정신이 깃들고, 뜨거운 성령의 불길이 타오를 수 있겠습니까.

　예수 그리스도의 제자가 되기 위해서는 자발적인 가난이 요청됩니다. 자발적인 가난은 모든 그리스도인에게 주어진 숭고한 의무이며 강력한 권고에 해당합니다. 이 권고는 시대의 표징에 따라 그 해결책이 모색되어야 할 것입니다.

　마태오 복음사가는 "마음으로 가난한 사람은 행복하다"(5,3)고 '참 행복'

을 규정하고 있습니다. 여기서 초점은 실질적인 재산의 포기가 아닌 재물에 대한 태도입니다. 인간이 자신과 사회에 부과된 정의의 의무를 망각하고 자신이 가진 모든 재물을 아무 조건 없이 포기하는 것은 식별이 부족한 행위입니다. 가난한 이를 도와야 한다는 강박관념에 사로잡혀 자녀 교육을 책임진 가장이 모든 재산을 처분하여 자선을 베푼다면 어떻게 되겠습니까. 교회가 가난을 강조하는 것은 가정을 버리고, 걸인으로 살아가라는 말이 아닙니다.

교회가 말하는 자발적 가난은 참된 해방을 의미합니다. 그 해방을 위해 교회는 모든 그리스도인들이 가난의 정신으로 살아야 하며, 지상 재물을 가난의 정신으로 사용할 것을 촉구하고 있습니다. 그리스도인은 구체적 생활조건을 고려하면서 사랑과 정의를 위해 자선과 희사의 이름으로 재물을 사용하는 열린 마음을 갖고 이를 실천해야 합니다. 그러면 진정한 평화와 행복을 누릴 수 있을 것입니다. 이런 평온한 마음이 뿌리내리면 우리가 갖고 있는 모든 재물은 이웃과 사회를 위한 사랑과 정의의 도구와 방편으로 사용될 것입니다.

신앙을 갖는다는 것은 인간적이며 현세지향적인 다른 모든 방법을 포기하고, 하느님과 함께 삶의 여정을 설계하며, 그에 따르는 책임을 지는 일입니다. 가난한 이는 세상이 비정상적이고 부도덕하게 제시하는 모든 방도와 버팀목을 차단하면서, 신실하게 하느님께 전적이고 절대적으로 의지

합니다. 가난한 이는 자신에 대한 비판을 부단히 수용하는 자이며, 잘못된 자기 확신과 행동의 노선을 끊임없이 개선하는 태도를 지니며, 자기의 언행이 하느님과 일치하기 위해 인간 존재의 나약성을 인정하고 수정할 태도가 되어 있는 자 입니다.

즉 가난한 그리스도인은 주변의 비판적 태도를 수용하고 개선의 노력을 기울이는 자 입니다. 그래서 가난한 이는 거짓된 겸손을 보이지 않습니다. 가난한 이는 또 하느님을 대신하는 것이 이 세상 어디에도 있을 수 없다는 신념을 고수하고 견지하면서 하느님께 보다 민첩하게 도달하려고 노력합니다.

이런 의미에서 가난한 이는 하느님, 하느님 말씀, 하느님 나라 등의 본질적인 문제 규명과 탐구에 힘을 쏟으면서, 자신을 둘러싸고 있는 모든 상황과 자신의 언행에 대한 재평가를 계속적으로 받아들입니다. 그는 하느님과 교회를 향해 깨어있는 자 입니다. 가난한 이는 하느님 이외의 모든 물질, 재산, 명예, 지위 등을 하느님께 가는 수단과 도구로 생각하며, 인간들, 세상의 가치들과 구조, 사상, 조류, 유행, 세상의 시각으로 제시하는 통속적이고 속물적인 규범 등을 절대화하려는 유혹에 온 생애를 통해 저항합니다.

더 나아가 진정한 그리스도인은 고통당하고 우는 자와 함께 억압과 무시를 당하며, 주변인들로부터 버림받는 처지에서도 영적 기쁨을 맛보고 있습니다. 이웃의 고통을 나누는 것은 형식적이고 의례적인 언어표현으로가 아니라, 실제로 그들의 처지와 삶에 동참하며, 형제적 연대감을 갖는 일입니다.

그리스도께서 십자가에서 당신 생명을 바쳐 하느님 아버지께 희생 제사를 봉헌하신 모범을 따라 그리스도인은 그 분의 증인이 되어야 합니다. 소외된 이들의 인권신장을 위한 거리 시위현장에서 플래카드를 내걸고 성명서를 발표하는 일보다 말없이 침묵 중에 인권을 유린받는 이들과 함께 머물고 비참한 일상을 나누는 일이 보다 절실한 형제사랑일 것입니다. 하느님 사랑과 인간 사랑의 두 계명은 동일한 측면을 갖습니다. 둘째 계명, 곧 인간 사랑의 실천에 실패하면 첫째 계명인 하느님 사랑에 다가설 수 없습니다. 인간사랑 없는 하느님 사랑은 허구이며 거짓입니다.

  인간에 대한 형제애를 실천하지 못하면 하느님의 부성애를 체험할 수 없습니다. 물질에 대한 집착은 인간 심성을 부패시키고 진정한 인간애를 파괴합니다. 예수님께서는 가난의 상황을 참아 내신 것이 아니라, 자유롭게 가난의 길을 선택하셨습니다. 그 분은 모든 것을 포기하며 사셨기 때문에 세상의 모든 것을 소유한 가장 완전한 부자셨습니다. 이 외적 자유는 내적 자유를 심화시키고 풍요롭게 합니다.

  예수님께서는 가난의 첫 주인공이고, 가난한 삶에 대해 근본적인 확신을 주는 모범이며 전형이십니다. 만약 그리스도를 믿는다고 고백한다면, 그리스도의 모범을 따라야 합니다. 가장 완전한 부자로 사셨던 그리스도를 닮는 것이 우리 삶의 근본적 숙제일 것입니다.

이웃에 대하여

1941년 7월 말, 아우슈비츠 수용소에서 한 수감자가 탈출했습니다. 수용소 규칙에 따르면 한 사람이 탈출하면 다른 죄수 10명이 끔찍한 지하 감방에서 굶어 죽어야 했습니다.

수용소장은 죄수들을 불러 세워 놓고 아사감방으로 갈 희생자 10명을 골라냈습니다. 죽음을 선고받은 사람들은 울며, 동료들과 마지막 작별을 나눴습니다. 그런데 10명에 속하게된 '프란치스코 가조브니체크'라는 사람이 갑자기 울부짖으며 말했습니다.

"저에게는 아내와 자식들이 있습니다. 죽기 싫어요!"

그 때였습니다. 한 사람이 앞으로 나섰습니다. 수인번호 16670, 막시밀리아노 마리아 콜베 신부(Maximilian Kolbe, 1894~1941)였습니다.

"제가 대신 죽겠습니다."

지하 감옥에 갇힌 사람들이 굶주림 속에서 하나 둘 죽어갔습니다. 하지만 콜베 신부는 2주 이상 물과 음식 없이 생존했습니다. 그러자 독일군은 콜베 신부를 포함한 나머지 생존자 4명에게 독약을 주사했습니다.

1941년 8월 14일, 콜베 신부 나이 47세였습니다. 콜베 신부의 시신은 이튿날인 8월 15일, 수용소내 한 화장장에서 소각되었습니다. 평생 동안 깊은 성모 신심 안에서 머물렀던 콜베 신부의 몸은 그렇게 성모승천대축일에 한줌의 재가 됐습니다.

사람들은 누구나 행복을 추구합니다. 그래서 온갖 희생과 수고를 아끼지 않고 자신과 가정의 행복을 위해 안간힘을 쏟고 있습니다. 그런데 자신을 사랑하는 않는 이는 없을 것입니다. 자신의 경계를 넘어 다른 이웃을 위해 희생하고 선행을 베푸는 이타적(利他的)인 형제애는 일반 사람들은 흉내조차 내기 힘듭니다. 그래서 위대한 성자(聖者)의 삶을 살아간 이들은 세기를 통해서 존경과 사표(師表)의 대상이 됩니다. 바로 자신의 안위와 안락을 포기하고 다른 이를 위해서 전생애를 봉헌하였기 때문입니다.

하느님 사랑과 이웃 사랑은 동행하는 두개의 수레바퀴와 같습니다. 하느님 사랑 없이는, 하느님 사랑을 잘 모른다면 이웃 사랑은 실천할 수 없거나 매우 왜곡된 방향으로 빠지게 됩니다. 하느님 사랑을 전제로 이웃 사랑은 전개됩니다. 이웃 사랑 없이 하느님을 사랑하고 있다는 것은 그 자체로 위선이고 거짓입니다. 하느님 사랑은 자연스럽게 이웃 사랑으로 연결됩니다. 잔에 물을 부어 꽉 채운 다음에 더 물을 보충하면 반드시 넘쳐흐릅니다. 물을 잔에 덜 채운 상태에서 물이 넘쳐 흐를 수는 없습니다. 이렇게 이웃 사랑을 통해 하느님 사랑은 완성됩니다.

예수님은 율법교사에게 하느님 사랑과 이웃 사랑의 두 개념을 말씀하십니다.(루카 10,25-27참조) 예수님은 이 두 계명을 지켜야 영원한 생명으로 들어갈 것이라고 하셨습니다. 그러나 하느님과 이웃 사랑은 그 자체로는 율법의 요약이기도 하지만, 매우 추상적이고 개념적입니다. 구체성을 띠지 않는다면 하느님과 이웃 사랑은 의미없는 피상성(皮相性)을 면치 못할 것입니다. 율법교사는 누가 이웃이냐고 묻습니다.(루카 10,29) 그러자 예수님은 착한 사마리아 사람의 비유로써 답하십니다.

"어떤 사람이 예루살렘에서 예리코로 내려가다가 강도들을 만났다. 강도들은 그의 옷을 벗기고 그를 때려 초주검으로 만들어 놓고 가 버렸다. 마침 어떤 사제가 그 길로 내려가다가 그를 보고서는, 길 반대쪽으로 지나가 버렸다. 레위인도 마찬가지로 그곳에 이르러 그를 보고서는, 길 반대쪽으로 지나가 버렸다. 그런데 여행을 하던 어떤 사마리아인은 그가 있는 곳에 이르러 그를 보고서는, 가엾은 마음이 들었다. 그래서 그에게 다가가 상처에 기름과 포도주를 붓고 싸맨 다음, 자기 노새에 태워 여관으로 데리고 가서 돌보아 주었다. 이튿날 그는 두 데나리온을 꺼내 여관 주인에게 주면서, '저 사람을 돌보아 주십시오. 비용이 더 들면 제가 돌아올 때에 갚아 드리겠습니다.' 하고 말하였다. 너는 이 세 사람 가운데에서 누가 강도를 만난 사람에게 이웃이 되어 주었다고 생각하느냐?" 율법 교사가 "그에게 자비를 베푼 사람입니다." 하고 대답하자, 예수님께서 그에게 이르셨다. "가서 너도 그렇게 하여라."(루카 10,30-37)

'지금 여기에서' 나의 도움을 필요로 하는 이를 돕고 보살피는 일이 절박한 사안이기에 지체 없이 주저하지 말고 행해야 합니다. 눈앞에 있는 도움을 받아야 할 사람이 바로 우리의 이웃이고 사랑 실천의 대상이 됩니다. 이 두 계명은 '모든 율법과 예언서의 골자'(마태 22,40 참조)이고, 상호 보완적입니다. 그 일치를 그리스도께서는 말씀과 삶으로 증명하셨습니다. 말씀과 삶의 일치는 한 인간의 품위와 인격, 신앙심을 판별하는 핵심요소입니다. 말만하고 실천하지 않는 사람은 신뢰와 신용을 받을 수 없는 사람입니다. 유익한 일, 선행을 실천하기 위해서는 피땀을 흘려야 하고, 희생과 수고를 해야 하고, 경제적 손실과 육체적 노동과 노고를 감수해야 합니다. 예수님의 사명은 인류를 구속하기 위해 십자가상에서 못 박혀 돌아가시는 그 모습에서 절정을 이룹니다.(요한 3,14-15 참조)

예수님은 아무 수고도 하지 않고 우리에게 참 생명과 행복, 영원한 구원, 세상과 죄에서 해방을 주시려 하지 않으셨습니다. 예수님은 자신의 생명을 송두리째 바침으로 자신의 소임을 완수하셨습니다. 십자가는 하느님 아버지께 대한 주 예수님의 사랑과 인간에 대한 주 예수님의 사랑이 절대로 분리할 수 없음을 드러내는 표지입니다. 십자가로 인해 하느님 아버지와 인류의 화해가 이루어졌습니다. 인간의 모든 죄와 과오는 예수 그리스도님의 십자가로 말끔히 제거된 것입니다. 이 사건으로 인간은 죄에서 해방되고 하느님의 영원한 생명에 참여하게 되었습니다. 예수 그리스도의 사례에서 보는 바와 같이 이웃에 대한 사랑과 희생 없이는 진정한 하느님 사랑이 불가능하다는 것이 선명하게 드러납니다.

"하느님을 사랑한다고 하면서 자기의 형제를 미워하는 사람은 거짓말쟁이입니다. 눈에 보이는 형제를 사랑하지 않는 자가 어떻게 보이지 않는 하느님을 사랑할 수 있겠습니까?."(1요한 4,20)

착한 사마리아 사람의 비유(루카 10,30-37)와 최후 심판의 비유(마태 25,31-46)에 그리스도의 윤리적 가르침이 잘 녹아있습니다. 착한 사마리아 사람의 비유는 이웃의 어려움을 보면 지체 없이 구체적 사랑의 행위를 해야 한다고 강조합니다. 강도만난 자를 극진히 대접하는 사마리아인의 모범은 매우 인상적입니다. 최후의 심판 비유는 소외된 삶속에서 허덕이는 굶주리는 이, 헐벗은 이, 병든 이, 목마른 이, 감옥에 갇힌 이, 우는 이, 나그네 된 이, 슬퍼하는 이들을 돌보아야 영원한 생명의 나라, 하느님의 나라를 차지하게 된다고 역설합니다. 이런 선행을 회피한다면 바르지 못한 행위에 동의하는 것이고, 참 하느님의 사람이 되기를 애써 외면하는 것입니다.

그 전형적 모델을 우리는 콜베 신부님의 사례에서 볼 수 있습니다. 다시 한 번 강조하지만 진정한 사랑은 이웃을 통해서 완성됩니다. 하느님 사랑, 나 자신에 대한 사랑은 이웃 사랑으로 승화되어야 합니다.

"하느님께서는 자유를 주시려고 여러분을 부르셨습니다. 그러나 그 자유를 여러분의 육정을 만족시키는 기회로 삼지 마십시오. 오히려 여러분은 사랑으로 서로 종이 되십시오."(갈라 5,13)

겸손의 계단

태양…. 참으로 거대합니다.

크기가 지구의 109배이고 질량은 33만 배나 됩니다. 그 거대함에서 나오는 이글거림이 상상을 초월합니다. 지구와 가까이 있지 않아 다행입니다. 태양이 지구와 조금만 더 가까이에 있었더라도 그 열기에 녹아버려 우리 모두는 지금 여기에 있을 수 없었을 것입니다. 피조물인 태양마저도 가까이 하지 못하는 인간이 어떻게 거대한 창조 신비를 헤아릴 수 있겠습니까.

태양의 거대함. 그리고 우주의 방대함은 이렇게 저절로 옷깃을 여미게 합니다. 하지만 우주의 신비에 주눅들 필요는 없습니다. 인간은 티끌 보다 못한 존재인 것처럼 보이지만, 그 미약한 존재가 우주를 정면으로 바라보며 탐구할 수 있는 능력을 가지고 있습니다.

태양과 우주는 인간이 있기에 의미를 지닙니다. 인간은 광대한 우주의 신비와 움직임을 바라보고, 그 가치와 활용에 대해 묵상하는 능력을 가지고 있습니다. 따라서 창조된 인간은 '창조의 이유와 목적'을 구현해 내야 합니다. 우리는 비록 흔들리는 갈대처럼 나약한 존재이지만, 우주와 자연의 건실한 존재의의를 탐구할 수 있는 위대한 존재로 창조됐습니다. 하느님이 그렇게 우주와 인간 세상을 만드셨습니다. 그렇다면 우리는 그 존재

의미를 어떻게 발견해야 할까요.

하느님은 결코 포착할 수 없는, 개념적이고 추상적인 분이 아닙니다. 구름 저편 무지개 나라에 계시는 그런 존재가 아닙니다. 역사 안에서 구체적으로 활동하시며 인류의 선익을 도모하시는 하느님입니다. 그분은 인간의 눈과 입, 환경을 통해 당신 자신을 선명하게 드러내십니다. 하느님은 인간의 두뇌를 통해 당신이 창조하신 우주의 신비를 보여주시고 당신 생명에 참여하도록 이끄십니다.

따라서 하느님을 믿고 그분의 의향을 따르는 신앙생활(信仰生活)은 구체적 삶의 변화를 동반해야 합니다. 신앙이 머리 속에만 머무는 공허한 메아리라면 그런 하느님은 죽어 박제된 창조주일 것입니다. 하느님의 마음이 우리 정신과 가슴 안에서 뛰놀고 있다면, 마음의 등불인 눈빛이 유난히 반짝일 것이고, 행동거지와 선행의 수준이 남다를 것입니다. 참 신앙인이라면 식탁에서 밥 먹는 태도도, 미용실에서 나누는 대화도, 산길을 거닐며 자연과 산천초목을 대하는 모습에 있어서도 그 품격이 예사롭지 않을 것입니다. 밤하늘의 별을 바라보면서도, 낮의 눈부신 태양을 맞으면서도 절로 찬미와 감사의 기도가 솟구칠 것입니다. 그리스도인이 매일의 일상 속에서 하느님의 눈으로 보고 하느님의 입으로 말을 하고, 하느님의 손짓으로 이웃의 지친 어깨를 어루만지는 모습을 우리 시대는 간절히 원하고 있습니다.

하지만…. 뻔히 알고 있는 이 사실을 우리는 실천에 옮기지 못합니다. 왜 그럴까요. 인간의 의지는 비참할 정도로 나약한 것일까요. 작심삼일(作心三日), 결심해 놓고 3일을 가지 못하는 것이 인간입니다. 게다가 인간은 나약함과 동시에 인격의 이중성 또한 가지고 있습니다.

사랑과 배려가 인간의 본성인가요? 대답은 "예"입니다. 폭력과 증오가 인간의 본성인가요? 대답은 "예"입니다. 그렇다고 낙담할 필요 없습니다. 이러한 유약함과 연약한 모습이 오히려 겸손과 참 행복을 얻는 은총의 원인이 됩니다. 영화 '트로이'에서 아킬레스역을 맡은 브래드 피트는 이렇게 말합니다.

"그리스의 신은 인간을 질투해. 인간은 죽을 수 있기 때문이지. 죽음이 있기에 삶은 더 아름다워."

천사의 장점은 결점이 없는 것이고, 인간의 장점은 결점이 있어 실수를 저지르지만 뉘우친다는 것입니다. 이렇게 인간 존재가 본질적으로 약하다는 사실을 안다면 겸손을 향해 갈 수밖에 없습니다. 광대한 우주의 신비 앞에서 인간이 허리를 숙여야 하는 이유입니다.

광대한 우주를 창조하신 하느님은 또 얼마나 크고 눈부신 분입니까. 인간은 자신의 처지를 먼저 인지하며 기다리고 수용하는 자세를 가져야 합니다. 차분히 기다리다 보면 의외의 풍요로운 결실을 얻기도 합니다. 허둥대지 말고 나서고 서두르기 보다 열린 마음으로 주님의 은총을 청하는 신앙인을 세상은 고대하지 않을까요?

어떤 젊은이가 산을 오르고 또 올랐습니다. 평생 동안 땀을 뻘뻘 흘리며 산 정복을 위해 노력하였습니다. 그 사람이 노인이 되어 드디어 산 정상에 올랐을 때 무엇을 발견했을까요. 그곳에는 '기다림'이 있었습니다. 그 '기다림'이 말했습니다.

"이곳까지 올라오지 않았어도, 산 아래에서 기도하며 기다렸다면 내가 자네에게 직접 찾아갔을 것이네. 그리고 지금 산 아래에는 이미 '행복'이 내려가 당신을 기다리고 있네."

우리는 어쩌면 바로 옆에 있는 참 신비와 행복을 보지 못하는 시각 장애를 갖고 있는지도 모릅니다. 하느님과 함께 걷지 않고 혼자 힘으로 산 정상을 오르려고 노력하고 있는 모습이 나의 자화상(自畵像)은 아닐까요? 정작 고통은 자신 내부로부터 온다는 사실을 모르고, 외부에서만 그 원인을 찾아 치유하려는 무모한 삶을 살고 있는 것은 아닌지요. 우리가 겪고 있는 모든 고통이 어쩌면 감사와 고마움을 외면하기 때문인 것은 아닐까요?

지금 하늘의 태양이 어두워 보이는가요? 삶이 암울하고 힘든가요? 어깨를 기댈 친구가 없어 외로운가요? 금전적 물질적 고통 때문에 밤잠을 설치고 계신가요? 고통을 일시에 해결해 줄 하느님을 찾기 위해 정신없이 뛰어다니고 계신가요?

잠깐 멈추어 봅시다. 그리고 눈을 감아 봅시다.

어두운 극장에 처음 발을 들여 놓았을 때는 아무것도 보이지 않습니다. 걸음을 무리하게 옮기다 보면 들고 있는 팝콘과 콜라를 쏟을 수 있습니다. 잠깐만 눈을 감고 기다리면 극장의 내부가 시야에 들어옵니다.

두 계단씩 뛰어 올라가지 말고, 한 계단씩 올라갑시다. 구세주께서 우리의 손을 꼭 잡고 이끌어 주실 것입니다. 겸손의 계단을 그렇게 하나하나 밟아 올라가다 보면 이 삶의 마지막 계단에서 우리는 '참 행복'이라는 손님을 만날 수 있을 것입니다.

가난한 이들을 위한 우선적 선택

1976년 노벨경제학상 수상자인 미국의 밀턴 프리드먼(Milton Friedman, 1912~2006)은 "공짜 점심은 없다"(There is no free lunch)고 말한 바 있습니다. 한국 경제가 세계적 경기 불황 속에서도 다른 선진국에 비해 흑자를 기록하고 수출을 많이 한 것은 그만한 대가를 치렀기 때문입니다.

한국경제의 화려한 외형적 성장 속에는 그늘이 존재합니다. 가난한 노동자들의 땀이 없었다면 과연 오늘날 물질적 편리와 풍요를 누릴 수 있었을까요? 이는 한국 사회만의 문제가 아닙니다. 전 세계의 많은 가난한 이들이 지금 인류가 축적한 경제적 부와 풍성함의 온기를 제대로 느끼지 못하고 있습니다. 세상이라는 부엌에서는 맛있는 음식을 담아낼 그릇이 부족할 정도로 넘치도록 다양하게 요리되고 있지만, 정작 그 잔칫상에 초대된 이들은 소수에 불과합니다.

교회는 그 소수의 아픔과 소외됨을 걱정하고 있습니다. 풍악이 흥을 돋우고 음식의 향연이 익어가는 잔칫상에 앉지 못하는 주변인들을 바라보는 교회의 관심과 시선은 연민으로 가득합니다.

콜롬비아 안데스 산맥의 중부 산악 지역에 위치한 메델린(Medellin) 지방은 세계적으로 유명한 최고급 커피를 생산하는 곳입니다. 이 커피 향기

가득한 곳에서 1968년 9월 제2차 라틴 아메리카 주교 회의(CELAM)가 열렸습니다. 회의를 마친 주교들이 한 목소리로 외쳤습니다.

"가난한 이들을 위한 우선적 선택!"

가톨릭의 사회적 가르침과, 세상을 진단하는 교회의 시각은 '가난한 이의 우선적 선택'을 양보할 수 없는 원리로 삼습니다. 가난한 이들이 부자보다 정직하고 선(善)해서가 아닙니다. 그들은 자신을 방어하고 보호할 수 있는 권리와 힘이 상대적으로 약하기 때문입니다. 또 그들이 예수 그리스도께서 늘 주목하고 구체적인 관심을 쏟으셨던 첫 번째 대상이기 때문입니다. 실제로 예수 그리스도의 삶은 가난하고 소외된 이들에게 집중되어 있었고, 세상에서 가장 보잘것 없는 이들을 자신과 동일시 하셨습니다.

"예수님께서는 모든 고을과 마을을 두루 다니시면서, 회당에서 가르치시고 하늘 나라의 복음을 선포하시며, 병자와 허약한 이들을 모두 고쳐 주셨다. 그분은 군중을 보시고 가엾은 마음이 드셨다. 그들이 목자 없는 양들처럼 시달리며 기가 꺾여 있었기 때문이다."(마태 9,35-36)

예수께서는 가난하고 병약한 이들에게 실질적인 구원을 선사하십니다.(마태 11,5 참조) 예수께서는 세리들, 죄인들, 사회에서 추방된 자들, 병약한 자들, 보잘것 없는 이들, 피곤에 지친 이들, 억눌린 이들, 빈곤한 이들, 배우지 못한 이들을 행복과 평화의 길로 인도하셨습니다.

이는 그들에게 하느님 사랑의 손길이 절실하게 요청되었기 때문입니다.(마태 18,1-5; 루카 15,4-32; 18,9-14 참조) 하느님께서는 아무에게서도 도움을 받지 못하는 병들고 가난하고 상처받은 이들, 버림받은 처지에서 고통당하는 이들에게 삶의 행복과 보람을 선사하시기 위해 당신 아들을 보내셨습니다.

그렇다고 해서 부자들, 지식과 전문성을 갖춘 이들, 정치적, 사회적, 종교적 지도자 계층에 있는 신분과 지체높은 이들이라고 하여 그 자체로 악하고 부도덕한 이들도 아니며, 하느님께 가까이 가는데 장애가 있는 이들도 아닙니다. 그들이 하느님의 뜻과 반대로 행동하거나 사회의 소외된 이들을 외면한다면 지탄과 비난의 대상이 됩니다.

교회는 가난한 이들에게 각별한 관심을 갖고 하느님 나라 건설의 중요한 수단과 요소로 가난한 이들을 우선적으로 선택하여 돌보아야 하는 사명을 갖고 있습니다.

사도 바오로는 코린토인들에게 형제들 사이에 평등을 실현하는 방법으로 재화의 나눔에 대해 다음과 같이 가르치고 있습니다.

"여러분은 우리 주 예수 그리스도의 은총을 알고 있습니다. 그분께서는 부유하시면서도 여러분을 위하여 가난하게 되시어, 여러분이 그 가난으로 부유하게 되도록 하셨습니다."(2코린 8,9)

이러한, 가난한 이들을 위한 우선적 선택은 청빈의 삶을 전제로 합니다. 인간이 부(富)로부터 자유로워져야 하는 것은 부가 그 자체로 무용(無用)

한 것이기 때문이 아니라, 그것을 절박하게 필요로 하는 사람들을 위해서 지금 나에게 소용되지 않는 재물을 갖지 않겠다는, 즉 축재의 무가치함을 말하는 것입니다.

더 나아가서 진선미(眞善美) 자체이신 하느님을 자기 안에 충만히 누리기 위해서 그 충만한 평온과 안정을 방해하는 그 어떤 것에도 매이지 않기 위해서 자기 몸 밖의 물질에 대한 애착을 끊어야할 필요가 있습니다. 이러한 부에 대한 포기는, 곧 복음적 가난을 통한 하늘나라의 보화를 소유하기 위해 치열하게 쫓아가는 순수한 마음을 동반할 때 진정한 가치를 지니는 것입니다.

예수 그리스도께서는 모든 차원에서 가난을 전폭적으로 수용하면서 인류의 가난을 제거하고 평정하고 계십니다. '하느님의 형상'을 온전히 소유하고 존재하는 예수 그리스도께서는 종의 신분과 조건을 간직한 채 당신 자신을 위해서는 아무 것도 남겨두지 않고, 당신 자신을 인류와 세상을 위해 송두리째 내어주면서 십자가에 달려 죽기까지 철저하게 낮추고 계십니다.(필리 2,5-11 참조)

그분은 당신 생명을 하느님 아버지께 완전하게 봉헌하는 희생과 제사, 가난과 빈곤을 통해 세상의 모든 사람들이 따라나서야 하는 확고한 표양과 모형이 되셨습니다. 이렇게 예수께서는 세상의 비참과 가난을 자발적으로 수용하셨습니다. 그분은 그리스도인들이 가난한 이들과 하나 될 때까지 가난을 수용하라고 촉구하십니다. 그리스도인은 주님과 함께 죽고,

주님과 함께 살아가는 이들입니다. 그렇다면 그리스도인의 임무가 무엇인지가 선명하게 드러납니다.

그리스도인은 "그들 가운데 가난한 사람은 하나도 없었다"(사도 4,34)는 초대 교회 공동체적 나눔과 섬김의 정신을 지향하고 실현하는 이들입니다. 교회는 세상의 모순, 부당한 논리와 법도(法道)를 거슬러 싸워야 하며, 세상에 하느님의 진리를 선포해야만 합니다.

재물, 권력, 지위가 없는 이, 병고와 질병에 허덕이는 이들이 그 인간의 존엄성과 품위를 존중받지 못한 채 생명권을 위협받으며 희망 없이 살아가지 않도록 교회와 그리스도인은 따뜻한 관심과 배려를 기울여야 합니다. 예수님의 간절한 부르짖음에 귀를 열고 주저함 없이 마음의 문을 열어 젖혀야 합니다.

"내가 진실로 너희에게 말한다. 너희가 내 형제들인 이 가장 작은 이들 가운데 한 사람에게 해 준 것이 바로 나에게 해 준 것이다."(마태 25,40)

성 요한 세례자가 오늘 우리에게 온다면?

　예수님께서는 당신보다 앞서 온 모든 사람 중에서 가장 위대한 인물로 세례자 요한을 거론하셨습니다. 그런데 이 위대한 인물이 한없이 몸을 낮춥니다.
　"나보다 더 큰 능력을 지니신 분이 내 뒤에 오신다. 나는 몸을 굽혀 그분의 신발 끈을 풀어 드릴 자격조차 없다. 나는 너희에게 물로 세례를 주었지만, 그분께서는 너희에게 성령으로 세례를 주실 것이다."(마르 1,7-8)
　그리고 이렇게 덧붙여 말합니다. "그분은 커지셔야 하고 나는 작아져야 한다."(요한 3,30) 이런 요한의 태도는 겸손함의 극치를 보여주고 있습니다.
　이런 요한은 자신의 성향으로 볼 때, 예수님께서 곧 이어서 하신 말씀 "하늘나라에서는 가장 미소한 자라도 그 사람보다 더 위대하다"(루카 7,28)는 구절을 더 흡족하게 받아들였을 것입니다.

　요한이 세상에 온 복적은 예수님께서 거침없이 구세주, 메시아의 사명을 잘 수행하기 위한 길을 닦고 준비하기 위해서 였습니다. 이 회개를 선포하는 일에 그는 한 치의 망설임이나 흐트러짐 없이 자신의 모든 신념과 열정을 가지고 임했습니다. 회개는 희생과 고통을 동반하게 마련입니다. 그래서 세례자 요한은 스스로 엄격한 생활을 하면서 세상의 구조적인 죄와 악을 고발하고 도덕적 회복을 강하게 부르짖었습니다. 이러한 세례자 요한의 이야기는 단순히 지나간 과거에 일어났던 한 사건에 그치지 않습니다. 요한은 예수님께서 세상에 오셨다고 해서 이제는 폐기해도 좋은, 망각 속에 던져 놓아도 좋은 그런 인물이 아닙니다. 그는 2000년 전 유대인뿐 아니라 오늘을 사는 우리들에게도 근본적인 회개를 외치고 있습니다. 요한이 외치는 '회개하고 복음을 믿어라'는 요청은 언제나 변함없이 현재 우리에게도 유효한 실천지침이며 근본적인 삶으로 전환하라는 실존적인 결단을 촉구하고 있습니다.

요한은 앞만 바라보고 걸어간, 참으로 외길을 간 우직한 성인이었습니다. 오직 주님의 길만을 닦고 준비해야 한다는 일념으로 살고, 세상의 부정과 부패를 고발하고, 정의와 인권을 바로 세우기 위해 희생된 순교자였습니다. 이 분은 오늘도 모든 신앙인들에게 좋은 본보기가 됩니다. 세례자 요한의 정신을 닮은 의로운 신앙인들이 많아 나와야 할 것입니다. 하늘에서 내리는 이슬비처럼 수많은 의인을 이 시대가 간절히 염원하고 있기 때문입니다.

정치인 청문회에서 청백리(淸白吏)를 찾아보기란 어려운 일이 됐습니다. 마음으로 존경할 만한, 머리가 저절로 숙여지는 그런 정치인 혹은 공직자를 찾아보기가 참으로 어렵습니다. 이런 현상은 마치 도미노처럼 우리 사회를 무너뜨리고 있습니다. 연금과 의료보험 기관, 공공기관, 공기업 등이 과연 인간을 사랑하고 사회정의를 실현하려는 기본적 토대 위에서 봉사하고 있는지에 대해서도 의문입니다.

　그 와중에 요즘 서민들은 살아가기가 갈수록 팍팍해지고 있습니다. 서민 대중은 은행에 돈을 맘 편히 맡길 수도 빌릴 수도 없는 형편입니다. 예금자 보호법은 예금액 보상의 상한선을 만들어 놓고 은행이 도산할 경우에 대비하고 있습니다. 그 틈을 타서 사채업자를 비롯한 일부 금융권은 고금리로 서민 대중의 목을 죄고 있습니다. 이처럼 우리 사회에는 약자를 향한 영적 정신적 물리적 폭력이 난무하고 있습니다.

　교육은 어떠한가요? 초중고생을 둔 가정은 허리띠를 졸라매면서 연간 수 십조원에 이르는 엄청난 사교육비를 지출하고 있습니다. 외국에 이민 간 사람들의 이야기를 들어보면 상당수가 "교육 문제 때문"이라고 입을 모읍니다. 실제로 요즘 가정의 이야기를 들어보면 맞벌이를 하지 않고서는 자녀 교육을 시킬 수 없다고 합니다.

　범죄 등 사회문제 또한 심각합니다. 조직폭력, 사기, 횡령, 여러 성범죄, 강도, 살인 등이 연일 그치지 않습니다. 게다가 소위 원조교제라 불리는 청소년 매매춘이 들불처럼 도시 농촌 할 것 없이 번져가고 있습니다.

　과거에 흔하지 않던 육신의 질병도 늘고 있습니다. 신경증, 노이로제, 각종 정신병, 암, 당뇨, 고혈압, 심장병 등이 그렇습니다. 알코올 중독, 마약중독, 도박중독, 청소년과 성인의 인터넷 음란 사이트 중독 또한 심각합니다. 교통사고를 비롯한 각종 안전사고로 인해 수많은 이들이 죽거나 장애인이 되고 있습니다. 낙태, 생명공학의 발달로 인한 시험관 아기 시술, 대리모, 인간복제, 잉여수정란 폐기 등 인간 존엄성이 훼손되고, 윤리적,

법적 혼란이 가중되고 있습니다. 자연 생태계 파괴와 자연환경 오염도 끝간 곳을 모르고 심화되고 있습니다. 이러한 환경 문제로 인해 기형아의 출산도 증가하고 있습니다.

우리나라의 사회 병리적 현상은 여기에 그치지 않습니다. 각종 신흥종교, 사이비종교들이 서민들의 취약한 심리상태를 파고들고 있으며, 가정이 파괴되는 결과로 이어지기도 하고 있습니다.

우리 사회의 수많은 문제들을 보고 있노라면 암담한 마음을 금할 수 없습니다. 외모, 학벌, 지위, 명예, 권력만을 선호합니다. 하느님을 멀리하고 내 욕심, 내 욕망만을 채우려는 이기주의, 한탕주의, 물질주의, 향락주의, 황금만능주의가 만연하고 있습니다. 점점 인간성이 메마르고 있고, 타인을 배려하지 않고, 오직 나 자신의 이익만 쫓으며 살아갑니다. 나에게 작은 피해가 있으면 절대로 양보하지 않는 것이 요즘 세태입니다. 총체적으로 도덕적 방향감각을 상실하고 있으며, 마치 브레이크가 파열된 기관차를 닮았습니다. 이런 목적없는 질주의 결과는 자명합니다.

이 시대는 타락과 부정을 향해 가는 세상을 바로 세우려 했던 세례자 요한의 의식과 행위, 희생을 갈망하고 있습니다. 회개와 세례를 외치는 광야의 소리가 필요합니다. 도덕성 회복을 위해 헌신하고, 세상을 바르게 인도할 신앙인이 필요한 시점입니다. 신앙인은 과연 어떤 삶을 살아야 할까요? 그리스도를 고백하는 신앙인이라면 하느님의 일을 모든 것에 앞서 우선적으로 해야 합니다. 정도(正道)를 벗어난 세상과 거슬러 싸워야 합니다. 이기주의와 물질주의를 배격하고 정의와 사랑을 위해 헌신해야 합니다. 예수님께서 십자가의 희생과 모범을 보였듯이, 십자가에 스스로를 못 박는 희생이 필요합니다.

세례자 요한은 하느님의 일을 위해 광야에서 메뚜기와 들꿀을 먹고 살았습니다.(마르 1,6 참조) 진수성찬 밥상에 앉는 안락함을 단호히 거부했습니다. 하느님께 대한 뜨거운 사랑과 열정, 소명의식 때문이었습니다. 우리들의 나약함과 부족함을 통감하면서 성령의 도우심을 받아 신앙인으로서의 직무에 성실히 응답해야 하겠습니다. 의인 몇 명이 이 사회를 구할 수 있습니다. '나 대신 누가 해 주겠지'라고 생각해서는 곤란합니다. 그런 세상은 변화를 기대할 수 없는 희망 없는 항해를 계속할 뿐입니다. 신앙의 행복이 얼마나 소중한지 알고 있는 나 자신이 먼저 이 사회를 바로잡는 일에 나서야 합니다. 그 작은 몸짓들이 모일 때, 하느님 나라가 지금 여기서 실현될 수 있습니다.

가톨릭 기업인의 역할과 자세

최근 경영학에선 타인을 위한 봉사에 초점을 두고, 종업원과 고객의 커뮤니티를 우선으로 하는 '서번트 리더십'(Servant Leadership), 곧 봉사하는 지도자의 모습이 주목받고 있습니다. '기업의 사회적 책임'(CSR) 교육도 큰 인기를 끌고 있다고 합니다.

서번트 리더십이나 기업의 사회적 책임 모두 가톨릭 정신을 반영하고 있습니다. 학계에서도 기업이 공동선을 추구하는 교회 가르침에 충실히 따를 때 경제적 효과가 더불어 따라온다는 연구결과를 잇달아 내놓고 있습니다. 이같은 경향은 경영 현장에서 구체화 되고 있습니다. 자본의 논리나 효율성만 강조해서는 기업 경쟁력 자체가 약화되는 상황이 오고 있는 것입니다.

최근 20년 사이에 미국과 유럽의 대기업을 중심으로 기업의 사회적 책임 또는 윤리경영에 대한 노력이 크게 증가했습니다. 최근 유럽에선 교황청이 검증한 윤리기업에만 투자하는 유럽 크리스천 기업 주가지수가 개발됐으며, 그에 편입되고자 노력하는 기업들이 늘고 있습니다. 이러한 기업을 심사하는 위원단에 바티칸 대표도 포함돼 있습니다.

미국 교회의 각 교구에선 기업 경영 지원 그룹을 운용하고 있습니다. 실제로 기업은 모든 구성원들이 원만한 상호 관계를 유지할 때 그 바른 기능을 발휘합니다.

물론 기업 조직에서 상하 관계의 기능적인 권위 체계는 필수적입니다. 그러나 기업과 인간 노동에 있어서 인간은 그 중심에 있습니다. 사물의 질서가 인간 질서에 종속되어 있기 때문입니다. 기업가들이 기업의 구성원들을 동등한 인간으로 보면서 품위에 맞는 대우를 해야 합니다.

이기심을 바탕으로 한 이윤 획득이 아니라, 인간의 존엄성을 기준으로 기업을 경영해야 한다는 것입니다. 자본주, 고용주, 경영자, 노동자들이 각자의 임무에 따라 활동 방향의 균형과 조화를 이루는 통일성을 유지하면서 기업 경영에 대한 적극적이고 건설적인 지혜를 수렴하여 실천에 옮겨야 합니다.

기업 윤리를 주도하는 주체는 직접 고용주와 간접 고용주로 구분할 수 있습니다. 직접 고용주는 노동자가 일정한 조건에 따라 직접 노동 계약을 맺는 사람이거나 단체입니다. 직접 고용주는 노동자들의 객관적인 요구에 미치지 못하는 노동 조건을 제시하기도 합니다. 특히 직접 고용주 자신이 경영하는 기업에서 가능한 최대의 이윤을 얻으려고 할 때 그와 같은 노동 조건을 내걸 수 있습니다.

반면 간접 고용주는 노동 계약뿐만 아니라 인간의 노동 현장에서 정당하거나 부당한 관계를 형성하는 데 결정적인 영향을 끼치는 요인들입니다다. 간접 고용주는 구체적인 조건하에서 실제 노동 계약과 노동관계를 규정하려는 직접 고용주의 행동에 제약을 가합니다. 이 개념은 우선적으로 국가에 적용될 수 있습니다. 국가가 정당한 노동 정책을 수행해야 하기 때문입니다.

이런 측면에서 국가의 의무와 책임은 중차대합니다. 육체적이고 정신적인 노동자, 공장 노동자, 농업 노동자 등 다양한 모습을 갖는 노동자의 객관적인 권리에 대한 존중은 개별 사회나 국가 차원에서, 세계의 모든 경제 정책과 거기서 파생되는 국제 관계의 모든 체제 안에서 전체 경제를 형성하는 타당하고 근본적인 기준이 되어야 합니다. 이렇게 기업윤리는 법 규범과 함께 간접 고용주로 지칭되는 국가와 사회기관의 개입, 조정, 권고 등에 따라서 바람직한 결과를 도출할 수 있는 것입니다.

기업정책과 기업윤리를 인도하고 지도해야 하는 간접 고용주는 무엇보다도 고용문제에 관심을 기울여야 합니다. 실업(失業)은 어떠한 경우에도 죄악이며, 사회의 재앙이며 사회를 혼란에 빠뜨리게 하는 위험요소이기 때문입니다.
또한 실업은 기술적이고 직업적인 준비를 갖춘 젊은이들에게 실망과 좌절, 여러 가지 악영향을 줍니다. 기업윤리를 선도해야 하는 간접 고용주는 기존 사회의 경제생활 뿐 아니라, 참신한 문화생활까지도 창조하고 형성해 가는 다양한 종류의 노동에 관한 전반적인 계획을 마련하여야 합니다.

농업, 산업, 기타 용역 분야의 노동과 정신 노동, 그리고 학문적이고 예술적인 노동 사이에서 개인의 역량에 따라, 각기 사회와 인류 전체의 공동선을 위해, 다양한 직업과 취업을 망라하면서 올바른 균형을 이루도록 하는 것도 간접 고용주의 중대한 임무입니다.

개인이나 집단이 기업을 창설하고 운영할 수 있는 것은 자유기업제도를 채택하는 사회가 부여하는 일종의 특전이라고 볼 수 있습니다. 특전을 향유하려면 그에 상응하는 대가를 치러야 합니다. 물론 기업의 이윤 극대화 노력과 교회의 가르침은 상충할 수 있습니다. 여기서 가톨릭 기업인의 고뇌가 있을 수 있습니다. 하지만 이 고뇌는 극복하고 감수해야 합니다.

신앙은 단기 효과와 거리를 둘 것을 요청합니다. 장기적으로 가톨릭 정신에 따라서 기업을 경영하는 것이 여러 측면에서 선익이 크다는 것은 이미 여러 연구를 통해 증명됐습니다. 결국 기업 행위의 주체는 사람이기 때문입니다.

가톨릭 기업인이라면 성경 말씀을 기업경영의 기본 틀로 세울 수 있어야 합니다. 예수님이 제자들의 발을 씻겨주셨듯이 겸손과 온유의 리더십을 가져야 합니다. 전임 교황 베네딕토 16세께서는 회칙 「진리안의 사랑」에서 "교회의 가르침인 사랑의 가치를 세상에 나아가 공유하라"고 가르치셨습니다.

가톨릭 경제인들은 가톨릭 정신이 세상을 바꾸고 산업 평화를 주도할 수 있다는 확신을 갖고, 사랑의 혁명으로 세상을 바꾸겠다는 소명을 실천해야 합니다. 기업 활동에 있어서 가장 큰 동기부여는 사랑을 중심으로 약동하는 가톨릭 정신이 되어야 합니다.

열매 맺기

유스티누스 성인은 30세가 되어 에페소에서 그리스도교인이 되었고, 이후 이웃에게 하느님을 전파하는데 온갖 힘을 기울였습니다. 그 후 로마로 와서 철학 학교를 세우는 등 당시 교회를 수호하고 변호한 최고의 호교론자로 활동했습니다. 그의 호교론은 지금까지도 여전히 빛을 발하고 있습니다. 유스티누스 성인을 통해 교회 학문과 함께 양적인 교회의 성장과 발전이 눈부시게 이루어졌습니다. 진리에 대한 투신의 대가를 인간이 받아들이는 것은 죽음을 각오할 만큼 매우 고통스러운 일이었습니다.

유스티누스는 교회에 반대되는 학문과 논쟁을 벌이던 중 로마제국의 권력자에게 끌려가 이방 신전에 제물을 바치라는 요구를 강요당했습니다. 하지만 성인은 단호히 거절했습니다. 그 대가로 말로 형언할 수 없는 고문을 당한 후 목이 잘리는 참수 치명을 당했습니다. 유스티누스 성인의 이 고난은 참으로 교회 안에 경이로운 큰 열매를 맺게 하였으며, 그 열매는 지금 우리에게도 풍요로운 자산으로 남아있습니다.

마태오 복음 21장 18-22절에 보면 무화과나무가 제대로 열매를 맺고 있는지에 대한 본질적인 질문이 제기되고 있습니다. 예수님은 무화과나무가 열매가 없었기 때문에 다시는 열매를 맺지 못하게 될 것이라고 꾸짖고 나무라십니다. 사실 무화과나무는 아무 죄도 없었습니다. 무화과 철이 아니었기 때문입니다. 하지만 이는 당시 이스라엘의 완고함을 나타낸 비유의 말씀이라고 할 수 있습니다.

예수님은 이스라엘과 그 백성이 영적지도자들의 위선과 허위, 부정과 부패 때문에 버림받았음을 상기시키십니다. 풍성한 초목 속에서 열매가 없는 무화과나무는 버림받은 유대교 사상의 상징을 드러내고 있습니다. 그렇지만 예수님의 이 가르침은 날카로운 예언과 윤리적 가르침을 담고 있어서 모든 시대에 교훈이 되고 있습니다.

오늘 우리에게도 이 말씀은 그대로 적용됩니다. 하느님을 고백하고 섬기는 우리 일상생활도 늘 열매를 맺어야 하기 때문입니다.

하느님께서는 우리에게 주신 건강, 재물, 지혜, 지식 등을 제대로 사용하였는지에 대해 언제나 셈해서 바칠 것을 명하시며, 그 결실과 소출에 대해 묻고 계십니다. 선행의 열매를 맺으라고 언제나 촉구하고 계십니다.

우리 삶의 어느 한 순간에 지상 생애를 마치고 하느님 부르심에 따라 떠나는 날이 올 것입니다. 그때가 언제인지 정확히 알 길은 없습니다. 인생의 마지막 순간에 하느님께서는 선행의 열매를 요구하실 것이니 그에 맞는 준비를 해야 합니다. 외적 내적으로 영적 성숙을 향해 달려가면서 우리가 소속되어 있는 공동체를 위해 기여하는 사람, 꼭 필요한 사람, 주님과 이웃의 도구가 될 것을 다짐해야 하겠습니다. 우리가 선행에 힘쓰는 만큼 주님을 닮는 성인의 길로 들어갈 수 있음을 명심해야겠습니다.

열매를 맺으면 그 나무에서는 독특하고 고유한 참 향기가 납니다. 수단에서 주님을 전파하고 청소년들의 꿈을 키워주는 일에 헌신하다가 돌아가신 고 이태석 신부님은 2008년 미국의 한 강연에서 이렇게 말씀하셨습니다.

"우리 자신들이 드러내는 삶의 향기가 과연 어떨까 고민해야 합니다. 우리의 향기는 과연 어떤 향기일까요. 이웃에게 얼마나 강한 영향을 주는 향기일까요. 사실 그 향기에 대해선 우리 각자가 스스로에게 책임을 져야 합니다. 향기로운 삶을 살아야 합니다. 그 향기를 맡은 사람이 변화되는 그런 향기로운 삶을 살아야 합니다."

그런데 여기서 우리가 잊지 말아야 할 것이 있습니다. 열매가 풍성하게 매달리고, 그래서 향기 가득한 나무는 거저 대가없이 존재하는 것이 아닙니다. 그 나무는 고난과 인내, 몸살이라는 양분을 먹고 자랍니다. 모진 비바람과 찬 겨울의 서리를 맞고 이겨낸 나무가 병충해에도 약하지 않고 알찬 열매를 맺습니다.

고난은 알찬 열매를 맺는 전제조건입니다. 십자가 없이 어떻게 부활의 열매를 기대할 수 있겠습니까.
불교 전통에 따르면 왕자 싯다르타는 집에 가만히 있었으면 평생 동안 편안히 살 수 있었는데도, 결국에는 집을 나갔고(出家) 그 결과로 해탈이라는 열매를 얻었습니다.

바오로 사도의 고난 이야기도 유명합니다. 바오로 사도는 코린토 교회에 보내는편지에 "수고와 고생, 잦은 밤샘, 굶주림과 목마름, 잦은 결식, 추위와 헐벗음에 시달렸습니다"(2코린 11,27) 라고 기술하고 있습니다.

한국교회의 수많은 순교자들과 외국 선교사들도 주님을 증명하고 알리기 위해 기꺼이 십자가와 죽음의 길로 용감하게 나아가셨습니다.

하지만 진정한 고난의 전형과 온전한 모범은 예수 그리스도로부터 유래합니다. 그리스도께서는 "여우들도 굴이 있고 하늘의 새들도 보금자리가 있지만, 사람의 아들은 머리를 기댈 곳조차 없다"(마태 8,20)고 말씀하셨습니다. 그런데도 광야에서 단식할 때 악마의 달콤한 유혹을 단호히 물리치셨습니다. 자신의 안일과 영달, 편의를 위해 하느님으로서의 능력을 사용할 수 있으셨지만, 스스로 포기하셨습니다. 고난을 통한 영광의 길을 보여주기를 원하셨습니다. 법정에서 총독 빌라도가 예수님을 사면하려고 했지만, 불의와 타협하지 않았기에 십자가형을 받으셔야 했습니다. 예수님께서 그러한 소중하고 정당한 피와 땀을 흘리셨기에 환희의 부활은 더욱 큰 의미를 지니는 것입니다.

우리가 그리스도를 진정으로 믿고 고백하며 참 신앙의 열매를 맺고 싶다면 십자가를 외면해서는 안됩니다. 십자가를 두려워하지 말고 정면으로 대결하여 극복해야 합니다. 하느님은 그 예수님의 고난을 통해 참 모습을 드러내십니다. 우리가 십자가를 통하여 풍성한 영적 열매를 맺을 때, 고통 받는 이웃 형제의 궁극적 피난처가 될 수 있으며, 희망의 노래를 부를 수 있습니다. 십자가를 지는 일은 결코 좌절의 길로 들어가는 것이 아닙니다. 인간의 궁극적인 행복은 물질을 통해 성취되는 것이 아니라, 바른 정신과 마음, 건전한 영적 성숙을 통해 참 모습을 드러납니다.

　신앙인의 기도와 신앙실천은 부활로 이어지는 것이기에, 세상 안에 다가오는 십자가를 기꺼이 지는 지혜를 배워야 할 것입니다. 우리는 모두 숨을 헐떡이며 인생의 마라톤 대회에서 뛰고 있습니다. 그 이유는 목표점에 달콤한 영적 열매, 곧 영원한 삶이 기다리고 있기 때문입니다.

마지막 보루

성 김 안드레아 신부님은 사형 당하시기 직전 이렇게 말씀하셨습니다. 이른바 최후 진술입니다.

"여러분도 죽은 후에 영원한 생명을 얻으려거든 천주교를 믿으시오."

확신에 찬 말씀입니다. 하느님에 대한 강렬한 체험, 신적 보살핌에 대한 완전한 승복 없이는 할 수 없는 말씀입니다. 죽음 앞에서 김대건 신부님은 그렇게 그리스도의 마음과 완전히 하나가 되셨습니다.

성 김대건 신부님은 1821년 8월 21일 태어나 사제가 되기 위해 15세 때인 1836년 12월 9일 한양을 떠나 중국 최남단 마카오 유학길에 오르셨습니다. 영하 30℃ 엄동설한에 만주 벌판을 지나 북경까지 2개월 걸려 도착하였으며, 이듬해인 1837년 6월 6일 무더운 남쪽나라 마카오에 여장을 푸셨습니다. 6개월을 쉬지 않고 2만리를 하루 평균 70리씩 걸어가셨던 것입니다. 이후 1845년 8월 17일 드디어 소망하던 하느님의 종, 사제가 되었습니다.

하지만 하느님께서 김대건 성인께 안배하신 섭리는 고난, 그리고 순교라는 선물이었습니다. 1846년 5월 14일 체포되셨고, 이후 40여 차례에 이르는 참혹한 고문을 당하셨습니다. 그 해 9월 16일 사형집행일. 형리들은 관습대로 화살을 김대건 신부님의 두 귀에 꽂았습니다. 얼굴에 물을 뿌린 다음 회칠을 하고 무릎을 꿇렸습니다. 그리고 얼굴을 당겨 올렸습니다.

이 때 신부님은 "이런 모양으로 하고 있으면 칼로 치기 쉽겠지요?"라고 말하며 희광이가 칼로 당신 머리를 치기 쉬운 자세를 취하셨습니다. 희광이가 수차례 날카로운 칼로 신부님의 목을 내리쳤습니다. 여덟 번째 칼에 신부님의 목이 땅에 떨어졌습니다. 그렇게 한국교회 최초의 사제는 사제 된지 13개월, 만 25세의 꽃다운 젊은 나이에 장렬하게 치명하셨습니다.

성인의 죽음은 헛되지 않았습니다. 그때 흘린 성인의 피는 영원히 마르지 않는 우리나라 복음화의 샘물로 자리 잡고 있습니다. 우리나라의 첫 사제는 이렇게 젊은 나이에 순교로 붉은 피를 쏟으시며 하느님께 대한 사랑을 완전하게 증명하였습니다.

신부님의 고결한 순교는 오늘날 한국 천주교회의 밑거름이 되어 지금까지도 큰 열매를 맺고 있습니다. 전 세계가 우러러 공경하는 우리의 첫 번째 사제, 성 김대건 신부님을 모시고 있는 것은 큰 영광이며 자랑입니다.

오늘날은 박해시대가 아닙니다. 그러나 사회의 여러 현상과 유혹은 우리가 하느님께 가는 길을 방해하고 있습니다. 사람들은 인간의 정신세계, 윤리의식, 양심적 태도, 신앙생활 등을 무시하거나 소홀히 하고 있습니다. 보이는 세상의 물질, 육신적 생활의 편리, 의식주의 양적이고 질적인 극대화 등을 추구하는데 심혈을 기울이고 있습니다. 몸의 편안함, 정신적 쾌락에만 매달리고 있습니다.

　세상에서 인간의 도리를 다하지 못하거나 하느님의 뜻을 알고 고백하고 실천하지 못한다면 세상에 태어난 가치와 보람은 어디에서도 찾을 수 없습니다.

　세상에 태어난 모든 인간의 삶은 참으로 소중하고 신비스럽습니다. 한 명 한명이 우주 창조의 의미를 모두 담고 있습니다. 이는 하느님의 섭리가 아니고는 도저히 설명할 수 없습니다. 이렇게 태어난 인간은 성장하면서 교육을 받습니다. 세상의 이치를 조금씩 깨우치며, 나이에 걸맞는 교육을 받으며 양심교육, 도덕교육, 신앙교육 등을 받습니다. 이러한 교육의 내용은 인간존재의 위대함을 선명하게 드러내야 합니다. 하지만 요즘 교육의 내용이나 교육자의 자세는 우려스러운 점이 발견됩니다.

　과거에는 하느님께 대한 신앙, 윤리석인 가르침, 현세적이고 물질적인 생활 등의 순서로 삶의 가치를 두었으나, 현대사회에는 반대로 물질적이고 육체적인 생활에 중점을 두려는 경향이 확대되고 있습니다. 많은 이들이 일확천금을 꿈꾸며 복권을 사고 있습니다. 경마, 경륜, 경정, 카지노 등 도박을 통해 큰 재산을 탕진한 많은 이들이 정신병리적 중병을 앓고 있습니다. 주식시장은 소자본을 투자한 개미군단의 모든 구좌를 삼켜 버리고, 이들을 빚더미 속에 던져 넣고 있습니다. 그 배후에는 언제나 큰 손이 있습니다. 성인 오락실이라고 칭하는 도박 업소는 전국 각지로 빠른 속도로 퍼져나가고 있으며, 서민 가장들을 경제적 파탄에 빠뜨리고 있습니다. 모두 일확천금을 노리는 한탕주의 문화에서 비롯된 것입니다.

이밖에도 다양한 종류의 성범죄, 성적 일탈 등 낯 뜨거운 뉴스들이 연일 신문지면을 장식하고 있습니다. 또, 일부이긴 하지만 여전히 많은 청소년들이 배려와 상호 존중이 아닌 왕따와 폭력으로 또래들을 괴롭히고 있습니다. 정치권을 비롯해 대부분의 사회 계층에서 돈이면 뭐든지 해결할 수 있을 것으로 생각하는 물질만능주의도 판을 치고 있습니다. 성실하고 정직하게 일하여 생계를 꾸려 나가야 하는 기본적인 인간의 도리는 만고의 진리입니다. 왜 우리 사회가 부도덕한 삶을 향해 끝간 곳을 모르고 치닫고 있는지 매우 서글픈 일입니다.

그리스도인은 세상의 희망이며 마지막 보루입니다.

신앙인은 예수 그리스도가 가셨던 길을 걸으며 세상에 평화와 사랑을 전해주는 자입니다. 그리스도인들은 세상을 비추는 촛불입니다. 물론 촛불은 약합니다. 하지만 그 작은 불빛이 온 우주를 환하게 비출 수 있는 힘을 가지고 있습니다. 역사적으로 작은 촛불 하나가 우리 사회의 어둠을 몰아내며 찬란하게 주변을 밝힌 사례는 무수히 많습니다.

그리스도인은 그리스도 안에서 건전한 정신과 생각으로 스스로를 가득 채운 사람입니다. 인격적이고 예의바른 언행으로 모범을 보이면서 현세의 삶을 통해 영원한 삶을 성취하는 자들입니다. 우리의 발은 비록 땅을 딛고 고단한 지상의 나날을 살아가고 있지만, 마음은 하늘을 향하여 천상의 모습을 떠올리며 살도록 해야겠습니다. 신앙인들과 선의의 모든 이들은 두 손모아 세상의 평화와 안정을 위해 성 김대건 신부님께 간절한 기도를 올려야 하겠습니다.

"성 김대건 안드레아, 저희를 위하여 빌으소서."

정(情) – 정남본당의 추억

    1982년 3월로 기억합니다. 사제가 된 이후 첫 본당 주임 사제로 발령받아 정남 성당(지금의 경기도 화성시 정남면 소재)에 도착했습니다. 여러 교우님들이 따뜻하게 환영해 주셨습니다. 본당 주임 경력은 이때가 유일합니다. 1984년 2월에 다른 곳으로 발령을 받았기에 햇수로는 3년이라고 말할 수 있으나, 실제로는 만 2년에서 한 달을 채우지 못한 기간이었습니다. 하지만 당시 기억은 아직도 생생합니다.

    "여기가 바로 내가 오래 살고 머물 곳이구나"라는 생각에 잠을 못 이루며 본당사목에 대한 꿈을 키우기 시작하였습니다. 아주 조그만 시골 성당. 사제관 유지하기에 빠듯한 살림을 해야 하는 성당이지만, 인정 많고 사람 냄새가 물씬 나는 신자들의 모습이 정겹고 아름다운 곳이었습니다.

    당시 정남본당은 정남면 전체가 본당 관할구역이었습니다. 지역은 넓지 않았습니다. 큰 애착을 갖고 내 가정처럼, 내 집처럼 생각하며 열성을 갖고 사목에 임했습니다.

    특히 정남 교우들을 친 부모 형제처럼 생각하고 대접하며 지내려고 노력했습니다. 부임하자마자 초라하기 그지없는 성당과 부속 건물들을 여기저기 몇 번씩 둘러보면서 장궤틀에 몇 명이나 앉을 수 있는지 꼼꼼하게 세어보고, 성당 마당에 지저분하게 널려있는 휴지와 담배꽁초 등을 직접 줍고 치우며 새 살림살이에 들어갔습니다.

본당 신자 분들의 마음은 참으로 따뜻했습니다. 봄부터 가을까지 신자들은 끊임없이 앞 다투어 딸기, 채소, 반찬, 가을 첫 햅쌀 등 집에서 땀으로 가꾸어 키운 농산물들을 사제관에 놓고 가셨습니다. 봄과 가을 판공을 하러 공소에 나갈 때 수렁 같은 시골길을 지나다 보면 붉은 황톳빛 곤죽 같은 진흙을 구두에 덕지덕지 묻히고 다녔지만, 온 동네가 잔치 분위기가 되어 한 마음으로 미사를 드리고 음식을 나누며 즐거운 시간을 가졌습니다.

젊은 시절의 한때를 보내며 사목하였던 정남본당을 생각하면 늘 친정처럼 아련함을 느낍니다. 본당 신부로서는 처음이자 마지막으로 사목하였기 때문에 더욱 진한 사랑과 관심이 묻어납니다. 이렇게 정남본당에 대한 애정과 그리움이 지금까지 이어지고 있는 것은 정(情) 때문입니다. 정남본당은 지금까지 마음속의 정겨운 광장으로 남아있습니다.

정(情)이 그리운 시대입니다. 각박한 현대사회에서 요즘 우리는 정을 잊고 무관심하게 살아가고 있습니다.

이는 본당 공동체에서도 마찬가지 입니다. 사제와 수도자, 평신도들이 정으로 하나가 되는 본당 분위기가 점점 사라지고 있는 것 같아 안타깝습니다.

겸손, 감사, 사랑의 그리스도교적 덕목의 뿌리에는 '정'이 있습니다. 정을 회복하는 운동이 교회 내에서 일어났으면 합니다.

정은 풀 죽어 있는 오늘 우리 사회에 새로운 영양제가 될 수 있을 것입니다. 정은 동시에 한국 사회에 만연한 물질주의와 향락주의를 극복하는 시금석이 될 것으로 기대됩니다.

모든 인간의 덕은 겸손과 사랑으로 통합된다는 것이 가톨릭 신앙 고백의 내용입니다. 그런데 이 겸손과 사랑이 바로 정에서 나옵니다. 하느님에 대한 정, 그리스도에 대한 정, 성모님에 대한 정, 교회에 대한 정, 이웃에 대한 정에서 진정한 겸손과 사랑의 열매가 맺어집니다.

정의 가치는 아무리 강조해도 지나치지 않습니다. 정은 사랑의 애틋한 표현입니다. 하느님의 안배는 당신 사랑의 결과이기 때문에 하느님 뜻을 완수하는 인간의 응답도 사랑으로 귀결됩니다. 사랑 없이는 우리는 아무것도 아닙니다.(1코린 13,1-3 참조)

창조주의 명령은 바로 정을 서술하고 있습니다. 마음속에 자리하고 있는 정을 더욱 키워 이웃과 나눠야 할 것입니다. 김수환 추기경님은 우리에게 '사랑의 유산'을 남기고 떠나셨습니다. 김 추기경님의 유언인 '고맙습니다. 사랑합니다'를 처음 들었을 때, 나는 김 추기경님의 마음속에 잔잔히 흐르는 정을 가슴 뭉클하게 느꼈습니다.

한국교회의 빛과 소금의 역할을 하신 분들은 대부분 정으로 충만했던 분들입니다. 고(故) 이태석 신부님은 2001년부터 아프리카 남부 수단의 외진 톤즈 마을에서 섭씨 40℃가 넘는 무더위와 싸우며 하루 200여 명의 주민을 진료하고 1500여 명의 학생을 가르쳤습니다. 누군가 이태석 신부님을 추모하며 인터넷에 올린 글대로, '밑 빠진 독에 물을 붓는, 자칫하면 물 붓는 사람이 힘겨워 나뒹굴게 되는 나락 같은 상황'에서도 그분은 희망을 잃지 않았습니다. 아이들에게 총 대신 악기를 들려주었고, 음악이 사람들 사이에 얼마나 위대한 친교와 소통의 도구인지 일깨워주었습니다. 그리고 음악으로 환해진 그 맑은 마음에 펜을 줬습니다. 질병의 고통을 운명으로 받아들이던 그들에게 치유의 은혜를 선물했고, 배고픔의 고통에서 벗어나게 도왔습니다.

무엇보다도 이태석 신부님은 사랑을 구체적으로 나눴습니다. 성 돈 보스코가 그랬던 것처럼 그는 아낌없이 모든 것을 나눠주었습니다. 그런데 정작 자신은 아무런 보상도 받지 않았습니다. 원하지도 않았습니다. 그렇게 많은 것을 남겨놓고 훌쩍 빈손으로 떠났습니다.

많은 사람이 신부님께 물었습니다. 의사로 편안하게 살 수 있었을 텐데 왜 굳이 사제가 되고, 그리고 왜 아프리카로 떠났느냐고. 그 물음에 신부님은 이렇게 답했습니다.

"예수님께선 '너희가 내 형제들인 이 가장 작은 이들 가운데 한 사람에게 해준 것이 바로 나에게 해준 것이다'(마태 25,40)라고 말씀하셨습니다."

이태석 신부님은 정이 가득했던 예수님을 본받았던 참으로 정이 많았던 분이셨습니다. 이제는 우리가 그 정을 이어받아야 합니다. 그 정 가득한 따뜻한 마음으로 이웃과 함께 손잡고 살다가 마지막 순간에 하느님 대전으로 나아가야 합니다.

정남 본당에서 열심히 신앙생활하시다 하느님 품 안에 안기신 어르신들과 교형자매들을 위해 기도합니다. 철부지 젊은 사제였던 나를 위해 노심초사 기도하여 주셨던 분들을 위해, 지금도 변함없이 보이지 않는 곳에서 정남 본당을 위해 헌신하시며 투철한 교회정신으로 사시는 분들을 위해 기도합니다.

그리고…, 정남지역 주변에 사시는 모든 분들이 하느님의 울타리 안으로 들어오기를 간절한 마음으로 기도합니다.

마더 데레사

데레사 수녀님은 1910년 9월 26일 당시 유고 연방 영토였던 마케도니아의 스코피예에서 태어났습니다. 18세 되던 해 로레토 수녀원에 입회한 수녀님은 이듬해 1929년 인도 콜카타로 가서 로레타 수녀원이 운영하는 학교 교사로 활동하던 중 1946년 새로운 부름을 받고, 1950년 사랑의 선교회를 설립했습니다.

이후 데레사 수녀님은 거리의 버려진 사람들과 장애인, 불우한 어린이들을 위해 헌신함으로써 1979년 노벨평화상을 수상하고 '살아있는 성녀'로 추앙받았습니다. 1997년 9월 5일 콜카타에서 87세를 일기로 세상을 떠나기 전까지 평생을 빈자들을 위해 헌신한 데레사 수녀님은 임종을 앞둔 순간에도 '가난한 이들과 똑같이 대해 달라'며 값비싼 치료를 거부하기도 했습니다.

데레사 수녀님이 창설한 사랑의 선교회의 4500여 명 수도자들은 전 세계 곳곳에서 가난한 이들을 위해 학교와 병원 운영 등 다양한 활동을 펼치고 있습니다. 한국에서도 이 수도자들은 아무도 돌보지 않는 가난한 이들과 집 없이 불쌍하게 죽어가는 사람들을 위해 말없이 묵묵히 예수님의 정신을 따라 헌신하고 있습니다.

그런데 데레사 수녀님은 무엇을 많이 가진 것도, 학문으로 명성을 얻은 것도, 사회적으로 어떤 높은 지위와 명예를 누리신 분도 아니었습니다. 그저 소박하게 예수님의 정신으로 아무것도 가진 것 없이 가난하게 살면서 이웃에게, 비참한 환경과 처지 속에 놓인 병든 자, 먹을 것 없는 자, 극심한 고통과 아픔을 겪고 있는 무수한 사람들을 향해 자신의 손을 내밀고 정성껏 보살피는 일에 헌신하셨습니다.

지상의 모든 소임을 다하고 하늘에 계신 데레사 수녀님께서는 세상에 남아있는 우리에게 이렇게 말씀하십니다.

'무엇이든 남김없이 베풀고 주님께 오라.'

데레사 수녀님을 가장 고귀한 삶으로 부르신 하느님께 감사드리며, 우리도 작은 행복, 소박한 삶, 꾸밈없는 일상, 주님과 함께 걷는 삶을 통해서 더욱 큰 하느님의 영광을 드러내는 주님의 사람, 주님의 착한 종이 되기로 다짐해야 할 것입니다. 또 이런 훌륭한 수녀님을 세상에 보내 주신 하느님께 깊은 감사를 드리며 우리도 데레사 수녀님이 보여주신 일의 한 부분을 맡아야겠습니다.

세상을 변화시키는 것은 어떤 지식, 물질, 권력이 아니라, 자신의 모든 것을 내어주며 대가를 바라지 않는 사랑임을 깨달아야 합니다. 그런데 아직도 국내에서는 마더 데레사 수녀님을 기억하는 움직임이 상대적으로 적은 듯해서 안타깝습니다. 이는 마더 데레사 수녀님의 영성이 아직 한국교회에 많이 알려져 있지 않은 탓도 큽니다. 사실 마더 데레사 수녀님의 영성만큼 이 시대에 필요한 영성도 없지 않나 싶습니다. 데레사 수녀님에 대해선 대부분 신앙인들이 '가난한 이들의 대모' '사랑의 완벽한 실천가' 등의 이론적이고 상식적인 인식에 머물고 있는 실정입니다. 데레사 수녀님의 영성에 대한 조명이 필요합니다. 그분은 자신과 자신이 설립한 수녀회의 수녀들이 단순한 사회사업가가 아니라, 선교사들이며 세상에서의 관상가들이라고 거듭 강조한 바 있습니다. 데레사 수녀님에게 관상이란 기도뿐 아니라, 그리스도를 사랑하며 그분과 일치하여 가난한 이들에게 봉사하는 삶까지 포함합니다. 데레사 수녀님은 이렇게 말했습니다.

"사람들의 눈에는 우리가 단순한 사회사업가로 비칠지도 모릅니다. 그러나 실제로 우리는 세상의 중심에서 살고 있는 관상가들입니다. 우리는 매일 24시간 동안 그리스도의 몸을 만지고 있기 때문입니다."

이처럼 데레사 수녀님은 예수께서 지상에 계신 동안 언제나 기도와 활동을 일치시키셨듯이 자신들도 노동에 기도를 일치시켜야 함을 강조하고 있습니다. 그의 사랑 실천은 관상에서 나오는 자연스러운 결과이지, 어떤 과정이나 결과가 아닙니다. 사람들은 세상의 수많은 지역의 처참한 가난의 상황에 비해 마더 데레사와 자매들이 실천하는 사랑이 시대에 뒤떨어진 방법이라 비판하면서 그분의 명성을 이용해 기금을 모으고 거대한 현대식 구호시설을 갖추라고 권고했습니다. 그러자 그녀는 이렇게 대답했습니다.

"하느님은 저를 성공하라고 부르지 않으시고 성실하게 살라고 부르셨습니다. 우리는 큰일을 할 수 없습니다. 오직 작은 일을 큰 사랑으로 할 수 있을 뿐입니다."

두고두고 마음 깊은 곳에 새길 말씀입니다.

아기예수의 성녀 데레사

교회는 전교의 달이며 묵주기도 성월의 첫 날인 10월 1일, 아기 예수의 성녀 데레사 동정 학자 대축일을 지냅니다. 교회는 왜 활동력 왕성한 이 계절의 첫 머리에 데레사 성녀를 기념하는 것일까요.

성녀께서 발로 뛰는 왕성한 전교활동의 모범을 보여서 일까요? 학문 연구를 통해 신앙의 양식을 제공하는 일에 공을 세웠기 때문일까요? 그렇지 않습니다. 성녀는 얼마 되지 않는 짧은 인생을 수도원 안에서만 살다가 그렇게 하느님 품에 안겨 세상을 떠난 분입니다. 그런데 우리는 그분의 삶 안에서 진정한 '활동' 완벽한 '전교'를 봅니다.

성녀는 프랑스 북서부 알랑송이라는 곳에서 1873년, 아홉 자녀 중 막내로 태어났습니다. 그런데 안타깝게도 4살이 채 못 되어 어머니를 여의었고, 아버지와 함께 오빠가 사는 리지외로 이사하여 살았습니다. 성녀는 어린 시절부터 성모 신심이 깊었습니다. 그런데 성녀가 10살 때인 1883년 알 수 없는 병에 걸려 석 달 동안 경련, 환각, 의식불명 등으로 심하게 앓았는데, '미소의 성모상' 앞에서 기도하던 중 이 병이 기적적으로 치유되었다고 합니다.

이후 성녀께서는 1886년 성탄 전야 미사 직후 '완전한 회심'을 체험합니다. 성녀는 자신의 영혼 안에 하느님께 대한 깊은 사랑이 타오르는 것을 체험하였고, 또한 이웃을 위해 자신을 온전히 봉헌하라는 주님의 소리를 들었습니다. 그 후 십자가에 달리신 예수님을 바라보면서 다른 영혼들을 돕고 싶은 열망에 사로잡힙니다.

하느님의 영광만을 위해 살고, 죄인의 회개를 위해 헌신하고 싶은 열망을 지닌 성녀는 14세때 리지외의 맨발의 가르멜 수녀원에 입회하기를 청하였습니다. 이 가르멜 수녀원에는 이미 데레사의 두 언니가 살고 있었습니다. 하지만 데레사는 나이가 너무 어렸기 때문에 쉽게 입회할 수 없었습니다. 하지만 갈망은 성취의 선물을 줍니다. 성녀는 꿈을 이루게 되었습니다.

성녀는 1888년 4월 9일 리지외의 가르멜 수녀원에 15세의 나이로 입회했습니다. 성녀는 그 후 24세의 젊은 나이로 세상을 떠나기까지 10여년간 수도원 생활을 했습니다. 그런데 데레사의 수도원 생활은 특별한 것이 전혀 없이 지극히 평범하였습니다. 성녀는 성격이 까다롭고 질투심 많은 원장 수녀 때문에 일어난 공동체 내부 분열로 큰 고통을 당하였다고 합니다. 성녀는 그러한 수도원 내부 갈등을 온 가슴으로 받아내면서 한결같이 기도생활에 열중하였습니다. 수도원 규칙에 충실하고 자신에게 부여된 작은 직무들을 충실히 이행하였습니다.

그 후 1893년 성녀는 수련장 서리로 임명되어 4년 간 그 직무를 수행하였는데, 이때 '작은 길'이라는 자신의 고유한 영성을 키우며 살았습니다. 그녀의 '작은 길'에는 새로운 것이 없었습니다. 신앙인이면 누구나 따라 걸어야 하는 아주 평범한 구도의 방법이며 길이었습니다. 그것은 한 영혼이 하느님 앞에 서서 지니는 가장 순수한 태도를 말하는 것입니다. 성녀는 돌아가시기 전 결핵으로 극심한 고통에 시달리면서도 다음의 말씀을 마지막으로 남기고 주님 품에 안기셨습니다.

"나의 하느님, 당신을 사랑합니다.
저는 당신을 사랑합니다!
저의 소명, 마침내 저는 그것을 찾았습니다.
제 소명은 바로 사랑입니다. 그렇습니다.
저는 교회의 품 안에서 제 자리를 찾았습니다.
저의 어머니이신 교회의 심장 안에서 저는 '사랑'이 될 것입니다."

성녀께서 세상을 떠난 후 그녀의 자서전은 15년 동안 여러 나라 언어로 번역되었고, 수백만 권이 넘게 보급되었습니다. 세계 여러 곳에서 일어난 성녀에 대한 반응은 충격적이고 놀라웠습니다. 교황 비오 11세는 이러한 반응을 '폭풍과 같은 열광'이라 말씀하셨습니다. 그래서 일반적으로 시성을 위해 적어도 사후 50년을 기다려야 하는 관례를 깨고, 교회는 데레사가 하늘나라로 떠난지 28년이 지난 1925년 5월 17일 '아기 예수의 성녀 데레사'로 시성하였습니다.

성녀는 일평생 수도원에 머물며 밖으로 나오지 않고, 다른 영혼을 위해 보속하는 오로지 외길, 한길의 삶을 살았습니다. 성녀가 선교의 수호자가 된 것은 일생을 기도와 희생으로 선교사들을 도우며 살았기 때문입니다. 하느님은 성녀의 기도를 통해 선교사들에게 큰 용기와 힘을 주시며 은총을 베푸셨습니다.

교황 비오 12세는 성녀를 성 프란치스코 하비에르(Frianciscus Xaverius)와 더불어 '선교 사업의 수호자'로 선포하였습니다. 그리고 교황 요한 바오로 2세(Joannes Paulus II)는 1997년 6월 10일 성녀 데레사를 보편교회의 교회학자로 선포하였습니다.

물론 성녀는 체계적인 교육을 받지 않았고, 신학 연구를 하지 않았습니다. 그녀는 신학과 관련한 특별한 학문적 업적을 남기지 않았습니다. 그러나 교회는 성녀를 교회박사로 선포 하였습니다. 진정한 신학의 완성은 주님의 뜻과 완전히 일치하고 실천하는 것이기 때문입니다. 성녀께서 순수하게 하느님을 바라보고 맑고 투명한 마음으로 주님 뜻을 실천하는 성인의 길을 가셨기 때문입니다.

하느님께서는 우리에게 거창하고 크고 엄청난 것을 원하시지 않습니다. 주어지고 맡겨지는 작은 일, 일상의 조그만 일들에 성실하게 최선을 다하며 살아갈 것을 요구하십니다. 주님께서는 아기와 같은 순수하고 꾸밈 없는 마음을 가져야만 하늘 나라에 들어갈 수 있으며, 하늘나라에서 가장 큰 사람이 될 수 있다고 하셨습니다.

"내가 진실로 너희에게 말한다. 너희가 회개하여 어린이처럼 되지 않으면, 결코 하늘 나라에 들어가지 못한다."(마태 18,3)

전교의 달은 거창한 그 무엇을 하라는 성월이 아닙니다. 묵주기도 성월은 성모님께 대단한 은혜갚음을 하는 달이 아닙니다. 아기 예수의 성녀 데레사의 삶은 우리에게 진정한 신앙이 무엇인지, 신앙인의 활동이 어디에 기초와 근거를 두고 있어야 하는지를 잘 말해줍니다. 주어진 일, 작은 일에 최선을 다하는 주님 자녀들이 될 것을 굳게 결심해야 하겠습니다.

고통에 대하여

"환난이 다가오는데 도와줄 이 없습니다. … 제 뼈는 낱낱이 셀 수 있게 되었는데 그들은 저를 보며 좋아라 합니다. 제 옷을 저희끼리 나누어 가지고 제 속옷을 놓고서는 제비를 뽑습니다. 그러나 주님, 당신께서는 멀리 계시지 마소서. 저의 힘이시여, 어서 저를 도우소서."(시편 22,12-20)

지금 이 시간, 많은 이들이 고통 받고 있습니다. 그 고통의 종류가 참으로 다양합니다. 우리는 몸이 좀 불편하거나 질병에 걸리면 고통을 느낍니다. 예를 들어 치아가 아플 때는 차라리 신경이 없으면 좋겠다고 생각하기도 합니다.

그런데 여기서 고통은 또 다른 의미를 지니고 있습니다. 우리 몸의 일부가 무감각증에 걸리면 어떤 현상이 일어나겠습니까. 그 부위가 손이나 발이라면 가시나 못에 찔려 피가 나고 감염되어 썩어도 모를 것입니다. 이처럼 우리 몸이 때때로 고통을 느끼고 시련을 겪지만, 몸 안에 있는 신경조직은 우리 앞에 놓여 있는 위험을 감시하고 예방하는 빨간 신호등과 같은 역할을 합니다.

다시 말해서 고통과 시련은 세상의 온갖 병균이나 위험에 노출되어 생명을 잃을 위험성이 있는 인간에게 하느님께서 미리 알려주시는 일종의 '축복의 메시지'인 것입니다.

그럼에도 여전히 고통에 대한 의문은 남습니다. 왜 죄 없는 많은 이들이 고통으로 눈물을 흘려야 하는 것일까요.

고통은 우리를 약화시키거나 파멸시키는 것에 목적이 있는 것이 아닙니다. 다가오는 시련과 고통을 통하여 극복 안에서 참 행복이 무엇인지를 깨달을 수 있는 성숙한 인간의 모습이 되게 하는 것에 있습니다. 따라서 고통은 하느님의 섭리에 속해 있는 것입니다. 이 세상의 모든 것이 하느님 아버지의 사랑 때문이라는 것을 우리들이 깨닫고 확신할 수 있는 정도에 따라 행복의 척도가 좌우됩니다.

이를 깨닫기 위해선 자주 성체 앞에 나아가 자신의 생활을 되돌아보고, 주님과 대화하는 시간을 가져야 합니다. 주님께서 가신 고난의 길이 오늘의 나에게 어떤 의미를 지니는지, 어떻게 주님의 십자가에 동참하며 살아야 하는지를 생각하고 구체적으로 실천에 옮겨야 하기 때문입니다. 신앙인은 철저하게 이웃 형제들을 위해 사는 존재이기에 예수님께서 그렇게 하셨듯이 남을 위해 살아야 합니다. 희생과 봉사의 삶이 어떤 것인지를 예수님은 몸소 보여주셨습니다. 예수님은 벗을 위하여 목숨을 바치는 사랑보다 더 큰 사랑이 없음을 강조하시고(요한 15,13) 친히 인류의 구원을 위해 십자가에서 못 박혀 돌아가셨습니다.

예수님은 하느님이심에도 죄인의 모습으로 이 세상에 인간으로 오셨습니다. 자신을 극도로 낮추신 채 오셨습니다. 그리고 극악무도한 대역 죄인으로 인간들에 의해 처형 되셨습니다. 그분에게는 죄의 그림자도 찾아 볼

수 없었지만, 인간의 사악함과 간교함, 교만함은 그분을 십자가의 치욕적
이고 모욕적인 죽음으로 끌어갔습니다. 십자가 위에서 예수님은 갖고 계
신 모든 것, 마지막 기력, 에너지, 안간힘까지 인류의 죄를 대신해서 성부
께 봉헌하셨습니다. 마지막 피 한 방울까지, 물기까지도 쏟아 내셨습니다.
그 예수님이 성체 안에 숨어 계시면서 음식의 모습으로 우리에게 오고 계
십니다. 우리는 이런 예수님의 일생을 바라보면서 그대로 따라야 하는 순
수한 소명감을 가져야 합니다. 머리와 정신으로만 예수님을 따르고 실제
행동으로는 예수님이 가신 길과 멀어져 방황하거나 정반대의 길을 간다면
그것은 직무유기이고 부모, 형제, 친지, 은인들이 보내주시는 희생과 기도
에 대한 배반이고 도리에 어긋나는 일이며, 나아가 다시 한 번 우리를 부
르신 예수님을 십자가에 매달고 죽이는 꼴이 되고 말 것입니다. 크고 작은
어려움, 난관 등을 주님의 십자가를 사랑하는 정신으로 기꺼이 봉헌해야
할 것입니다.

　주님의 십자가 길을 묵상하고 실천하는 신앙인은 이 세상의 어떤 유혹
과 손짓에도 흔들리지 않고 굳건하게 맡은 직무를 향해 성실하게 정진할
수 있을 것입니다. 늘 성체 안에 결합되어 있는 시간을 늘려가면서 주님의
은총 속에 살아가는 지혜를 배워 익혀야 할 것입니다.

　우리는 십자가를 통해 죽음과 고통이라는 인간 조건을 넘어 하느님 행
복의 삶으로 들어갑니다. 교회는 예수님 십자가의 고상한 가치와 그 고통
을 생각하지 않는 부활을 결코 가르치지 않습니다. 이는 위선적이며 가식

적인 신앙관이기 때문입니다. 곧 그리스도의 십자가를 통해 부활의 영광을 강조하는 것은 신앙의 필수적이고 근본적인 내용이 되는 것입니다. 그래서 사도 바오로는 십자가에 못 박히신 그리스도에 대해 무한한 긍지와 자부심을 느끼며 자랑스럽게 선포하고 있습니다.

우리는 세상사 안에서 여러 형태의 십자가들을 만납니다. 결코 피할 수 없는 것들도 있을 것입니다. 피하면 더 크고 무거운 것이 뒤따라 오기도 합니다. 동료관계, 후배관계, 웃어른들과의 관계, 집안문제, 공부문제, 영적생활, 미래에 대한 근심 등 모두 예외 없이 십자가의 한 부분입니다.
그러나 이런 난관들을 통해 우리는 성장하고 그리스도의 십자가에 동참합니다. 신앙인들이 십자가의 의미를 퇴색시키고 멀리한다면 아무에게도 신앙의 깊은 뜻을 전하지 못할 뿐만 아니라, 이는 주님을 다시 십자가상에 내버려 두는 것임을 잊지 말아야 하겠습니다.

예수님께서 예루살렘에 올라가 많은 고난을 받을 것이라고 제자들에게 예언하자, 제자들의 수장인 베드로가 인간적이고 현세적인 욕심에 눈이 어두워 결사반대했습니다. 예수님은 그토록 사랑하는 제자들의 대표인 베드로를 향해 인간의 일만을 생각하는 천하의 어리석은 못난이라고, 사탄이라고, 장애물이라고 일갈하십니다.
그러면서 나에게 오기를 원하는 자는 자기 자신의 이기적 욕심을 버리고, 자신의 십자가를 지고 따르라고 호소하고 계십니다. 곧 십자가의 삶,

수난과 고통을 거쳐 영원한 생명에 이를 수 있다는 말씀입니다. 이런 난관들을 통해 우리는 영적으로 성숙하고 그리스도의 십자가 길과 삶에 동참하는 것입니다. 신앙인들이 십자가의 삶과 의미를 저버리고 멀리한다면, 주님을 다시 십자가상에 내버려 두는 것이며 주님 구원사업을 방해하는 행위임을 잊지 말아야 하겠습니다.

"여러분에게 닥친 시련은 인간으로서 이겨 내지 못할 시련이 아닙니다. 하느님은 성실하십니다. 그분께서는 여러분에게 능력 이상으로 시련을 겪게 하지 않으십니다. 그리고 시련과 함께 그것을 벗어날 길도 마련해 주십니다."(1코린 10,13)

150 삶에 대한 이야기

양심에 대하여

인간에게 양심은 무엇일까요? 과연 양심이라는 것이 존재하기는 하는 것일까요? 진정한 양심은 어디서 찾을 수 있을까요?

인간 양심은 하느님의 소리가 우러나오는 장소입니다. 모든 인간은, 신앙 유무에 관계없이 잘못을 하면 양심의 가책을 느낍니다. "천인공노할 일이다" "천벌을 받을 일이다" "하느님께서 노하셨다" 등의 말은 양심의 소리를 따르며 살아야 함을 깨우칩니다.

그렇다면 신앙인인 우리는 양심을 어떻게 이해해야 할까요. 자연법의 본질을 이해하는데 도움이 되는 로마서 본문은 양심의 개념을 법과의 특수한 관련성에 비추어 밝히고 있습니다.

"이방인들에게는 율법이 없습니다. 그러나 그들이 본성에 따라서 율법이 명하는 것을 실행한다면 비록 율법이 없을 지라도 그들 자신이 율법의 구실을 합니다. 그들의 마음속에는 율법이 새겨져 있고 그것이 작용하고 있다는 것을 알 수 있습니다. 그들의 양심은 증인이 되고, 그들의 이성은 서로 고발도 하고 변호도 합니다."(로마 2,14-15)

법이나 규범을 잘 모르더라도 양심에 따라 사람의 도리에 따른 행위를 한다면 훌륭하게 법을 지킨 것입니다. 이미 양심 안에 윤리적 규범, 율법이 새겨져 있다고 보아야 합니다. 따라서 누구든지 자신의 양심을 속일 수는 없습니다.

인간은 자신의 양심을 거슬러 말하거나 행동할 수 없고, 해서도 안됩니다. 주위의 사람에게 자신의 양심을 속일 수 있지만, 자신을 속이는 일은 애당초 불가능합니다. 인간은 자신의 바른 양심의 인도에 따라 행동해야만 합니다. 이렇게 인간이 내적으로 자신과 나누는 대화는 매우 중요합니다. 결국 이것은 법의 주인이시고 인간의 원초적인 모상이며, 최종 목표이신 하느님과 나누는 인간의 대화이기 때문입니다. 성 보나벤투라는 양심은 하느님의 대변인이요 사자(使者)와 같다고 말합니다. 양심은 마치 왕의 칙령을 전하는 전령과 같으며, 따라서 양심은 모든 인간에게 구속력을 가지고 있다는 것입니다.

마음이라는 쪽지에는 양심이라는 두 글자가 적혀 있습니다. 양심은 하느님의 소리이며, 하느님의 뜻을 전하는 대변자입니다. 그러므로 양심은 인간 자신에게 옳음과 그름에 대해 증언합니다. 또 하느님의 목소리와 판단은 인간의 영혼 깊숙이 파고들어 더 강하고 부드럽게 그에게 복종하라고 명하고 있습니다. 하느님께서는 인간을 창조하시면서 그 양심을 통해 행선악피(行善惡避, 선을 행하고 악을 피함)의 진리, 하느님 자신의 뜻, 의지, 길이 무엇인지 알려주고 계십니다. 윤리적 양심은 끊임없이 하느님의 부르심과 그 목소리를 전하고 있습니다. 양심은 하느님께서 인간에게 말씀하시는 거룩한 장소입니다. 인간은 양심을 통해 분명하게 하느님의 목소리를 들을 수 있습니다.

더 나아가 양심의 판단은 실천적입니다. 양심은 정적으로 머물지 않고, 어떤 행위를 이끌어냅니다. 양심에 따라 숙고된 판단은 행위로 이어져 어떤 결과를 도출합니다. 인간이 무엇을 해야 하는지, 하지 말아야 하는지, 또는 이미 행한 행위에 대해 어떤 평가를 해야 할지에 대한 것입니다. 행선악피(行善惡避)라는 이성적 확신을 구체적인 상황에 적응시킨 판단입니다. 이 실천 이성의 제1원리는 자연법의 일부입니다. 이것이 자연법의 기초를 형성합니다. 바로 선과 악의 원초적 통찰을 드러내며, 하느님의 창조적 지혜의 반영입니다.

하느님의 지혜는 꺼지지 않는 불꽃처럼 모든 이의 마음속에서 비치고 있습니다. 하느님의 마음을 닮지 않은 인간은 없습니다. 그러나 양심을 통해 표출되는 하느님의 마음을 소홀히 여기거나 펴지 않으면, 하느님의 소리를 외면하면서 살게 되면, 양심의 문을 닫아걸고 인간다움을 포기하는 형국이 됩니다. 인간이 하느님의 소리를 듣지 않고 외면하면 정신적, 윤리적, 영적인 메마름, 건조함, 기근과 고갈, 무미 상태를 체험하게 됩니다.

자연법이 윤리적 선의 객관적이고 보편적인 요구들을 밝혀주는 것이라면, 양심은 그 법을 구체적인 상황에 적용시키는 작용을 함으로써, 개인에게 내적인 명령이 되고, 구체적 상황에서 선을 행하라는 소리가 됩니다. 이렇게 양심은 자연법에 따라 윤리적 의무를 규정합니다. 바로 양심의 작용을 통해 개인이 지금 여기에서 행하도록 요청받고 있는 선이 무엇인지 알고 행하는 의무입니다. 양심의 판단은 구체적인 행위에 대해 그것이 법과 합치하는지 아닌지를 최종적으로 결정하고 선포합니다. 양심은 '객관적인 법을 개별적인 경우에 적용하여' 행위의 윤리성에 대해 가장 정확한 판단을 내립니다.

더 나아가 양심의 판단은 명령적인 특성을 지닙니다. 양심이 판단을 내리면 가만히 있을 수 없습니다. 인간은 이에 따라 행동해야 합니다. 이를 거슬러 행동하면 양심으로부터, 개인의 윤리성을 담고 있는 규범으로부터 단죄를 받게 됩니다. 양심의 가책과 죄책이 따라오는 것입니다. 이 판단의 권위는 선악에 대한 진리에서 나옵니다. 하느님께서 인간의 행위에 바로 개입하신다는 것입니다. 이 진리는 '신법'(神法), 곧 윤리의 보편적이고 객관적인 규범을 의미합니다.

이러한 양심의 원천과 근거는 하느님의 소리, 의지, 뜻입니다. 양심은 스스로 판단의 주도권을 갖고 있지 않습니다. 윤리적 선에 대한 진리는 이성의 법으로 천명된 진리로서, 양심의 판단에 의해 실천적이고 구체적으로 인식되며, 양심의 판단은 사람이 해야 할 선악에 대해 책임을 지도록 합니다. 양심적으로 판단해서 어떤 행위를 실천에 옮겼으면 당연히 그에 대한 책임도 따라옵니다. 인간에게 어떤 행위를 하도록 명하는 양심의 실천적 판단을 통해 자유와 진리 사이의 불가분의 관계가 드러납니다.

양심에 대한 판단의 성숙성과 책임성은 한 인간이 얼마나 확고히 진리를 추구하고, 그 진리에 따라 행동하는지에 따라 측정됩니다. 하느님의 뜻을 잘 알고, 이에 따라 제정된 규범을 따르면 양심은 올바른 상태에 있는 것이고, 판단과 행동에 대한 성숙도를 인정받을 수 있습니다.

양심이라는 화두를 다시 마음 한 편에 고이 모십니다. 그리고 두 손을 모으고 저 멀리 있는 미래를 바라봅니다. 양심이 살아있는, 양심이 깨어있는 사회를 꿈꿔 봅니다.

빛의 삶, 십자가의 삶

길이 앞에 놓여 있습니다. 그 길 앞에 서서 우물쭈물 서 있는 나에게 말씀 한 구절이 파고 듭니다.

"여러분은 지금은 주님을 믿고 빛의 세계에서 살고 있습니다. … 주님을 기쁘시게 하여 드리는 일이 무엇인지를 가려내십시오. 그래서 열매를 맺지 못하는 어둠의 행위에 끼어들지 말고 오히려 그런 일을 폭로하십시오. … 때를 선용하십시오. 시대가 악하기 때문입니다."(에페 5,8-11.15-16)

어둠의 세상에 머물지 말고 빛의 세계로 힘차게 나아가라는 말씀입니다. 주님께 기쁨을 드려 삶을 행복하고 보람 있게 만들어야지, 왜 공연히 어둠의 행위에 끼어드냐는 질책과 비난의 말씀입니다. 만일 세상에 어둠과 부정, 부패, 일그러지고 왜곡된 모습 등이 있다면 주저하지 말고 고발하고 제거하는 노력을 해야 한다는 말씀입니다.

시간은 두 번 다시 반복되지 않습니다. 한 번 간 시간은 절대로 되돌아오지 않습니다. 이는 우리가 경험과 체험을 통해 잘 알고 있습니다. 시간 속에서 인간의 육체는 늙고 병들고 죽어갑니다. 그래서 한정된, 정해진 시간을 사용하고 떠나야 하는 인간에게 시간은 참으로 은총과 감사의 의미가 담긴 실체입니다.

시간이 인간에게 주어진 것은 시간을 소중하고 바르게 참된 삶을 일구고 가꾸는데 사용하라는 뜻이 있기 때문입니다. 오늘날 우리 시대는 태평성대가 아닙니다. 평화와 정의가 꽃피는 편안한 시대가 아닙니다.

이런 시대 상황 속에서 그리스도인들은 어떻게 시간을 잘 사용하여야 할까요. 어떻게 하느님과 교회에 영광을 드리고, 자신의 성화를 통해 세상과 이웃에게 희망과 위로, 용기를 전하는 사람들이 되어야 할까요.

그리스도교 신앙의 참된 모습을 재발견하고 재건해야 합니다. 신앙은 사람과 세상에 참 행복과 영원한 구원을 보증합니다. 참 생명과 삶의 의미를 부여합니다. 그리스도교 신앙은 지적 동의로 받아들이는 교리에 불과한 것이 아닙니다. 결코 신앙은 사람의 마음과 정신으로 알고 이해하는 데 그치지 않습니다.

삶으로 그 내용을 실천하여 자신과 세상을 변화시켜야 합니다. 신앙이 지식에 불과하다면 무슨 선익과 유익을 세상과 교회에 주겠습니까. 신앙은 한 인간의 삶을 그리스도의 정신으로 물들여 자신의 영적 성장과 함께 사회, 세상을 성화의 길로 인도하는 역할을 합니다.

신앙은 그리스도께 대한 산 지식이요, 그 분의 계명에 대한 살아있는 기억이며, 살아야 할 진리입니다. 이때 하느님으로서 참 사람이 되신 예수 그리스도께서 신앙인이 살아가야 하는 온전한 규범과 척도가 되십니다. 신앙은 자기 존재 전체를 건 결단의 행위입니다. 신앙은 한 인간의 한 부분만 내어드리는 이기적인 행위가 아닙니다.

부자 젊은이(마태 19,16-26; 마르 10,17-27; 루카 18,18-27)는 재산은 감추고 계명만 지킴으로서 신앙인의 체면을 유지하려고 했습니다. 아마도 부자 청년에게 있어서 재산과 물질, 소유물, 세상의 편리와 지위, 영예가 주는 유혹과 기대는 매우 컸을 것입니다. 그는 계명을 지킬 수 있지만, 재산을 내려 놓으라는 예수님의 권고와 명령에는 곤혹스러워 하고 고통스러워 하였습니다. 그래서 청년은 선뜻 예수님을 따르지 못하고 뒤처지고 맙니다.

청년은 빈 마음, 고결하고 충만한 마음으로 온전히 주님을 따르는 데 실패하였습니다. 재산 때문에 예수님을 따르지 못한 청년의 신앙은 어딘가 불안해 보입니다. 그 청년에게 신앙은 마음과 정신, 지식, 교리로는 잘 이해하고 있었지만, 이해한 만큼 실천하지는 못한 형식적이고, 위선적이며 파행적 결과를 가져왔습니다.

신앙은 믿는 사람과 길이요 진리요 생명이신(요한 14,6) 예수 그리스도 사이에 이루어지는 만남, 사랑, 생명의 친교입니다. 주님을 우리 신앙인의 전부라고 고백하면서 전부를 내어주지 않으려 한다면 얼마나 이중적인 태도인가요. 하느님과 이웃 형제를 사랑하면서 가장 보람 있고 가치 있는 삶을 구현해야 할 당위성이 자연스럽게 나옵니다. 신앙은 윤리적인 내용도 갖고 있습니다. 신앙인은 행동을 통해 지켜야 하는 건전한 윤리의식을 갖고 살아야 합니다. 신앙인은 하느님의 계명을 받아들이고 정성껏 지키는 일에 맛 들여야 합니다.

"너희는 세상의 빛이다. 산 위에 있는 마을은 드러나게 마련이다. 등불을 켜서 됫박 밑에 놓는 사람은 없다. … 너희의 빛을 사람들 앞에 비추어 그들이 너희의 착한 행실을 보고 하늘에 계신 아버지를 찬양하게 하여라."
(마태 5,14-16)

신앙인은 빛으로 살아야 합니다. 빛은 그 자체로 주변을 비추기 마련입니다. 불을 밝히고, 됫박으로 덮어둔다면 참으로 우스운 꼴입니다. 신앙인은 그 행실을 통해 빛을 세상에 비추어야 합니다. 신앙인으로서 활동하는 모든 일은 즉시 이웃과 주변에 알려집니다. 그런 모범은 이웃에게 전파되어 하느님과 교회를 알게 해주는 원동력이 됩니다.

그리스도인은 세상의 마지막 남은 보루라고 합니다. 신앙인은 하느님의 뜻에 따라 시대의 정신과 사상을 주도하는 예언자들입니다. 신앙인마저 세상과 시류와 풍조에 휩쓸리면 세상의 희망과 미래는 실종될 것입니다. 세상이 바르고 건전하게 발전하도록 신앙인의 외침, 희생, 표양이 요청됩니다.

"나를 따르려는 사람은 누구든지 자기를 버리고 매일 제 십자가를 지고 따라야 한다."(루카 9,23)

    십자가를 누구나 지고 갑니다. 십자가 없는 삶은 누구에게도 없습니다. 어떻게 그 짐을 질 것인지가 관건입니다. 십자가를 거부하면 예수님을 따르겠다는 의지를 포기하고, 자신의 이기적 욕망의 길로 나아가겠다는 것입니다. 십자가 없는 구원, 영생, 승리는 허구적 주장이며 이론입니다. 십자가를 통한 희생과 절제, 봉사는 이웃에게 큰 사랑과 선행을 베푸는 일이고, 자신을 성화하는 일입니다.
    주 예수 그리스도께서 먼저 십자가를 통한 세상의 평화, 정의, 구원의 길을 몸소 보여주셨습니다. 예수님께서 제시하신 그 길을 걷고 싶습니다.

어린아이 닮기

우연히 한 어린이가 천진난만하게 뛰어 노는 모습을 봤습니다.

아…. 아이의 표정과 몸짓 안에 천국이 녹아있었습니다. 예수님 말씀(마태 18,3 참조)을 굳이 끌어오지 않더라도 어린아이들의 손에는 분명히 천국으로 가는 직행 티켓이 쥐어져 있음을 알 수 있었습니다. 어린 시절에는 모두 그렇게 별걱정 없이 살아갑니다. 하지만 천국의 그림자는 성장하면서 점점 걷히게 됩니다.

어떻게 한번 주어진 인생을 멋지고 보람 있게 살 수 있을까? 이성 문제, 진로 문제, 취업 문제는 어떻게 할까? 이민을 갈까? 그냥 한국에 살까? 고통 가득한 이 험한 세상에서 과연 어떻게 사는 것이 최상의 길일까?

인간은 인간답게 살 때 가장 아름답고 보람된 기쁨을 느끼는 법입니다. 인간은 모름지기 도덕과 윤리를 지키면서 자신의 인격적 수양을 위해 정진해야 하고, 이웃에게 이바지하는 삶을 향해 나가야 합니다. 이를 위해 양심적이고 성실한 자세가 요청됩니다. 인간과 세상을 창조하신 하느님의 뜻을 찾고, 하느님의 나라 건설을 위해 구체적으로 행동하는 그리스도인의 모습을 정립하는 것이 우리의 과제입니다.

그런데 우리의 사회는 어떠한가요. 민생은 외면한 채 당리당략만을 위해서 보기에도 민망한 싸움을 벌이고 있는 정치 지도자들을 보는 국민은 매우 암울한 심정 속에 사로잡혀 있습니다. 진흙탕 속에서 싸우는 짐승처럼 멱살잡이를 하는 국회의원들의 모습을 바라보는 국민은 곤혹스럽고 민망스럽습니다. 국회선진화법으로 이런 행태는 사라졌지만 민생 챙기기는 뒷전으로 미루고 극한투쟁을 벌이는 모습은 여전합니다. 이런 행태를 접할 때마다 국민의 실망은 커지고 시름은 깊어지고 있습니다. 경제 문제도 마찬가지입니다. 기업은 망해도 기업가는 망하지 않고 잘 산다는 말이 회자되고 있습니다. 부도덕한 정치인의 욕망과 행태에 의해 기업도, 은행도 제 갈 길을 가지 못하고 표류하고 있습니다. 신용과 정직을 우선해야 할 금융권은 무리한 사업 확장과 방만한 운영으로 제 밥그릇 챙기기에 여념이 없습니다. 또 사채업자는 가난한 서민 대중을 상대로 하여 상상을 초월하는 이자를 물리는 방식으로 사회를 혼란에 빠뜨리고 있습니다. 이렇게 턱없는 이자를 받아내어 원금의 수십 배, 수백 배를 받아내는 악덕 사채업자는 단속의 눈을 피해 늘어가고 있습니다.

 초중고생의 교육정책과 현실은 또 어떠한가요. 청소년 자녀를 두고 있는 가정은 없는 살림에 엄청난 사교육비를 지출하고 있습니다. 이밖에 각종 범죄, 조직폭력, 사기, 횡령, 성추행, 성폭력, 강도, 강간, 살인이 그치지 않습니다.

 우리 사회는 과거에 비교하여 과연 행복지수가 높은 수준으로 가고 있는 것일까요? 우리 사회는 놀라운 정도로 경제 성장에 성공하였고, 2018년 2월 평창동계올림픽을 전 세계가 놀랄 정도로 성공적으로 마친 세계

10위권의 경제규모를 자랑하는 영향력 있는 나라로 자리매김하고 있는듯 보입니다. 그러나 경제적 발전에 걸맞은 도덕 수준은 유지하지 못하고 있습니다. 복지정책도 파행과 혼란을 겪고 있습니다.

오늘날 적지 않은 이들이 사회의 무한경쟁 속에서 방향감각을 잃고 있습니다. 외모, 학벌, 지위, 명예, 권력만을 선호하다 보니 우리 사회가 총체적으로 물질주의, 향락주의로 젖어들고 있습니다. 인간에게는 무엇보다도 정신적인 건강이 중요합니다. 특히 신앙인인 젊은이들은 이 정신적 건강을 바탕으로 인격적 완성, 완덕을 향해 나아가야 합니다. 그것이 바로 우리가 이 세상에 존재하는 이유이자, 나아갈 길입니다.

우리는 항상 빛과 어둠, 선과 악, 무한과 유한 사이의 긴장상태에 있습니다. 하지만 우리는 그리스도인 입니다. 우리에게는 완전한 덕을 향해 발걸음을 옮겨야 할 의무가 있습니다. 그렇다면 완전해진다는 것은 무엇을 의미하는 것일까요. 여기에서 완전은 예수의 수난, 죽음, 그리고 부활을 통해 나에게 오는 그 완전함을 말합니다. 예수님은 우리에게 하늘의 아버지가 완전하심과 같이 온전한 삶을 향해 나아가라고 가르칩니다.

"그러므로 하늘의 너희 아버지께서 완전하신 것처럼 너희도 완전한 사람이 되어야 한다."(마태 5,48)

이것이 그리스도인이 수련해야 하는 이유입니다. 영적 삶의 목표입니다. 하느님 의지와의 완벽한 조화는 우리가 스스로 노력한다고 해서 도달할 수 있는 것이 아닙니다. 왜냐하면 우리는 매 순간 하느님의 은총에 나 자신을 의지해야 하기 때문입니다. 다만 우리는 신의 은총에 따라 행동할 수 있을 뿐입니다. 그런데 여기서도 문제가 생깁니다. 육체 때문입니다. 우리의 육체는 나약하기에 수련의 길에 나아가는 데 방해가 될 수 있습니다. 만약 몸이 지쳐있다면 쉬어야 합니다. 매일 매일 삶의 고단함과 압력 속에 사로잡히지 않도록 노력해야 합니다. 더 나아가 정신적으로 더욱 건전해지도록 노력해야 합니다. 불건전한 정신은 영적 성장의 걸림돌이 됩니다. 건강한 지적 삶이 영혼의 성장을 지속시키고 충전시킬 수 있다는 것을 깨달아야 합니다. 그래야 신적 은총 안에서 더욱 건전해질 수 있습니다.

그리스도인은 예수님 안에서 쉴 때, 그분 부활의 힘을 알게 됩니다. 그래야 몸과 정신과 영혼이 건강을 유지할 수 있습니다. 성 바오로는 필리피 신자들에게 그리스도인의 완덕에 대해 이렇게 기술하고 있습니다. 이 말씀은 오늘을 살아가는 우리가 늘 가슴에 품고 살아야 할, 천국의 삶을 제시하고 있습니다. 천국행 티켓을 손에 쥔 어린아이의 삶을 제시하고 있습니다.

"어떠한 경우에든 감사하는 마음으로 기도하고 간구하며 여러분의 소원을 하느님께 아뢰십시오. … 끝으로, 형제 여러분, 참된 것과 고귀한 것과 의로운 것과 정결한 것과 사랑스러운 것과 영예로운 것은 무엇이든지, 또

덕이 되는 것과 칭송받는 것은 무엇이든지 다 마음에 간직하십시오. 그리고 나에게서 배우고 받고 듣고 본 것을 그대로 실천하십시오. 그러면 평화의 하느님께서 여러분과 함께 계실 것입니다."(필리 6,6-9)

어린아이들은 어떤 일도 걱정하지 않습니다. 어떠한 경우에든 감사하는 마음으로 늘 부모에게 소원을 아룁니다. 그리고 그 평화 안에서 마음껏 뛰어 놉니다.

한식(寒食)과 마음의 가난

　한식(寒食)이 되면 나라에서는 종묘(宗廟)와 각 능원(陵園)에 제향하고, 민간에서는 차례를 지내고 성묘를 합니다.
　교회도 만물이 소생하는 봄, 나무와 온갖 초목의 움이 트고 꽃이 피는 이 계절에 한식 미사를 통해 생전에 우리와 가까이 지내며 친교와 사랑을 나누었던 부모, 형제, 친지, 선조, 친구 등 사랑하는 이들을 기억합니다.

　그 그리운 이들을 찾아가 만나는 자리에서 우리는 들에서 한창 피어나는 꽃들을 만납니다. 죽은 모습을 하며 추운 겨울을 지낸 꽃나무들, 곧 산수유, 개나리, 진달래, 목련화, 벚꽃에 이어, 철쭉, 아카시아, 밤꽃 등이 간격을 두고 계절이 바뀌었다고 저마다 아름다운 자태를 드러낼 것입니다. 참으로 자연과 계절의 변화는 신비스러워 경탄을 자아내게 합니다.
　깊고 추운 겨울을 지낸 꽃나무들은 해마다 봄이 되면 어김없이 꽃부터 피우고 꽃이 지면 여름을 거쳐 가을에 이르기까지 무성한 잎사귀로 자신의 몸을 감싼 채 온 대지를 푸르게 물들이며 한해를 살아갑니다. 또 끊임없이 새로운 꽃을 선보이는 꽃나무들은 사람의 삶에 많은 교훈을 주고 있습니다.

　그런데 한번 세상을 떠난 우리 가족들은 결코 돌아오지 않습니다. 그럼에도 그분들이 남긴 깊은 정과 사랑, 아름다운 기억과 추억, 삶의 애환, 함께 했던 기쁨과 슬픔의 조각들은 결코 지워지지 않고 깊이 우리 정신과 뇌리 속에, 마음 깊은 곳에 남아 있습니다.

그분들의 피가 우리 몸 안에 진하게 흐르고 있습니다. 그분들의 훌륭한 가르침, 교훈, 신앙심 등을 우리는 고스란히 물려받고 있습니다. 그분들이 주고 가신 성격, 외모, 습관, 가풍 등도 물려받았습니다. 그분들은 선하고 착한 사람, 세상과 교회에 이바지하는 사람으로 살아가라는 가르침과 과제를 우리에게 남겨놓고 가셨습니다. 우리에게 생명을 주신 조상, 부모님들의 고귀하고 위대하신 유언(遺言)을 받들어 험하고 고통 많은 세상 한복판에서 희망과 용기를 갖고 주님께 의지하면서 살아가야 할 것입니다.

이처럼 사람은 누구나 부모님을 비롯한 어르신들의 값진 가르침과 정신을 본받게 마련입니다. 어떤 인격과 됨됨이를 가진 인간으로 사느냐 하는 것은 가정의 환경과 분위기에서 거의 절대적인 영향을 받습니다.

나의 모습, 나의 인품, 나의 신앙심, 나의 양심과 윤리의식 등은 가감 없이, 우리 자녀들에게 그대로 전달될 것입니다. 부모가 무엇을 가르치고 어떤 가치관과 신앙심을 갖고 있느냐에 따라 자녀는 그대로 받고 따라갑니다.

오늘날 이기적이고 개인적인 사고방식, 남을 배려할 줄 모르는 태도, 물질만능주의 등이 사람냄새 나는 세상을 만드는데 큰 장애요소로 작용하고 있습니다. 더구나 형제간의 우애, 희생과 봉사정신, 삶의 근본적 가치를 신앙 안에 두어야 하는 의식, 양심과 예의범절, 노인과 부모에 대한 존경심과 효도정신이 실종되어 가는 것은 매우 슬픈 일입니다.

사람이 사람을 무서워하고 서로 공포의 대상이 되고, 불신과 경계의 대상이 되고 있습니다. 잘못된 자녀교육은 사회를 인정없고 무자비한 세상으로 변질시킬 뿐만 아니라, 사회에 아무런 선익과 유익을 주지 못하는 위험한 사람들을 양산하고 있습니다. 그렇다면 우리는 어떤 삶을 살아야 할까요.

이 모든 것의 해답을 자연에서 얻을 수 있습니다. 자연은 넘치게 가지지 않습니다. 추위를 이겨내고 피어나는 봄의 꽃들을 보면, 땅 속에 누워 있는 벗들을 보면 가난이라는 단어가 저절로 떠오릅니다.

가난한 이는 스스로 자신의 품위를 유지하거나 인권을 보장받는 일에 쉽게 접근하지 못하고 있습니다. 가난한 이는 그 이름 자체만으로도 인간적 비참함과 한계점을 안고 몸부림쳐야 합니다. 가난한 이는 결코 어떤 일에 단 한 번도 온전히 자신의 처지와 입장을 대변하지 못하고 있습니다. 다만 주어진 세상의 온갖 불의와 부당한 대우를 온몸으로 받아야 하는 상황에 있습니다.

그럼에도 가난한 이는 세상과 자연의 아름다움에 대해 진정으로 감탄하며 감사할 수 있습니다. 보이는 모든 인간 생명, 산천초목에 대해 감사할 수 있습니다. 건강한 호흡을 위한 오염 안 된 청정한 공기, 싱그러운 나무와 숲들에 대해 고마워합니다.

짜증나고 권태로운 주변의 상황도 축복이 될 수 있는가요? 그렇습니다. 큰 축복입니다. 부모, 형제, 이웃, 벗, 신앙의 동반자 등 하느님께서 나에게 주신 이보다 더 소중한 선물과 보배는 세상 어디에도 존재하지 않습니다. 이들과 만나고 대화하고 소중하고 가치 있는 인정을 나누고 작은 것이라도 베푸는 일은 엄숙하고 경이롭고 거룩한 일입니다.

그 자체가 하느님께 바치는 경건한 제사, 살아있는 제사입니다. 진정으로 가난한 이는 자신을 향해서 걸어오고 다가서는 형제와 이웃을 통해 하느님을 만납니다. 이웃 형제를 꾸밈없이 받아들이기 위해서는 무엇보다도 가난한 마음으로 기도에 열중하며 주님의 은총을 풍성히 받는 성사생활에 성실해야 합니다.

우리는 하느님의 선물인 세상의 재화를 다른 형제와 함께 지혜롭게 나누고 있는가요? 하느님의 사람인 가난한 이는 재물의 노예로 살지 않을 것을 선언해야 하고, 재물의 소유를 과도하게 추구하지 않아야 합니다.

어떤 면에서 우리는 모두 예외 없이 가난한 자입니다. 나의 온갖 욕심을 만족스럽고 성공적으로 채울 수 없기 때문에 가난한 자로 남을 수밖에 없습니다. 세상에 살고 있는 한 우리는 가난한 자의 처지를 면할 길이 없습니다. 사람들이 누리는 권력도, 영화도, 지위도, 재산도 잠시 곁에 머물다 갈 뿐입니다.

이웃을 한 하느님 아버지의 형제로 여기는 가난한 이는 물질 지상주의를 부추기는 모든 형태의 유혹과 사상에 초연해야 합니다. 현세적 명예에 집착하지 않고, 하느님과 형제들 앞에 겸손하게 자신을 있는 그대로 드러내야 합니다.

한식이 다가오면, 봄이 오면 들과 산에는 가난과 역경을 이겨낸, 화려한 꽃들이 가득하게 피어납니다. 그 봄기운을 가득 느끼며 성묘도 하며 그 동안 못다 한 대화를 먼저 간 그리운 이들과 나누게 될 것입니다. 그 봄이 오면 먼저 가신 분들께, 나 자신이 진정한 의미의 가난 정신에 따라 살아가도록 도와달라며 전구를 청해 보는 것은 어떨까요?

부활의 삶

예수님 부활 신비는 묵상할 때마다 가슴 한쪽을 지그시 눌러 진정시켜야 할 정도로 큰 설렘으로 다가옵니다.

부활…. 참으로 기쁜 소식이요, 복된 희망의 표지이며 상징입니다. 언젠가는 그리스도인에게 현실로 다가올 환희의 얼굴이기도 합니다.

부활은 2000년 전 예수님께만 일회적으로 일어난 사건이 아닙니다. 끊임없이 오늘날에도 되풀이되어야 할, 아니 실제로 되풀이되고 있는 사건인 것입니다.

잠자리에 드는 것이 죽음을 의미한다면 아침을 맞아 다시 깨어나고 일어나는 일은 부활을 상징합니다. 삶의 실패, 좌절, 실망, 병든 모습, 마음의 상처는 죽음의 체험이고, 성공, 기쁨, 나눔, 화해, 일치, 진실한 삶을 향해 가는 여정, 하느님의 뜻에 합치하는 삶은 부활의 삶입니다.

어두운 무덤에서 부활하신 그리스도께서는 인류를 밝게 비추는 광채가 되셨습니다. 예수님의 부활로 세상의 죄와 죽음은 사라지고, 타락하였던 만물이 새로워지며, 그리스도 안에서 인류의 생명이 온전히 회복되었습니다. 부활은 죽음을 새 생명으로, 어둠을 빛으로 바꾼 사건입니다. 또한 제자들의 불신앙을 확고한 신앙으로, 두려움을 그리스도를 전하는 용기로, 절망을 희망으로 바꾸었습니다.

이러한 예수님의 부활은 변화된 삶을 살도록 우리를 초대합니다. 이 변화된 삶의 근원은 예수님의 삶에 있습니다. 그래서 교회는 언제나 아버지와 함께 모든 사람의 구원을 위하여 일하시는 그리스도를 행동하는 사랑으로 본받아 희망으로 기뻐하며 서로 다른 사람의 짐을 들어 주어 더 높은 성덕에 이르러야 함을 가르치고 있습니다.

보편적 성화의 소명을 받고 있는 그리스도인들은 먼저 자신이 성화 되어야 세상을 주님의 마음으로 바꾸고 성화시킬 수 있습니다. 우리 자신의 삶에 변화가 없으면 가족 구성원이나 이웃, 사회는 결코 변하지 않습니다. 우리가 예수님처럼 자신을 버리고 죽지 않으면, 우리가 속해 있는 가정과 사회는 진부하고 희망과 기쁨이 없는 상태로 사랑과 화해, 일치와 신뢰를 외면한 채 기약 없이 제자리를 맴돌 것입니다.

오늘날 우리 사회는 인간의 미래에 도전하는 갖가지 사상과 현상들에 의해 혼란스러운 시기를 보내고 있습니다. 특히 나날이 심각하게 훼손되는 전통적인 윤리관은 무엇보다도 소중한 인간의 존엄성을 파괴함으로써 보편적인 인류의 공동선을 추구해야 하는 인간성을 훼손시키고 있습니다.

더욱이 경제 논리에 의한 실용주의는 사람들로 하여금 물질주의와 이기주의에 빠져들도록 하고 있으며, 이러한 상황은 인간의 삶을 극단적인 무한경쟁으로 내몰아 계층 간의 분열과 양극화를 더욱 심화시키고 있습니다.

오늘날 우리가 비록 물질적으로는 풍요로운 시대를 살고 있지만, 훈훈

하고 사람의 향기를 담아야 할 인간성은 실종되어 가고 있으며, 서로를 불신하는 불안한 시대를 실감하고 있습니다.

이러한 와중에 우리나라에서는 사회 정치적으로 국민들을 안타깝게 하는 많은 일들이 벌어지고 있습니다. 비정규직의 생존권 문제로 인한 고용주와 노동자의 갈등, 정치권의 끊임없는 정쟁, 유가(油價)의 폭등과 하락, 예측을 불허하는 환율의 변화, 부동산 경기 침체, 고물가 저성장, 수출입 불균형, 실직과 취업문제, 기업의 불황과 도산 등 어려운 상황이 계속되고 있습니다.

이 모든 원인은 세상의 정치적 경제적 구조와 체제에도 있겠으나, 수호해야 할 기업윤리, 시장윤리의 원칙과 윤리적인 행위를 간과한 데도 그 원인이 있습니다. 불의한 세계 경제 구조와 국가의 체제가 무죄한 선의의 사람들에게 얼마나 큰 고통과 슬픔을 안겨주고 있으며, 비윤리적인 사회체제가 선량한 사람들의 생존권을 말살하고, 가정과 사회 공동선을 파괴한다는 것을 우리는 익히 알고 있습니다. 인류의 공동선과 미래를 위한 희망을 파괴하는 이러한 상황들은 그대로 방치하거나 관망해서는 안 되는 일입니다. 교회의 모든 하느님의 백성들이 이러한 사회 구조 속에 살면서 모두가 그 사회의 일원으로서 직간접적인 영향을 받으며 살기 때문입니다. 그래서 세상 안의 다양한 민족과 문화 속에서 복음화를 위해 노력하는 교회는 이러한 현상들을 항상 경계하며 인류의 보편적인 공동선을 끊임없이 가르치고 있습니다.

따라서 그리스도인들은 인류의 공동선을 위해 사회의 구조적 불신과 불의에 현명히 대처하며 희망과 위로를 선사하는 부활의 삶을 선포함으로써 이 세상이 참 진리와 참 가치를 추구하는 세상이 되도록 노력해야 할 것입니다.

이러한 사회적 상황은 우리로 하여금 더욱 이웃형제들에게 눈을 돌려 그리스도의 사랑을 실천하도록 촉구합니다. 이 현실을 극복하는 힘은 하느님께서 육신을 취하시고 세상에 오시어 인간과 함께 하시면서 세상의 죄를 씻기 위해 십자가에 죽임을 당하신 주님의 극진한 사랑에서 비롯됩니다.

따라서 그리스도인들은 파스카의 신비 안에서 끊임없이 주님의 구원사업을 세상에 확산시켜, 우리 이웃 중에서 병고로 고통받는 이들, 물질적 가난에 허덕이는 이들, 장애로 인해 사회 안에서 차별받거나 힘들어 하는 이들, 가정의 역할 부재와 한계로 인해 힘들어하거나 방황하는 청소년들에게 더욱 관심을 가져야 할 것입니다. 특별히 요즘 경제적 어려움으로 인해 직장을 잃고 방황하는 외국인 노동자들과 다문화 가정, 그 가정에서 태어난 자녀들에게도 특별한 관심이 필요합니다. 그리고 범죄로 인해 사회의 구성원 대열에서 밀려나 그늘에서 사는 이들과, 이들의 교화를 위해서도 관심을 기울이며 돌보아야 할 것입니다.

미래를 준비하기 위한 우리의 사명은 세상에 '주님께서 부활하셨다'는 복음을 선포하는 일입니다. 우리가 주님의 복음을 실천하고 전파하는 곳에 주님께서는 늘 함께 하실 것입니다. 톨스토이는 소설 '부활'을 저술한 뒤 이렇게 말했습니다.

"나는 정신으로서, 사랑으로서, 만물의 근원으로서 이해되는 신을 믿는다. 나는 신이 내 속에 있으며, 또 내가 신 속에 있음을 믿는다.
나는 또 인간의 참된 행복은 신의 의지를 표현하는 것에 있다고 믿는다. 신의 의지를 표현하는 것은 인간이 서로 사랑하고 남을 자기처럼 사랑하는 것이다."

평화의 모후이시며 하늘의 모후이신 복되신 동정 마리아!
기뻐하소서. 알렐루야!
주님께서 참으로 부활하셨나이다.
알렐루야! 알렐루야!

권력, 권력자, 권위에 대하여

일반적으로 권력은 '개인 또는 집단이 다른 집단의 행동을 자기 뜻대로 움직이도록 통제하는 힘'이라고 정의되는데, '힘'이라고 하는 바로 이 말에 권력의 매력이 숨어있습니다.

그동안 수많은 이들이 권력형 부정부패 사건으로 감옥에 갔습니다. 권력을 올바로 사용하지 않았기 때문입니다. 그럼에도 권력의 신기루를 쫓는 '불나비'들은 요즘도 '힘'의 맛을 보기 위해 권력 상층부 주위를 맴돌고 있습니다.

권력은 권력을 집행하는 주체가 자기중심적이 될 때 남용될 소지가 큽니다. 권력은 기본적으로 부패하기 쉬운 속성을 가지고 있습니다. 영국의 역사가 액턴(Acton)경의 말처럼 절대 권력은 절대로 부패합니다.

그러나 권력은 봉사적 차원에서 타인 지향적으로 실천되고 인간존중에 방향과 초점이 맞춰질 때 비로소 참다운 권력으로서의 권위를 인정받게 됩니다. 그런데 요즘 정치를 바라보는 국민의 시선이 곱지만은 않습니다. 각종 설문조사에서도 가장 신뢰받지 못하는 대상 중 하나로 어김없이 정치인이 거론됩니다. 사정이 이렇게 된 데에는 그동안 국내 정치권력이 보여준 행태와 무관하지 않습니다.

사실 우리나라 정치는 성경이 정치권력의 폐해에 관해 예언한(1사무

8,6-18 참조) 대로 남용의 역사로 일관하고 있습니다.

　50년대에는 국유재산을 팔아 비자금을 조성했고 60년대에는 특혜 대가로 이권을 챙기기에 바빴습니다. 5공과 6공 시절에는 기업에 압력을 넣어 헌납을 유도했고 이후에도 최고 권력자 주변 인물에 의한 축재가 끊이지 않았습니다. 가톨릭 신앙을 가진 정치인들도 예외가 아니었습니다. 이렇게 한국 정치권력이 걸어온 지난 시간은 위선, 기만, 음모, 강요, 폭력, 부패, 특권 등의 단어들로 집약할 수 있습니다.

　사도들의 서한에서는 권위를 관대하고 자비롭게 행사하라고 기술하고 있습니다. 이것은 권위의 오용 내지 남용을 언제나 부당한 것으로 단정하는 대목이며, 권위의 탈선이 한 공동체의 질서를 위협할 수도 있으며, 개인들의 기본 권리를 침해할 수 있다는 경고를 포함하고 있는 것입니다. 또한 수하 사람들에게는 합리적이고 타당하게 행사되는 권위에 기꺼운 마음으로 순종하고 윗사람의 권위를 존중할 것을 강조합니다.

　물론 권위 없는 사회는 결코 상상할 수 없으며 제대로 그 질서를 유지할 수도 없습니다. 개인과 일정한 단체들이 자신들의 과제와 목적 성취를 위해 사회의 조직과 제도의 도움을 받아야 한다면, 그들을 통제하고 지도하며, 이끌고 나갈 다양한 권위들을 요구하게 됩니다. 인간은 본성상 사회 안에 살아야 하기 때문에 권위는 역시 인간 본성에 기초를 두고 있습니다. 물론 하느님은 인간 본성을 만들고 주재하는 분이기에 권위의 최종적인 근원과 원천은 하느님께 있습니다.

권위는 공동선에 봉사하기 위해서 요청됩니다. 부모의 권위는 자녀들의 인간적 성숙과 교육을 위해 반드시 필요합니다. 그러나 공적인 사회와 국가의 권위는 기계적이고 폭군적이며, 비인격적이며 반사회적으로 행사될 수 없으며, 일차적으로 자유와 책임의식에 기반을 둔 도덕적인 힘으로써 국민을 복지적 생활로 이끌고 공동선을 실현하는데 초점이 모아져야 합니다.

권위는 경우에 따라 강제력을 갖고 행사될 수도 있습니다. 곧 일부 국민들이 전체 국민과 국가나 지역사회의 공동이익을 위해 정당하고 필요한 요구를 거부할 때, 강제성을 갖고 권위적 명령이 발동될 수 있습니다. 여기서 교육적 권위는 책임 있게 의무를 수행하며, 신뢰할 수 있는 방법으로 공동체에 봉사할 수 있는 독립적인 인간을 만드는데 기여합니다.

지도적 위치에 있는 자들, 곧 권위를 행사하는 자들은 봉사정신에 따라 권위를 사용해야 하며, 아래 사람들을 어떤 가시적 목표달성만을 위한 수단과 도구로 이용해서는 안됩니다. 권위를 따르는 자들은 하느님의 창조질서와 구원계획을 증진하는데 기여하도록 불린 동료들인 것입니다.

권위가 아래 사람들의 선익 증진에 보탬이 되지 않는다면, 그 권위는 이미 가치를 상실한 권위입니다. 이때 과격하고 비인간적이며 독재적 권위가 발동될 것이고, 참으로 공동체의 선익을 위한 권위는 뒷전으로 밀려나게 됩니다. 이미 언급한 대로 권위는 공동선의 증진과 공동과제의 달성을 위해 존재하는 것이므로 권위는 공동체의 선한 목적이행을 위해서만 의미를 지닙니다. 따라서 개인의 창의성을 존중하며, 개인의 장점을 풍요한 결실의 원천으로 삼는 권위행사가 바람직한 것입니다.

　보통 권력을 '잡는다'고 합니다.
　그러나 그리스도교적 의미에서 권력은 '잡는 것'이 아니라 '주어지는 것'입니다. 가톨릭 교회는 전통적으로 모든 권력은 하느님으로부터 나오는 것으로 보고 있습니다. 이런 견해는 중세에 토마스 아퀴나스가 인간 사회와 정치권력은 하느님으로부터 온 것으로 정의한 데서 기인합니다. 결국 정치권력의 존재 의미는 하느님의 뜻을 이 지상에서 실현하는 데 있습니다.
　세례를 통해 그리스도와 한 몸을 이룬 신자 정치인들의 활동은 결국 그리스도의 구원사업이 그러하듯 인간의 행복과 복지, 공동선 구현을 목표로 삼고 있어야 합니다. 정치인이 신앙인이라면 그 의무는 더욱 커집니다. 그들은 그리스도의 왕직(王職)에 참여하여 현세 질서에 그리스도의 복음 정신을 확산시켜 인간 사회의 완성을 추구하며 겸손과 인내로 세상을 그리스도 왕에게로 인도해야 합니다. 이런 점에서 신자 정치가의 권력은 이기적이고 기계적이거나 폭군적인 형태가 아니라, 자유와 책임 의식에 바탕을 둔 도덕적 힘으로써 전 국민을 평화와 안녕, 공동선에로 향하게 하는 권력이어야 합니다.
　교황 비오 12세는 "정치권력의 특권과 사명은 하느님의 모상(Imago Dei)인 인간이 육체적, 지적, 도덕적 완성을 달성하도록 도와 공동선을 이루는 데 있다"고 말하고 있습니다. 또 교황 바오로 6세는 "정치권력은 그

과업 수행에 있어서 특수층의 이익 추구에서 손을 떼야 하고 모든 사람의 이익과 공동선을 추구하기 위해 노력해야 한다"고 가르칩니다.

제2차 바티칸 공의회는 '교회에 관한 교의헌장'(1964) '평신도 사도직에 관한 교령'(1965) 등을 통해 신자 정치인들이 사회의 누룩으로써 살아계신 하느님의 표지가 되어야 한다고 언급했습니다.

권력을 가진 이들은 자신들이 한국사회라는 배를 인도하는 선장, 곧 생명을 지키는 막중한 봉사자라는 의무감을 가져야 합니다. 한국사회가 침몰하고 있다면 선장들은 자신만 먼저 살려고 해서는 안됩니다. 배 안의 뭇 생명부터 먼저 구해야 합니다. 이것이 오늘날 한국사회에서 권력을 가진 모든 이들이 잊지 말아야 할 최소한의 양심입니다.

오염사회

'연결고리.'

오늘날 우리가 살아가는 자연 환경과 생태계는 '연결고리'라는 이 한 단어로 규정할 수 있습니다. 모든 것이 연결되어 있습니다. 세상에 생존하는 모든 생물체들은, 무생물에서부터 식물 동물 인간에 이르기까지 하나의 커다란 연결고리를 이루고 있습니다. 따라서 생태계의 어느 한 부분이 차단되면 상위 개체들이 생명의 위협을 받지 않을 수 없습니다.

호수나 강, 바다의 플랑크톤에 각종 유해 물질이 오염되어 있다면, 이를 잡아먹는 물고기는 더 크게 오염되고, 그 지역에서 그 물고기를 잡아먹는 조류들은 더 많은 양의 유해물질을 체내에 쌓게 되고, 급기야 서식하는 조류들은 감소하게 됩니다. 같은 논리로 이 조류들을 먹는 인간은 제일 많이 농축된 유해물질을 체내에 흡수하여 축적할 수밖에 없습니다.

이런 상황에서 인간이 저지른 환경오염은 인간 생명을 가공할 정도로 파괴시키고 있습니다. 곧 환경문제는 모든 이의 생명을 위기에 몰아넣을 수도 있는 괴물로 다가서고 있는 것입니다.

30~40년 전만 해도 한국 사회에 성행하던 질병은 주로 세균 감염에 의한 폐렴, 기관지염, 결핵 등의 종류였습니다. 그런데 오늘날에는 각종 암 질환, 뇌혈관 질환, 산업 재해나 사고 등으로 고통당하는 이들이 비교할 수 없이 훨씬 더 많습니다. 특히 암 환자들의 80% 정도가 환경성 발암 물

질에 그 발병 원인이 있다고 보도되고 있습니다. 이렇게 오늘의 인간들은 세균이 아닌 각종 유독성 물질에 의해 소중한 생명을 빼앗기고 있는 것입니다. 유해물질은 먼저 각종 질병을 발생시키며, 다음으로 인체의 방어 기능을 저하시켜 쉽게 다른 병에 감염되게 합니다. 특히 대도시나 공업 지역에서 황산화물과 질소산화물 분진이 환경 기준치를 초과한지 이미 오래된 일입니다.

산업 폐기물 문제 또한 심각합니다. 산업 폐기물은 수은, 크롬, 카드뮴 등의 독성 물질을 포함하고 있기 때문에 인간의 건강을 크게 해칩니다. 이것으로 인한 중독이나 유독성 화학물질의 피해가 인간의 생명을 직접 간접으로 공격하고 있습니다.

생활 폐기물로 버려지는 플라스틱 제품이나 각종 세제 등도 분해되지 않기에 생태계의 먹이사슬을 단절시킴으로써 자연 생태계의 파멸을 가속화합니다. 일회용 생활용품의 폐기 또한 환경오염을 부추기는 주범입니다.

참으로 가슴 아픈 일입니다. 우리는 대자연의 신비와 아름다움을 바라보고 감탄하며, 하느님께 찬미와 영광, 찬양과 감사의 마음을 일깨우고 있습니다. 따라서 대자연의 아름다움을 보존하는 것은 지극히 영적이며 신앙적인 일일 뿐만 아니라 상식적이고 기본적인 사항이라고 호소하지 않을 수 없습니다. 우리는 대자연을 통하여 드러나는 하느님의 모습을 후손들에게 올바로 전해 주어야 합니다.

전임 교황이신 베네딕토 16세께서는 지난 2010년 평화의 날 메시지를 통하여 "우리는 모두 환경을 보호하고 돌볼 책임이 있다"며 "모든 사람들이 하느님과 인간과 피조물 전체의 불가분의 관계를 깨달으면 선의의 사람들이 추구하는 평화는 더욱 쉽게 이루어질 것"이라고 말씀하셨습니다.

베네딕토 16세 교황은 '평화를 이루려면 피조물을 보호하십시오'란 제목의 이 담화문에서 "지구상의 여러 나라와 수많은 사람들이 환경을 책임 있게 관리할 의무를 무시하거나 거부하는 사람들 때문에 점점 더 많은 시련을 겪고 있다"며 "인간이 하느님의 협력자로 행동함이 아닌 하느님을 대신한다고 자처한다면 자연의 반란을 불러오고 말 것"이라고 우려하고 다음과 같이 선언하고 있습니다.

"우리의 발전 모델을 장기적으로 깊이 재검토하고 아울러 경제의 의미와 경제 목표를 고찰하여 그 역기능과 오용을 바로잡아야 합니다."(5항)

환경오염 문제는 본질적으로 생명의 문제와 연결되어 있습니다. 환경오염에 무감각하다는 것은 생명 자체를 위험에 빠지게 하는 일입니다. 환경을 보호하지 않는 마음에는 생명에 대한 존중이 없습니다.

거꾸로 말하면, 환경을 고려한다는 것은 온 우주에 생존하는 모든 생명체에 대한 존중을 의미합니다. 이 존중에는 자연 뿐 아니라 모든 동식물의 생명 역시 포함되어야 합니다.

우리는 종종 보도를 통해 인간들에 의해 동물들이 가혹하게 취급되는 현장 사례들을 접합니다. 이러한 생명경시는 인간에 대한 생명경시로 이어집니다. 동물들을 학대하여 돈벌이를 하는 세태와 맥을 같이하여, 인간의 생명까지도 인질로 삼아 물질적 욕망을 채우려는 사건들이 우리 사회에 만연하고 있습니다. 부녀자 인신매매, 어린이 유괴 살해, 치밀한 계획 하에 일어나는 살인극, 다양한 성범죄, 무작위로 선택된 이들을 이유 없는 죽음으로 몰고가는 사건 등 수많은 사건들의 이면에는 바로 생명을 경시하고 황금을 숭상하는 그릇된 사조가 깔려 있습니다.

하느님 '보시기에 좋게' 창조된 세상 모든 피조물은 고유의 안전성과 진리와 선, 또 고유의 법칙과 질서를 갖추고 있습니다.(「사목헌장」 206항) 교회는 이 때문에 인간은 피조물 각각의 고유함을 존중해야 한다고 가르칩니다. 창조주를 무시하는 일이나, 인간과 인간의 환경에 불행한 결과를 초래하는 창조물의 무질서한 이용을 피해야 한다는 것입니다.(「가톨릭교회 교리서」 339항)

교회는 자연을 대할 때, 신중함을 견지하라고 가르칩니다. 자연은 인간의 편리와 이해관계에 의해 내키는 대로 대할 대상이 아닌 것입니다.

교황 요한 바오로 2세도 '1990년 세계 평화의 날 메시지'를 통해 강력하게 환경과 생명의 중요성에 대해 강조했습니다. 교황 요한 바오로 2세는 당시 "생태계의 위기가 요청하는 연대, 또 평화를 위하여 필수 불가결한 이 새로운 연대"를 언급했습니다. 우리는 생태계의 한 영역에 개입할 때에 그러한 개입이 다른 영역에 미치는 결과와 미래 세대의 행복에 대하여 모두 마땅한 관심을 기울여야 하는 고통스러운 현실에 이르렀기 때문입니다. 그리고 이렇게 선언했습니다.

"오늘날 생태계의 붕괴라는 이 비극적인 징조는 개인적이든 집단적이든 탐욕과 이기심이 창조의 질서, 상호 의존성을 그 특징으로 하는 창조 질서와 얼마나 상반되는가를 우리에게 가르쳐 주고 있다."

우리는 이제 선택해야 합니다. 무엇을? 하느님께서 분명히 말씀하셨습니다.
"내가 오늘 너희에게 명령하는 주 너희 하느님의 계명을 듣고, 주 너희 하느님을 사랑하며 그분의 길을 따라 걷고, 그분의 계명과 규정과 법규들을 지키면, 너희가 살고 번성할 것이다. 또 주 너희 하느님께서는 너희가 차지하러 들어가는 땅에서 너희에게 복을 내리실 것이다.
그러나 너희의 마음이 돌아서서 말을 듣지 않고, 유혹에 끌려 다른 신들에게 경배하고 그들을 섬기면, 내가 오늘 너희에게 분명히 일러두는데, 너희는 반드시 멸망하고, 요르단을 건너 차지하러 들어가는 땅에서 오래 살지 못할 것이다.
나는 오늘 하늘과 땅을 증인으로 세우고, 생명과 죽음, 축복과 저주를 너희 앞에 내놓았다. 너희와 너희 후손이 살려면 생명을 선택해야 한다."
(신명 30,16-19)

'일한다'는 것의 의미

산모가 만삭이 되어 때가 이르면 태아는 어머니의 탯줄을 끊고 티 없이 고결하고 순결하게 태어나 한 인간으로서의 삶을 시작합니다. 그런데 시간의 흐름과 함께 성장하면서 세상의 때를 묻혀가며 정신적 육체적 고통과 슬픔을 겪으면서 삽니다. 인간은 개인적으로나 사회 국가적으로나 이 세계가 평화와 화해 가운데 번영하고, 공생 공존하기를 누구나 원하지만, 그렇게도 염원하는 살아 봄 직한 세상은 여전히 멀리 있음을 부인할 수 없습니다. 많은 이들이 사는 것이 힘들고 일하는 것이 버겁다고 하소연하고 있습니다.

그러면 우리는 하느님의 나라를 어떻게 이해해야 할까요? 노동하는 건실한 인간으로서 살아가려면 그리스도인으로서 어떤 자세를 가져야 할까요?

현대인들은 매일 언론 매체를 통해서 그리고 일상적인 대화 속에서 노동에 대한 여러 가지 문제들을 만나고 있습니다. 일반적으로 노동은 생산이나 경제적 이익을 위해서 체력과 정신을 사용하는 행위라고 정의됩니다. 그래서 경제학적으로는 상품과 상품이 교환되는 공통의 척도는 그 생산성에 소비된 노동의 양(量)이라고 보는 노동 가치설이 등장합니다. 하지만 그리스도교적 사유에서 노동은 이보다 훨씬 깊은 의미로 다가옵니다. 하느님 모습을 따라 창조된 인간은 만물 중에 으뜸가는 존재로서 하늘과 땅을 돌볼 소명을 부여받고 있습니다. 하느님께서 창조하신 세상의 유형무형 한 재화를 소중하게 사용하고 관리하는 일은 가치 있고 보람 있는 인간의 영역입니다.

창조주이신 하느님의 섭리와 계획으로 이루어진 자연과 환경, 온갖 유기물과 무기물은 모두 자체로 선한 실재이며 인간의 정신적이고 육체적인 삶에 유용성을 제공하고 있습니다. 인간은 하느님으로부터 창조된 이래 에덴동산을 유쾌하고 즐겁게 가꾸고 돌보는 일에 종사하였습니다.(창세 2,15 참조)

이렇게 인간에게 노동은 본질적이고 불가피한 부분입니다. 인간이 타락하기 전부터 노동은 존재하였기 때문에 노동 자체를 형벌이나 고통, 저주로 볼 수는 없습니다. 다만 하느님께 불순종하여 죄를 범한 이후에 인간의 노동은 매우 짜증스럽고 고생스러운 모습으로 나타납니다.(창세 3,6-8 참조)

왜 인간은 하느님의 의지를 거슬러 죄를 범하였을까요? 부러울 것 없는 낙원에서 행복에 취해있던 원조에게 하느님이 명하신 구체적 규범과 척도 안에 살아야 한다는 것은 매우 단조롭고 극복하기 어려운 과제였다고 볼 수 있습니다.

자유의지를 동반한 채 창조된 인간은 하느님께서 명령하신 금령, 곧 선과 악을 알게 하는 나무 열매를 먹지 말라는 분부(창세 2,17)를 수용하지 못하고 반기를 들게 되었습니다. 인간은 창조주 하느님의 권한을 넘보고 탈취하려는 교만과 허영의 늪으로 빠져 들어가게 됩니다. 하느님의 권좌와 위치에서 온 우주를 지배하고 호령하고 싶은 인간의 가증스러운 태도는 일시에 에덴동산의 축복을 더 이상 향유하고 지속시킬 수 없게 만들었습니다.

낙원에서 추방당한 인간은 고통스럽게 노동을 해야 자연으로부터 먹을 것을 획득할 수 있게 되었고(창세 3,17), 머리를 쥐어짜 실행에 옮겨야만 생활고를 극복하며 미래의 장밋빛 청사진을 실현시켜 안정된 삶을 영위할 수 있게 된 것입니다. 원조의 범죄 이전이나 이후나 인간이 세상 만물을 이용하고 돌보며 살아가야 하는 인간 노동의 의미는 변하지 않습니다. 그러나 위에서 보았듯이 원조의 잘못을 기점으로 노동의 의미와 해석, 영향과 결과에 대한 평가는 달라졌다고 보아야 할 것입니다.

인간에게 노동은 재화를 얻을 수 있는 유일한 근거이고, 인간이 살아야 하는 이유와 기반이기도 합니다. 인간은 노동을 통해 얻은 물질을 통해 최소한의 기본적인 품위와 양식을 갖추게 되기 때문에, 노동은 인간을 인간다운 삶으로 초대하는 큰 축복 중의 하나입니다.

노동을 통해 인간의 가난과 빈곤이 퇴치되며 이웃에게 적선의 기회를 제공할 수 있는 기틀이 마련됩니다. 그렇다고 노동지상주의 혹은 노동 숭배가 인간 삶의 목표는 될 수 없습니다. 노동이 인간 삶의 궁극적인 의미를 갖는 것은 아닙니다. 세상 안에 몸담고 있는 동안 인간은 노동하면서 살아야 하지만, 인간 생명의 기원과 인간 삶의 최종적이고 결정적인 목표는 하느님이십니다. 따라서 하느님의 본성인 정직과 진실을 은폐하면서 재산을 축적하는 행위는 참으로 부끄럽고 지탄받을 일입니다. 정의와 진리에 따라 처신하며 노동에 종사하는 태도는 명예롭고 칭송받는 행위입니다.

인간이 자신에게 맡겨진 노동에 최선을 다하면서 먹을 음식을 마련하고 자신과 가족의 생계와 안정을 책임진다는 것은, 자아 완성을 위해서도 절대적으로 필요한 일입니다. 동시에 더불어 사는 이웃과 사회의 안정과 번영을 위해서도 중대한 기여입니다. 노동을 기피하며 도박과 노름, 흥청대는 술 취함과 허영과 사치, 허례허식이 사회 안에 만연한다면 가정들의 위기와 사회 혼란은 극도에 달하게 될 것이고, 인간의 윤리적 타락과 함께 국가 사회는 존폐 위기에 직면하게 될 것입니다. 현대 사회는 예수님의 정신을 이어갈 성실하고 우직한 노동자들을 필요로 합니다. 자기 본업에 사명감을 갖고 임하는 노동자들이 증가할 때 사회의 비판적이고 부정적인 모습은 점차 사라질 것입니다.

이처럼 그리스도교적 의미에서 노동은 자아실현과 하느님의 영광에 기여하는 인간의 정신적 육체적 활동입니다. 반면 동물의 여러 가지 행동은 노동이 아닌 본능적 욕구에 의한 것입니다. 동물에게는 고유한 창의성이나 자발성이 결여되어 있습니다. 2000년 전의 까치집이나 오늘의 것이 동일하듯이, 동물의 노동에는 소위 문화적 요소가 철저히 배제되어 있습니다. 물론 인간에게도 오락이나 스포츠 등은 본래적 의미에서의 노동이 아니다. 노동으로 인간은 성취감과 보람을 느끼지만 근본적으로 땀과 수고를 동반해야 합니다.

 혹시 지금 노동이 고되고 힘들다고 느끼고 계십니까? 귀찮다고 생각하고 계십니까? 여기서 우리는 예수님의 모습을 상기할 필요가 있습니다.
 예수님은 공생활 기간을 제외하면 대부분의 생애를 나자렛에서 노동을 하며 보내셨습니다. 곧 예수님은 복음을 말로만 선포한 것이 아니라 행동으로 실천하셨습니다. 또한 그분은 노동하는 세상 한복판에 계시면서 인간의 노동을 이해하고 존중하신다는 것을 당신의 삶을 통해 웅변적으로 증명하고 있습니다.(요한 바오로 2세, 「노동하는 인간」 26항) 따라서 그분은 누구보다도 노동의 노고와 고통을 절실하게 체험하셨기에 노동의 고귀한 가치를 잘 알고 계셨고, 땀 흘리는 노동자의 모습 속에서 진한 인간애를 흠뻑 느끼셨습니다.
 예수님께서 당시의 사회적 신분으로 보아 천하고 보잘것없는 사람들 가운데서 당신의 사도들을 선택한 것도 노동자들의 성실하고 근면한 노동정신과 그 강인한 의지를 높이 평가하신 결과라고 볼 수 있을 것입니다.
 지금 일하고 계십니까? 땀을 흘리고 계십니까? 그 노동의 고귀함을 지금 예수님께서 축복하고 계십니다.

위기의 가정

　2017년 3월 통계청이 발표한 '2016년 혼인·이혼 통계'에 따르면 2016년 혼인은 28만1600건, 이혼건수는 10만7300건에 달했다. 특히 심각한 경우 중장년층의 이혼이 늘고 있다는 점입니다. 2015년 대비 2016년 이혼 건수 증감률을 보면 ▲25~29세 -3.9%, ▲30~34세 -4.0% ▲35~39세 -0.9% ▲40~44세 -7.7% ▲45~49세 -0.9% ▲50~54세 -3.2% 등이다. 반면 55~59세는 3.2%, 60세 이상은 5.4% 늘었습니다. 여성 역시 비슷한 모습입니다. 45~49세(1.0%)와 55~59세(5.2%), 60세 이상(12.7%)에서 이혼 건수가 늘었습니다. 이 같이 황혼이혼이 증가하면서 평균이혼연령도 높아지는 추세입니다. 10년 전인 2006년 남자 42.6세, 여자 39.0세였던 평균이혼연령은 2016년 남자 47.2세, 여자 43.6세로 각각 4.6세 상승했습니다.

　혼인지속기간으로 봐도 모든 구간에서 이혼이 감소했지만 25~29년, 30년 이상에선 각각 1.7%, 3.6% 늘었습니다. 미성년 자녀가 있는 이혼 부부의 이혼 비중은 47.5%로 2006년 60.8%에서 13%포인트 넘게 줄었습니다. 자녀가 어릴 땐 이혼을 미루다가 자녀가 장성한 빈 둥지에서 배우자와의 생활이 불행할 경우 이혼이라는 선택을 하는 장노년층이 점차 늘어나고 있다는 해석입니다.

이혼은 부부 사랑의 특성인 혼인 관계의 지속성과 불가해소성을 훼손하는 것입니다. 이는 자녀들에게 큰 고통을 안겨 주고 사회 구조에도 악영향을 끼칩니다. 특별히 부모가 이혼하여 버림받은 아이들은 분노를 느끼며 사회에 불만과 증오를 품음으로써 탈선과 범죄로 이어지는 행동을 보이기까지 합니다.(「가정, 사랑과 생명의 터전」 35항)

가정과 사회는 서로 유기적으로 긴밀히 연결되어 있습니다. 그것은 가정이 "생명과 사랑의 요람이요 인간이 '태어나고 자라나는' 자리"이며, "개인과 사회의 '인간화'의 첫 자리"(「평신도 그리스도인」 40항)이기 때문입니다. 그러므로 가정은 사회의 개혁과 발전에 적극적으로 참여하여 참다운 가정생활이 가능하게 하는 구조와 환경을 만들어 내는 정책을 촉진하며 희망의 복음을 증언할 막중한 책임이 있습니다.(「가정 공동체」 44항)

이러한 면에서 가정 사목은 사회 사목과 긴밀히 연결됩니다. 또한 모든 가정의 성원들에게 정의와 사랑을 교육하여 이들이 우리 사회가 당면한 문제들에 대한 그리스도교적 해결을 촉진하는 데 투신할 수 있도록 해야 할 것입니다.

실제로 나자렛 성가정은 모든 그리스도인 가정의 원형이요 모범이며 영적인 원천입니다. 성가정은 예수님의 생활을 이해하게 해 주는 학교입니다. 이 학교에서 우리는 복음의 가르침에 따라 예수님의 제자가 되려면 영적인 생활 규칙을 가져야 한다는 점을 배웁니다. 여기서는 한 분 한 분이 다른 가족과 완전히 일치한 가운데 자신의 사명을 수행합니다.

이 사명을 위해 교회는 혼인과 가정에 관한 진리를 새로이 선포하고 그 진리를 성실하게 증언해야 합니다. 이것은 주님께서 우리에게 맡기신 복음화 사명에 필수적일 뿐만 아니라, 오늘날 매우 시급히 그리고 효과적으로 수행해야 할 임무이기도 합니다. 그것도 그럴 것이 오늘날 우리 사회에서는 세속주의, 실용주의, 개인주의에 따른 많은 요인들이 복합적으로 작용하여 혼인과 가정을 위협하고 있기 때문입니다.

이러한 상황에서 혼인과 가정에 대한 복음의 가르침을 새로운 열정으로 힘 있게 선포하여 하느님의 구원 계획에서 혼인과 가정이 갖는 의미와 가치를 널리 알리는 일은 매우 중요한 교회의 사명입니다. 특히 혼인과 가정은 하느님의 뜻에 바탕을 두고 있는 제도이며 가정은 자녀의 출산과 교육을 지향하는 '생명과 사랑의 내밀한 부부 공동체'(「사목헌장」 48항)이며, '가정 교회'(「교회헌장」 11항)로서 교회의 생활과 사명에, 그리고 사회의 생활에 참여한다는 진리를 강조해야 합니다.

더 나아가 교회는 어려움에 처한 가정이나 소외계층 가정 등을 위한 사목적 배려를 아끼지 않아야 합니다. 교회는 또한 절망적으로 보이는 혼인 상황들에도 어머니다운 관심을 기울여야 합니다. 적지 않은 수의 비정상적인 가정들에 대해 교회는 엄격한 판단을 내리기보다 하느님의 말씀이 자비롭게 그러한 인간 상황들을 비추어 주도록 하는 데 더 관심을 가져야 할 것입니다.

교황 요한 바오로 2세는 가정 대희년에 개최된 제3차 세계 가정대회에서 행한 연설(2000년 10월 14일)에서 이렇게 강조했습니다.

"가정 사목은 이러한 정신으로 이혼 후 민법상으로 재혼한 신자들에게 관심을 가져야 할 것입니다. 이들은 공동체에서 배제되지 않습니다. 오히려 이들은 공동체의 생활에 참여하며 복음이 요청하는 정신으로 성장하는 여정에 나서라는 권고를 받고 있습니다. 교회는 이들에게 자신들이 처한 상황이 객관적으로 보아 도덕적으로 무질서하다는 점과 그것이 성사 실행에 미치는 영향을 숨기지 않으면서 이들에게 어머니로서 가까이 있음을 보여 주고자 하는 것입니다."(6항)

교회는 비록 혼인의 본질을 경시하는 그 어떤 것도 인정하지 않는다고 하더라도 이혼한 뒤 재혼한 사람들을 저버리지 않고 그들의 영성생활을 도와야 합니다. 그들도 세례 받은 일원으로서 교회 생활에 참여할 수 있도록 해야 합니다. 그들은 하느님 말씀을 듣고 미사에 참례하며 기도와 자선, 자녀의 신앙 교육에 참여하도록 권고 받아야 합니다.(「가정 공동체」 84항, 「간추린 사회교리」 226항)

교회의 사회교리는 철저히 현실에 뿌리를 두고 있으며, 만약 그 현실이 부조리하다면 극복할 것을 촉구하고 있습니다. 지금의 현실은 수많은 부부들이 이혼하고 있다는 점입니다. 그렇다면 이 문제는 극복되어야 합니다.

이혼의 원인들은 전통적 윤리관의 붕괴, 여성들의 자립정신 향상, 성격차이, 부부와 가족의 불화, 건강 문제, 경제적 문제, 배우자의 부정, 성

(性)적인 문제 등 다양합니다. 이 중에서 가장 중요한 문제는 역시 대화의 단절이 아닐까 싶습니다.

　대화의 부재 현상은 가족 개개인의 극단적인 이기심 추구, 가족의 집단 자살, 혹은 이혼과 같은 가정 해체의 파경을 맞는 결과를 낳게 됩니다. 가족 구성원 사이 만남의 결여, 대화의 단절, 각자의 기호나 취미에 따라 극단적 몰두, 텔레비전 및 인터넷 중독 등으로 인한 가족 간의 단절 및 부조화 현상이 계속되면 결코 가정의 원만한 화목과 평화는 회복되지 않습니다.

　'대화'라는 말이 좀 딱딱하게 들린다면 '이야기'는 어떨까요. 최소한 1주일에 한번은 가족이 함께 모여 식사를 하는 자리를 만들어 보십시오. 그리고 '이야기'를 시작해 보십시오.

피임에 대하여

2016년 사후(응급) 피임약을 약국에서 처방전 없이 구매할 수 있도록 하자는 논란이 뜨겁게 일었던 일이 있습니다. 사후 피임약은 2001년 11월 국내에 첫 선을 보일 때부터 의사 처방전이 필요한 전문 의약품으로 분류 되었습니다. 이 약은 성관계 후 72시간 내에 복용하면 약품 내 호르몬이 배란을 억제하거나 수정을 교란해 임신을 막는다고 합니다. 사후 피임약 약국 판매 논란의 요지는, 주중에는 병원을 찾아 처방전을 받으면 되지만, 병원 문을 닫는 주말에는 구입을 하지 못해 피임을 할 수 없다는 것입니다. 즉 약을 필요한 시기에 못 구하면 원하지 않는 임신을 하게 되고, 결국 불법 낙태로 이어지는 경우가 많다는 주장이었습니다. 하지만 종교계의 반대로 2018년 초 현재까지 사후 피임약은 아직도 의사 처방전이 필요한 약으로 묶여 있습니다.

가톨릭 윤리는 이러한 문제들에 대해 어떤 판단을 내리고 있을까요. 사실 교회는 피임 문제와 관련해 많은 고민과 논의를 해왔습니다. 교황 바오로 6세께서 회칙 「인간생명」(Humane Vitae)을 반포(1968년 7월 25일)하실 때도 마찬가지였습니다. 회칙이 발표되기 전에 이미 교회 안과 밖에서는 산아제한 문제에 대한 토론이 뜨거웠으며, 일부에서는 전통적인 교리에 대한 변화가 있기를 기대하는 분위기까지 있었습니다.

그래서 바오로 6세는 이 문제가 제 2차 바티칸 공의회에서 토론되는 것을 피하고 자신의 결정 사항으로 유보해 두었습니다. 공의회가 끝난 이후 교황께서는 신학자들과 평신도 전문가 대부분이 자연 주기법 이외의 콘돔 사용 등 다른 산아조절 방법들도 인정하고 있는 터였음에도 직권으로 이 문제를 결정하였습니다. 결론은 "자연 주기법 이외의 어떤 방법도 안된다"는 것이었습니다.

논란이 된 것은 피임 등 산아조절의 인공적 방법이었습니다. 많은 신학자들과 평신도들은 특수한 환경에서는 인공적인 방법들을 사용하는 것이 도덕률에 위배된다고 보지 않았습니다. 교황 직속 연구 위원회에서 60명의 신학자들과 전문 평신도들 중에 4명의 신학자들만 소수의 보고에 서명하였고, 나머지는 모두 인공 피임법에 대한 교회의 보다 유연하고 융통성 있는 자세를 지지하였습니다.

그래서 그들은 회칙의 가르침과 마찰을 빚었습니다. 회칙 반포 직후 진보주의자들은 교회가 시대의 징표를 읽지 못한다고 비난하였고, 보수주의자들 조차도 교회가 생명윤리의 규범과 원칙을 지켜야 하지만, 회칙의 내용이 너무 경직되어 있어 그 적용에 있어 개연적 가능성을 열어놓아야 한다는 입장을 취하기도 하였습니다.

그럼에도 교회는 윤리적 기본 원리와 규범을 고수하는 것이 생명을 살리는 길이고 교회와 세상을 안전하게 지키는 것이라고 확신하고 있습니다. 만일 교회가 인공피임을 허용하는 입장을 취한다면 낙태와 사형문제, 배아복제와 인간생명의 실험까지도 방치하고 문을 열어 놓아야는 결과를 감수할 수밖에 없습니다. 교황 바오로 6세의 회칙 발표를 통해 우리는 도덕적 체계와 규준을 무너뜨리려는 세상의 온갖 시도에 대해 교회가 변함없는 척도와 기준을 제시함으로써 한치의 틈과 빌미를 주지 않으려는 것을 간파할 수 있습니다.

회칙 「인간생명」은 부부생활과 모체의 건강, 그리고 책임 있는 부모에 대한 기본적인 원칙들을 제시하고 있는데 그 중 가장 핵심적인 내용은 산아 제한, 즉 낙태, 불임수술, 인공적 피임에 대한 반대, 그리고 자연 주기법에 대한 권고입니다.

이 회칙은 자연법의 내용을 바탕으로 세 가지 산아제한 기술을 반대하고 있습니다. 곧 직접적인 낙태, 영구적 또는 일시적으로 이루어지는 불임수술, 그리고 부부행위에 선행, 동반하거나 그 필연적 결과로서 피임을 목적으로 하거나 방법을 강구하는 모든 행위를 반대하고 있습니다.(14항 참조) 이렇게 인공적 산아제한에 반대하면서 자연주기법이 '정당한 산아조절의 확실한 기반'이 되어야 한다고 강조하고 있습니다.

회칙의 반포 후 각국 주교회의들은 사목교서를 발표하였습니다. 이 때 많은 수의 주교회의들은 최고 교도권의 발표에 대해 존경을 표시하고 신앙과 그리스도인 생활에 대해 교회의 최고 목자인 교황의 가르칠 임무와 그 진실한 신념에 대해 경의와 존경을 표시하였습니다.

그럼에도 일부 주교회의들은 이 회칙 때문에 많은 부부들이 당해야 할 윤리적 어려움을 인식하면서 가능한 대로 가정들이 이 회칙을 잘 받아들이도록 각별한 노력을 하였습니다. 사실 피임과 관련해 윤리적 곤경에 처한 자들도 하느님의 사랑에서 멀어진 것은 아닙니다. 그래서 회칙의 내용이 단죄의 위협을 주지 않고 있음을 일부 주교회의들은 밝히고 있습니다. 실제로 일본주교단은 회칙의 지시를 이행하겠다는 선의를 갖고 있음에도 객관적으로 필요한 상황 때문에 그것을 지키지 못한다면, 그는 하느님의 사랑에서 갈라진 사람이라고 생각해서는 안 된다는 점을 상기시킨바 있습니다.

하지만 이 회칙 이후「가정공동체」(1981),「생명의 봉사자」(1994),「생명의 복음」(1995) 등의 문헌들이 반포 되었는데, 모두 일관된 생명윤리 문제에 대한 교회의 입장을 피력하고 있습니다.

오늘날 피임, 불임수술 등 인공적 산아조절 방법은 일상화되어 가고 있습니다. 그리스도인들도 인공적인 산아조절에 부지불식간에 동조하면서 교회의 가르침을 따르는데 어려움을 나타내고 있습니다. 회칙「인간 생명」이 지적한 경고에도 불구하고 이같은 일들이 현대사회에서 일반화된 것은 매우 안타까운 일이 아닐 수 없습니다.

현대의학은 자연 주기법이 실제로 가정의 행복과 부부의 건전한 성생활을 위해 매우 효과적이라는 점을 확인하고 있습니다. 세계적으로 실시된 각종 의학적 연구 조사들은 회칙의 메시지가 시대를 앞서 생명 존엄성에 대한 바른 지혜를 제시하였다고 평가하고 있습니다.

현대사회에서 무신론자와 비신앙인들은 성(性)의 성(聖)스러운 차원을 왜곡하거나 간과합니다. 이런 태도와 자세는 더욱 성의 문란을 부추기는 원인으로 비화될 수 있습니다. 바로 성을 절대시하고 우상화하는 세태가 그 어느 시대보다 빠르게 진행되고 있는 것입니다.

  그리스도인은 세상의 빛이며 등불이라고 일컫습니다. 성윤리가 바로 서지 못하고 큰 혼란을 겪고 있는 현실 속에서 그리스도인의 모범과 사표(師表)가 요청되고 있습니다. 그리스도인 가정이 먼저 바르게 처신하면서 자녀의 건실한 교육을 통해 성윤리를 정립하는 한 줄기 빛을 비춘다면 점차적으로 세상은 변화할 것입니다.

  사후 피임약 문제는 생명의 문제를 현대인들이 어떻게 생각하는지를 단적으로 드러내고 있습니다. 편의주의와 이기주의, 쾌락주의가 얽힌 종합적인 생명경시 경연장을 보는 듯해 안타깝습니다. 인식을 바꾸지 않으면 이런 종류의 문제들은 끊임없는 악순환을 겪게 됩니다. 문제는 사후 피임약이 아니라, 불건전한 쾌락주의문화입니다.

교회의 성에 대한 가르침

"난 너에게 키스를 하고 싶어." "난 너를 안고 싶어."
건강한 남성이 여성에게, 혹은 여성이 남성에게 하는 사랑의 속삭임! 이는 하느님의 창조 계획에 속한 것입니다. 하느님의 창조 계획은 성장한 남녀가 본능적으로 성적 충동에 의해 이끌리는 데서 시작되고 현실화합니다.

하지만 본능적 충동에서만 출발하는 성적 일치는 불완전한 것입니다. 성적 사랑의 표현 이전에 남녀에게는 상호 존경과 진실된 인격적 애정이 전제되어야 하기 때문입니다. 따라서 사랑의 계명은 성의 영역에도 작용합니다. 곧 성적 사랑은 그리스도교적 이타적 행동에 의해 조명되고 안내되어야 합니다.

그러기에 자기중심적이고 자기도취적인 사랑은 근본적으로 거짓 사랑으로 선언됩니다. 한 인간 전체를 받아들이지 않는 성적인 사랑은 책임과 의무를 외면하는 부분적이고 왜곡된 사랑이며, 사랑을 현세의 이익과 편의를 위해 도구화하고 수단화하는 위장된 사랑입니다. 상대방을 자신의 육체적이고 쾌락적 만족의 대상으로 여기는 자기중심적 성행위와 그런 굴절된 사랑의 모습은 사회적 차원에서도 크게 지탄받습니다. 그리스도교적 사랑과 성적 사랑은 분리된 실재가 아니며 한 가지 목표인 인간의 행복과 인간적 성숙을 지향하여야 합니다.

오늘날 한국의 성도덕은 향락 산업의 번창과 함께 걷잡을 수 없는 혼란 속에 빠져들고 있어서 자라나는 청소년들에게 치명적 자극과 충동을 불러 일으키고 있습니다. 따라서 미성년자들에 의해 주도되는 성적 탈선 사례들도 날로 증가추세에 있습니다. 이에 대한 원인은 기성세대의 정치 문화 사회 풍토에 달려 있으며, 그들의 그릇된 윤리의식이 성도덕의 위기 상황을 불러온 것입니다.

　특히 성의 해방을 부르짖는 사상에서는, 성행위의 목적을 제거한 채 성욕을 단순히 식욕이나 육체적 오관에서 오는 일반적 욕구와 같이 채울 수 있는 자연적 욕구로만 봅니다. 성욕을 억제할 필요 없이 자유롭게 충족시킬 수 있다고 보는 것입니다. 곧 상대방의 존엄성을 침해하는 성적 강요는 부도덕하지만, 자유로운 합의로 진행되는 성행위는 정당하다고 주장하는 것입니다.

　교회는 결혼과 이를 위한 성욕을 창조주 하느님이 주신 자연적이고 성스러운 실재로 이해하고 있으나, 전제 조건들을 제시합니다.

　즉 남녀의 인격적인 사랑, 자녀의 출산, 자녀의 교육 등을 전제합니다. 이러한 조건들을 채우지 못한 성행위는 인간의 존엄성을 침해하게 되며, 책임감을 느끼지 않는 비인격적인 행위, 곧 비도덕적인 행위가 되는 것입니다. 그러기에 상대방의 인격과 존엄성을 무시하는 성행위는 폭력적이고 부도덕한 행위에 그치게 됩니다. 도덕적 성행위에도 성적 기쁨과 즐거움이 동반되는데, 그것은 남녀에게 주어진 당연히 향유할 수 있는 권리와 자유이며, 이는 하느님께서 남녀에게 내려주신 정당한 은혜이자 선물입니다. 곧 그들이 짊어지게 될 책임에 비례하는 응분의 긍정적 가치에 해당한다고 볼 수 있습니다.

하지만 전통적인 성 윤리는 오늘날 도전받고 있습니다. 곧 성 윤리 영역의 여러 규범이 그 자명성을 상실하게 되었습니다. 자연법에 기초를 둔 성 윤리 규범은 의문에 부쳐지고 있으며, 현대 인간은 성적 욕구에서 나오는 쾌락에 대한 권리를 주장합니다. 또한 성인 남녀들이 육체적 성숙에 도달했음에도 내 집 마련, 취업, 학업 등으로 불가피하게 결혼을 늦추고 있기에 성생활을 자제해야 할 이유가 없다고 보고, 어떤 형태의 성적 결합도 정당하다고 외치고 있습니다.

이런 태도는 일시적 불화나 다툼, 질병에 직면해서 진실된 이해와 사랑은 외면하면서 여러 형태의 부도덕한 행위들을 정당화할 수 있게 됩니다. 이렇게 보면 현대인들이 집요하게 의문시하는 사항들은 자연법에 준해서 해결책을 제시할 수는 없습니다.

그럼에도 불구하고 오늘날 성적인 자제력이 약화되고 성적 충동이 고조되는 사회 상황에서 그리스도교적 순결의 덕행을 알리는 것은 중요한 의미를 지닙니다. 순결은 성의 영역에서 그 질서를 유지하는 윤리적 보루입니다. 과거에는 순결을 비합법적인 성적 욕망이나 쾌락과 분리시켜서 성의 절제나 자제 등을 생각했습니다. 따라서 순결을 성적인 포기와 단념에서 얻어지는 덕행 정도로 본 것입니다. 이런 부정적 의미의 순결은 전혀 매력 없고 부담스러운 모습을 띠게 됩니다.

순결은 절제나 금욕보다 더 아름답고 가치 있는 것입니다. 순결이 생명의 신비와 배우자를 향한 인격적 존중의 태도를 담고 있기 때문입니다. 여기서 순결은 세상을 사는 사람이면 누구나 그 신분이나 지위에 따라 지켜야 하는 것이지, 좁은 의미의 미혼 남녀나 성직자, 수도자에게 한정된 것이 아닙니다. 순결은 한 개인과 가정 그리고 사회 공동체를 유지, 발전시키며 융성케 하는 질서와 척도가 됩니다.

순결이 그리스도교 덕행 중에 가장 첫 자리를 차지하는 것은 아니지만 예수 그리스도와 그의 사도들은 가장 중요한 덕목으로 순결을 선택했습니다. 그리고 초기 그리스도교 신자들을 이방인들과 구별한 기준도 순결이었습니다. 그리스도교적 순결의 사상은 실제로 고상하고 고귀합니다. 그렇다고 인간이 순결을 완전하게 소유하거나 지킬 수 있는 것은 아닙니다.

그럼에도 모든 인간은 순결하게 살아야 하고, 순결을 지키기 위해 지속적인 노력을 해야 합니다. 그것은 바로 인격적이고 그리스도교적인 성숙의 지름길이 될 수 있는 일이기 때문입니다. 예수께서는 행동으로뿐 아니라, 생각으로도 정결을 지킬 것을 요구하셨습니다.

"'간음해서는 안 된다'고 이르신 말씀을 너희는 들었다. 그러나 나는 너희에게 말한다. 음욕을 품고 여자를 바라보는 자는 누구나 이미 마음으로 그 여자와 간음한 것이다."(마태 5,27-28)

예수께서는 또한 하느님의 나라를 위해 가장 완전한 정덕과 동정생활을 권고하셨습니다.(마태 19,10-12 참조) 초기 그리스도인들은 이방인들과 구별되는 가장 중요한 덕목으로 애덕 다음에 정덕을 내세웠습니다. 그러나 이는 쉽게 획득되지 않습니다.

끈기 있는 인내심을 갖고 노력해야 합니다. 정덕의 높은 가치에 마음을 두고 자기를 변화시켜야 합니다. 정덕에 대한 기본적 자세를 갖고 항구히 노력한다면, 그가 실수를 하고 잘못에 떨어진다고 해도 정덕을 지키는 자라고 할 수 있습니다. 왜냐하면 덕은 그것을 목표로 하는 마음과 그 덕의 기본적인 자세를 포기할 때만 상실되기 때문입니다.

어떤 사람이 개인적 순결의 결점들을 갖고 있다고 하더라도, 이에 대한 근본적인 개선의 노력과 태도를 가지고 있다면 하느님은 순결하게 사는 은총을 머지않아 내려주실 것입니다. 왜냐하면 인간이 순결하게 살겠다는 기본적 태도와 의지를 포기하고 단념할 때만이 이 덕행은 전적으로 상실되기 때문입니다.

그러므로 인간다운 성적 사랑은 상대방에 대한 희생적이고 봉사적인 행동을 포함합니다. 이런 사랑의 정신이 사회에 확산될 수 있도록 하기 위해선 우선 신앙인들부터 '똑바로 서는 것'이 필요합니다. 그럴 때 이 사회에 진정한 사랑의 기운이 흐를 수 있을 것입니다.

성(性)에 대하여

　세상에 드러나는 온갖 종류의 성범죄와 성적 일탈, 음란성 불법 광고물의 홍수, 죄의식 없이 정착되어온 성 접대 문화, 감기 치료만큼 쉬운 낙태, 마음만 먹으면 언제든 구할 수 있는 음란 도구 및 기구, 그리고 응급 피임약의 보급 등으로 성(性)의 성(聖)스러운 차원이 왜곡되고 있습니다. 그 왜곡의 골짜기에서 많은 유아, 청소년, 여성들이 신음하고 있습니다.

　동물은 본능적으로 성행위를 하지만, 인간은 성을 책임과 의무를 동반하는 윤리적 과제로 인식합니다. 이렇게 인간의 성은 단순한 동물적 성 본능과는 다르기에 생물학적 수준의 어떤 것으로 취급할 수 없습니다. 그러기에 인간의 성은 육체적, 정신적, 영적 차원을 갖습니다.

　특히 인간은 실존적으로 하느님 사랑을 반영해야 합니다. 특히 부활할 인간 육체는 하느님 의지에 따라 성화되어 또 다른 사랑의 매개체가 될 사명을 부여받고 있습니다. 그러기에 인간의 성은 인격적인 부부애, 책임 있는 자녀의 출산과 교육, 하느님과 이웃에 대한 사랑 실천에 봉사할 목적을 지닙니다. 이런 구원론적 의미를 도외시하면서 남녀의 성 관계를 기술할 수는 없습니다.

　교회는 인간의 성을 하느님께서 인간에게 베푸신 가장 탁월한 축복의 표지이며 상징이라고 가르칩니다. 성은 하느님의 모습대로 창조된 인간을 존재론적으로 규정하기에 그 자체로 선합니다. 이렇듯 성은 하느님의 창조

의지에 따라 창조된 선물이기에 인간은 이를 안정적이고 인격적으로 성숙시켜야 할 과제를 갖고 있습니다. 이를 위해 연령과 신분과 환경에 따라 바른 정신과 질서 안에서 이성(異性) 사이의 만남이 이루어져야 합니다. 그런데 인간은 원죄로 인해 창조주의 뜻에 순종하지 못하였습니다. 여기서 인간의 육욕은 무절제한 상태로 치닫게 되었습니다. 성적 통제와 절제를 엄격하고 바르게 해야 합니다. 그래서 삶의 진정한 의미, 곧 하느님께 대한 헌신, 구원의 방편과 수용을 위한 상징으로 성을 승화시켜야 합니다.

그리스도인은 성적 체험을 절대화시킬 것이 아니라, 상대적인 차원에서 추구하고 성적인 체험에 대해 내면적인 자유를 누릴 수 있어야 합니다. 그리스도인은 자신의 궁극적인 행복과 희망을 현세적 가치 안에서 찾을 것이 아니라, 인류와 세상만사를 창조하고 다스리시는 절대자 하느님께 대한 영원한 생명과 구원의 차원에서 추구해야 합니다.

더 나아가 하느님의 계획에 따라 성의 목적과 의미는 남녀 사랑의 실현과 인간 생명 창조를 위한 봉사에 있습니다. 이것이 바로 인간의 성이 인격과 무관한 육욕적이고 생물학적인 어떤 것으로 인식되거나 취급되어서는 안 되며, 성이 인간적 상황의 전체성 안에서 본래의 모습을 드러내며 평가되어야 하는 이유입니다.

여기서 말하는 사랑은 상대방을 올바로 존중하는 인격적 사랑이며, 사랑하는 남자와 여자는 각기 자기 자신과는 구별되는 상대방을 통해서 각자의 인격을 실현하고 완성하게 됩니다. 남자와 여자의 상호 교류는 진정한 의미에서 친교와 협력을 통해 완성됩니다. 이 친교는 남자와 여자가 상호 의존적이며, 동시에 여러 측면에서 결핍된 존재임을 인정하면서 상대방을 수용할 때에 올바르게 실현됩니다. 이러한 서로의 친교와 사랑이 보다 완전하게 이루어지면, 남자와 여자는 서로의 공동생활을 통하여 영구적인 일치로 결합하게 됩니다. 따라서 하느님은 혼인과 가정을 위해 성을 마련하셨으며, 성행위는 혼인에 의해 결합된 부부 사이에만 정당한 것입니다.

더 나아가 교회는 성이 부부 사이의 상호 신뢰와 사랑을 증진시키고 부부 일치를 심화 시킨다고 가르칩니다. 부부는 상호 신뢰와 인격의 존엄성을 바탕으로 전인적인 사랑 안에 일치를 이루게 됩니다. 교회는 혼인제도 안에서 부부애를 통한 자녀의 출산과 종족 보존, 자녀교육 등을 중요한 가르침으로 제시하고 있지만, 이를 성의 유일한 목적으로 보지 않으며, 근본적으로는 인격의 존엄성에 기초한 상호신뢰와 증여에 의한 친교와 일치를 강조하고 있습니다. 배우자간 사랑은 부부의 인격 전체를 포함하고, 인간 전체를 꿰뚫고 영육간의 특유한 요소와 표현방식을 통하여 특별한 품격을 나타내고 있습니다.

성을 절대시하고 우상화하는 세태가 그 어느 시대보다 빠르게 진행되고 있습니다. 탐식이 그러한 것처럼, 성적 쾌감 또한 인간 삶의 종착점이 아닙니다. 인간은 성적 체험과 향유를 하느님 사랑과 구원에 이르는 방편과 도구로 인식하면서 올바른 자유와 책임을 다하는 성윤리의 자리매김을 위해 최선의 노력을 기울여야 합니다. 교회와 사목자들은 성을 몰이해하여 곡해하고, 동시에 우상화하는 우리 시대의 문화와 사상에 대항하며 성의 참 가치와 의미를 전달하는 일에 앞장서야 할 것입니다. 더 나아가 성의 본성, 심리적 성숙, 영성적 가치 등을 육체적 사회적 측면과 함께 젊은이들에게 총체적으로 전달해 주는 맞춤형 교육이 중요합니다. 올바른 성교육을 통해 우리의 젊은이들이 왜곡된 성문화와 쾌락주의, 생명경시 풍조 등 일그러진 태도와 의식을 말끔히 불식시키며 건전한 성 도덕관을 갖추기를 희망합니다. 그래서 미래 사회를 이끌고 갈 젊은이들이 보다 성숙하고 책임 있는 성적 존재로 성장했으면 합니다. 이는 일차적으로 가정의 부모, 학교의 교사, 교회의 지도자 등 기성세대의 책임입니다.

인류는 창조 이후로 올바른 가르침을 전파하고, 진리와 평화를 확산시키는 방향으로 진화해 왔습니다. 1000년 전, 100년 전 인류와 비교할 때, 지금 우리들의 모습은 상당히 품위 있고 발전된 모습을 드러내고 있습니다. 그런데 유독 성 인식에 대해서 만큼은 퇴보를 거듭하고 있다는 느낌을 지울 수 없습니다. 하느님 섭리의 중심에서 인류는 끊임없이 성장하고 진화한다고 믿습니다. 성(性)에 대한 개념과 인식, 문화도 이제는 인간의 도리와 예의, 인격과 품위를 고양시키는 차원에서 보다 성숙하게 자리 잡아야 할 것입니다.

기억해야 합니다. 잊지 말아야 합니다. 성(性)의 성(聖)스러운 차원이 왜곡되고 있는 그 깊은 골짜기에서 지금도 수많은 이들이 신음하고 있습니다. 교회 구성원이 앞장서 이 일에 치유의 손길을 펼쳐야 할 것입니다.

혼인의 본질과 가정의 의무

남녀는 하느님의 사랑과 자비로 창조되었습니다.(창세 1,26 참조)

남녀 관계는 약속과 책임을 전제하며, 혼인에서는 하나의 공동체를 지향하고, 부부는 서로의 인격과 환경적이고 문화적인 성장 배경을 이해하는 것이 필요합니다. 그리스도교는 항상 여성을 남성의 동등한 동반자이자 반려자라고 가르칩니다.

남녀의 혼인은 하느님과 인간들 앞에서 맺는 계약 형태를 보입니다. 이른바 불가해소성을 가집니다. 그러기에 그 인연은 해소될 수 없습니다. 혼인 동의가 내포하는 의미는 절대적이고 취소 불가능하기에 큰 모험이 전제됩니다. 즉 상대편의 외모나 건강과 환경이 변화되더라도 죽을 때까지 변함없는 애정과 신뢰를 간직해야 합니다. 이것은 하느님의 은총과 축복으로 가능할 것입니다.

오늘날 혼인 제도에 정면 대항하는 자유로운 개인주의가 생겨나고 있습니다. 혼인의 테두리 밖에서 자유롭게 지내려는 독신주의도 성행하고 있습니다. 심지어 어떤 이들은 혼인 제도를 속박하고 강요하는 제도로 생각하기도 합니다. 하지만 인간 사회의 어떤 법률도 인류 역사의 시초에 하느님의 권위로 확정된 혼인의 의미를 제한하거나 소멸시킬 수는 없습니다.

아가페적 사랑 안에서 혼인을 할 때, 가정이 성립됩니다. 가정은 하느님의 큰 축복인 혼인에서 출발하는 부모와 자녀의 필연적이고 절대적인 생활 공동체입니다. 가정 안에 혼인 관계, 부부 관계, 부모와 자녀의 관계, 형제자매, 남매 관계가 성립되며, 이 관계로 개인은 '인간 가족'과 '하느님의 가족' 안에 들어오게 됩니다.(「가정 공동체」 15항) 더 나아가 혼인과 부부애는 그 성격상 자녀의 출산과 교육을 지향한다. 특히 자녀는 하나의 선물입니다.(「사목헌장」 50항)

하느님은 인간들이 인간 생명의 은혜를 전달하는 데 있어 자유롭고 책임 있게 협력함으로써 창조주요 아버지인 당신의 사랑과 능력에 특별히 참여하도록 부르셨습니다.(창세 1,28) 따라서 출산은 부부애의 결실이고 징표이며, 부부 상호 간의 완전한 자기 봉헌의 산 증명입니다. 참된 부부애의 실천과 가정생활 전체는 하느님의 가족들을 날로 성장케 하시며 풍요롭게 하시는 창조주의 사랑에 협력하는 마음을 갖게 합니다.(「가정 공동체」 26항)

특별히 가정은 매일 식탁이 차려지는 곳입니다. 충만한 양보와 이해가 오가는 가운데 가정의 식탁은 진정한 나눔과 사랑의 정신을 체험하는 곳입니다. 인간관계는 함께 음식을 나눌 때 성장합니다. 전화나 편지 연락만으로는 친밀한 우정 관계나 깊이 있는 인간관계가 형성되지 않습니다. 만나 보지 않고 대화를 나누지 않으면 나와는 관계없는 멀리 있는 사람이 되기 쉽습니다.

음식을 나누면서 충분히 대화하면 사랑과 우애가 깊어집니다. 그래서

그리스도인들의 식탁에는 하느님의 축복이 전제됩니다. '주님의 기도'가 그렇듯이 우리 인간의 육신 생활이나 하느님과 인간의 관계에서 오가는 용서나 화해 등의 청원은 하느님의 이름과 그 나라의 완성에 대한 내용 뒤에 위치하는데, 특히 일용할 양식을 청하는 내용은 여러 청원 가운데 중점 사항은 아니더라도, 소홀히 취급하기 쉽고 손상 받을 수 있기에 가운데 위치하고 있습니다.

한편 가정의 식탁은 공동 식사와 대화의 공간일 뿐 아니라, 가족들의 유희와 오락의 공간이기도 합니다. 그러나 불행히도 오늘의 현실은 가정 구성원들을 개인주의적 사고방식에 젖어들게 하고 있을 뿐만 아니라, 가족끼리 함께 식사하고 대화하는 시간마저 박탈하기 때문에 부모의 얼굴을 자주 대하지 못하는 아이들이 증가하고 있습니다. 이때 가정은 잠자는 숙소에 불과하며, 옷이나 갈아입는 탈의장으로 전락하고 맙니다. 같은 피로 맺어진 가족 구성원들끼리 화목하지 못하고, 지나친 이기심과 불목 관계를 야기시키는 가장 큰 이유가 바로 가정의 식탁을 멀리하는 데서 비롯되는 것입니다.

가정에서 원만한 인격 형성의 힘이 나오는 것은 당연합니다. 가정의 부모에게서 인간은 출생, 양육, 교육 등의 크나큰 은혜를 받습니다. 출생 전이라도 수태된 첫 순간부터 유아기와 아동기를 통해서 어린이들의 입장과 상황에 따른 인격 교육을 배려하는 일은 인간이 타인과 맺는 관계를 저울질할 수 있는 초보적이고 근본적인 시금석이 되는 것입니다.(「가정 공동체」 26항)

자녀들은 가난하고 곤궁한 자에 대한 진정한 관심을 갖고 사회에 봉사하는 참사랑의 정신으로 무장되어야 합니다. 이런 일은 모든 가정의 소관 사항이기에 가정은 사회적 삶을 전개하는 첫 번째 장소이며, 동시에 기본적 인격을 가르치는 학교인 것입니다.(「가정 공동체」 37항)

더 나아가 자녀 교육에서 정확한 종교적 방향을 설정해 주고 제시해 주는 일이 무엇보다도 중요합니다. 부모는 신뢰와 용기를 갖고 인간 생명의 본질적 가치를 자녀에게 주지시켜야 합니다.

자녀로 하여금 물질적 재산이 전부인 양 생각하는 태도를 보이지 않도록 검소한 생활양식을 터득하게 하고, 인간의 가치는 물질적으로 무엇을 소유하고 있느냐에 있지 않고 진정한 인격을 갖춘 인간이 되는 데 있다는 확신을 불어넣어 주어야 할 것입니다.(「가정 공동체」 37항)

또 가정의 구성원들은 각자의 역할에 따라서 매일 가족 구성원들 사이의 일치를 도모할 책임을 갖고 있으며, 가정을 보다 풍요한 인간성을 길러내는 학교로서의 책임을 다하도록 할 의무가 있습니다. 그러므로 헌신적으로 가진 것을 나누고, 봉사하는 자세를 지녀야 할 것입니다. 가정에서의 일상생활의 한 부분이기도 한 '일치와 나눔의 생활'은 앞으로 자녀들이 그리스도인으로서 보다 적극적이고 책임감 있게, 그리고 결실 있게 사회생활 전반에 참여하게 하기 위한 가장 구체적이고 효율적인 교육 현장이 될 것입니다.(「가정 공동체」 21, 37항)

혼돈의 시대를 살아가는 법

혼돈의 시대입니다. 우리는 어디로 가야 할까요. 갈 길을 잃고 우왕좌왕 하는 모습이 사회의 모든 국면에서 총체적으로 나타나고 있습니다. 삶의 이정표를 잃고 표류하는 형국일 것입니다. 물질과 편의가 제공하는 안락함이 한계에 이르렀기 때문일까요? 정신적이고 도덕적인 잣대를 잃어버린 결과일까요? 미로에서 빠져나오지 못하는 어둠 속에 잠겨있는 우리에게 한 줄기 빛이 절실히 요청됩니다. 우리는 어떤 인간적이고 도의적인 기준을 갖고 이 험난한 세상을 헤쳐나가야 할까요.

세상 사람들은 빠르게 변화하는 세상과 사회의 한복판에 살면서 교회가 가르치는 진리에 귀를 기울이기보다 시류에 떠밀려 바른 목표를 잃고 방황하고 있습니다. 더 이상 사람 냄새를 맡으려 하지 않습니다. 개인주의적이고 이기주의적인 생각과 행태에 습관처럼 사람들은 길들여지고 있습니다. 나 개인의 일 외에는 그 어떤 것에도 관심과 걱정을 하지 않으려 합니다. 만나는 사람들에게 인정을 베풀고 약자들과 빈곤한 이웃을 위해 이바지하기보다는 그저 눈감고 지나치려 합니다.
내가 조건 없이 나서야 함에도 못본 척, 모르는 척, 듣지 못하는 척합니다. 나만의 성취와 일신상의 영달만을 위해 달려갑니다. 귀찮은 일, 더러운 일, 시간을 빼앗기는 일, 희생적인 일과 봉사, 나의 재주와 능력을 발휘

해야 하는 일을 기피하려 합니다. 신앙의 행복과 기쁨보다 관능적이고 일시적인 취미와 오락을 최고의 가치로 평가하며 숭상하는 이념과 실천이 빠르게 확산되고 있습니다.

이런 실정인데도 세상에는 그리스도인들이 잘 보이지 않습니다. 그리스도인들은 과연 우리 사회에 존재감을 드러내고 있는 것일까요. 하느님이시면서도 가장 낮은 사람으로 세상에 오시어 자신의 시간, 휴식, 여유라고는 조금도 갖지 않으시고, 집도 없이 강행군으로 온몸과 정신을 세상 사람들의 전인적인 행복과 구원을 위해 불태우신 예수님을 따르겠다는 이들이 그리스도인입니다. 세상에 하느님의 평화와 정의의 왕국을 건설하기로 결심하고 십자가를 지고 따르겠다고 나선 사람들이 그리스도인입니다. 따라서 내 몸 하나 간수하기 힘들다는 투정과 어리광은 정당화될 수 없습니다.

하느님과 깊은 내적 기도를 통하여 하느님의 사랑에 깊게 잠기게 되면 자연적으로 신앙생활의 희열과 기쁨을 체험하게 되어 모든 사회생활, 가정생활에 대한 사랑과 관심, 깊은 애정과 열망이 솟구칠 수밖에 없습니다. 하느님께 더 큰 영광과 찬미를 드리며 세상의 구원을 위하여 투신하겠다는 열정과 욕망은 깊은 내적 기도에서 나옵니다. 복잡다단한 현대사회에서 신앙생활을 영위해야 하는 우리는 분주한 생활 속에서도 기도 생활과 수덕적 삶을 포기해서는 안 되는 이유가 바로 여기에 있습니다.

현대 사회는 물질주의와 과학 만능 사조로 인해 활동주의, 업적주의, 실적주의 등을 숭상하고 있으며, 이런 풍조가 우리의 순수하고 순박한 마음들을 오염시키고 있습니다. 교회가 하느님의 초월성, 우위성, 영적 가치를 경시하고 겉모양이나 외적 활동을 높이 평가한다면 이는 교회의 본연의 모습과 사명을 외면하는 매우 불행한 일 입니다. 분별없는 활동과 업적지상주의는 결국 사도직을 기업화하고, 진정한 복음화 사업을 외면하며, 선교적 지향 없이 일반 기업체처럼 표면적이고 경제적인 이익과 경쟁에만 관심을 기울이게 됩니다.

우리는 사회적인 외적이고 가시적인 활동만을 기계적으로 수행하기 위해 이 세상에 존재하는 것이 아닙니다. 기도와 활동의 조화만이 현대 물질문명의 병폐와 과학 만능의 사조를 극복하는 지름길임을 명심해야 하겠습니다.

바로 지금 이 순간부터라도 늘 기쁜 마음으로 기도하는 습관을 기르고, 이를 활동과 자연스럽게 접목시키는 자세를 기르도록 해야 합니다. 지상의 시간은 잠시 주님께서 빌려주고 허락하신 은총의 때입니다. 은총의 시간을 무의미한 체험으로 보내는 일이 없도록 선용하는 지혜를 찾아야 하지 않을까요? 이때 우리는 주님께서 주시는 평화와 위안, 기쁨과 희열을 느끼며 기꺼이 신앙생활에 일생을 바치며 살다가, 마지막 순간에 기쁘게 하느님 품 안으로 돌아갈 수 있을 것입니다.

사도 바오로는 기도와 활동의 적절한 조화를 강조하는데, 이는 우리에게 이상적 삶을 제시하는 말씀이라고 볼 수 있습니다.

"나는 살아 있지만 이미 내가 아니라 그리스도께서 내안에 살고 계십니다. 내가 지금 육신 안에 살고 있는 것은 나를 사랑하시고 나를 위해 당신 자신을 바치신 하느님 아드님께 대한 신앙으로 살아가는 것입니다."(갈라 2,20)

이러한 참 신앙 안에서 우리는 참 기쁨을 발견할 수 있고, 매일 흥분과 감격이 교차하는 감동적인 그리스도인의 삶을 펼칠 수 있을 것입니다. 한국에 오셨던 프란치스코 교황님께서 한국 수도 공동체들과의 만남에서 하신 말씀은 잊을 수 없습니다. "우리의 증거가 기쁨에 찬 것이어야 사람들을 그리스도께로 끌어당길 수 있을 것입니다."

그렇습니다. 우리가 먼저 기쁨으로 충만할 수 있도록, 늘 깨어 기쁨을 받아들일 수 있도록 노력해야 하겠습니다. 그래야 세상 모든 이들에게도 복음의 기쁨이 전해질 수 있기 때문입니다. 우리가 갖고 있지도 않은 것을 어떻게 다른 이에게 줄 수 있겠습니까. 세상과 이웃을 위해 이바지하는 기쁨은 거꾸로 다시 나에게 기쁨으로 돌아옵니다. 이렇게 기쁨의 선순환이 이뤄질 때, 우리는 하느님 나라 가운데로 스며들어 갈 수 있습니다. 이것이 바로 그리스도께서 이 땅에 오신 이유 입니다. 이제 우리 모두는 혼돈과 절망의 수레바퀴를, 기쁨과 희망의 수레바퀴로 바꾸는 그 기쁨에 동참해야 할 것입니다.

프란치스코 교황님은 2014년 8월 15일 성모승천대축일 미사 중 다음과 같은 말씀을 하셨습니다.

"우리가 하느님 자녀들의 자유를 누리며 기뻐할 수 있도록, 그 자유를 지혜롭게 사용하여 형제자매를 섬길 수 있도록, 그리고 다스림이 곧 섬김인 영원한 나라에서 완성될 바로 그 희망의 표징으로서 일하며 살아갈 수 있도록, 함께 성모님의 은총을 간청합시다. 아멘."

여성의, 여성에 의한, 여성을 위한 교회

예수님께서 베타니아에 있는 나병 환자 시몬의 집에 계셨을 때였습니다. 예수님은 식탁에 앉아 계셨습니다. 그런데 어떤 여자가 값비싼 향유가 든 옥합을 깨뜨려 예수님의 머리에 향유를 부었습니다. 이때 예수님은 분명히 말씀하셨습니다.

"내가 진실로 너희에게 말한다. 온 세상 어디든지 복음이 선포되는 곳마다, 이 여자가 한 일도 전해져서 이 여자를 기억하게 될 것이다."(마르 14,9)

그런데 아쉽습니다. 그 여성의 이름을 우리는 알지 못합니다. 익명입니다. 역사는 남성들의 행적은 크게 기억하는 대신 예수님께 기름을 부은 여인의 이름은 기억하지 못합니다.

일반적으로 여성은 남성에 비해 교회 활동에 더 적극적으로 동참하고 있습니다. 여성들은 주일 미사 참례나 본당 내외 단체에서 활동하는 숫자로 보아도 남성보다 훨씬 우위에 있습니다. 그러나 실제적인 교회 운영이나 정책 결정에 구조적으로 여성들이 참여하지 못하고 있습니다. 참여를 하더라도 제한적 참여가 이루어질 뿐입니다. 이런 현상을 유교적인 훌륭한 미덕이라고 하기에는 설득력이 없습니다. 그러기에 의식 있는 교회 구성원들은 약 60%를 점유하고 있는 여성들이 차별대우 받고 억압당한다고 지적합니다. 여성들이 교회 안에서 남성과 한 식탁에서 음식을 나누지 못한다는 느낌을 갖는다면, 이는 여성들이 생동감과 활동력을 잃고 불의를 경험하게 되는 심각한 문제입니다.

가톨릭교회가 종교 중 가장 가부장적이고 성차별이 많이 존재하는 구조를 갖고 있다는 비판이 있습니다. 이는 남성만이 참여하는 성직제도가 있고, 이 제도적 교계제도에 참여하는 신품성사에 여성들이 원천적으로 배제되어 있기 때문입니다. 또한 교회법과 제반 규정을 기초하고 심의하고 결정하는 것과 전례 거행, 공적 지도력을 행사하는 데서도 여성들은 소외되어 있습니다.

현대사회 여성들은 가정 및 사회 활동에서와 마찬가지로, 교회에서도 신앙생활에 영향을 주는 결정 과정에 참여하기를 원하고 있습니다. 교회 안에 여성 차별에 대한 구조적 변화를 갈망하는 것은 시대적 요청일 것입니다. 미래에 닥칠 위기 상황에 대처하기 위해 교회는 과감한 변신을 꾀해야 할 것입니다. 그것이 건강하고 생명력 있는 교회의 미래를 열어가는 길입니다.

그리스도의 구원사업을 완성하기 위해 여성의 재능과 능력을 있는 그대로 인정해야 하고, 교회생활 안에 비합리적 여성차별이 존재한다면 제거해야 합니다. 세계교회사적으로 여성의 역할은 교회 내에서 괄목할 만한 것이었으며, 한국 교회에서도 여성들의 활동은 여러 면에서 돋보이고 있습니다. 한국 교회가 초창기부터 여성 신자들의 눈부신 활동을 기반으로 빠르고 안정적으로 성장한 역사는 만고에 길이 빛날 것입니다. 그러므로 교회는 능력 있고 역량 있는 전문가 여성들의 의견개진과 합리적이고 정당한 제안 및 주장에 귀를 기울이고, 그들에게 교회 내외에 여러 산적한 과제에 대해 연구하고 활동할 기회를 제공해야 합니다. 더 나아가 여성의 교회참여 폭을 확대하고, 그들에게 교회 운영과 정책 결정에 참여하는 권한이 대폭 이양되어야 할 것입니다.

최근 여성 사제직 요청이 주목받는 관심사로 부상하고 있습니다. 지금까지의 교도권의 답변에 의하면 여성 사제의 가능성을 열어놓고 있지 않습니다. 하지만 변화하는 세상에 발 빠르게 대처하기 위해 교황청 기구, 주교회의, 교구청, 본당 사목회의 등에 적절한 비율에 따라 여성들을 인선하여 과감하게 기용할 필요가 있습니다. 나아가 사목적 필요성이 절실하게 요청된다면 여성 부제직 허용도 심도 있게 논의해야 할 것입니다.

이런 사안들이 고려되지 않는다면 교회 활동에서 소외되고 있는 젊은 층, 고학력층, 직장여성, 미혼자, 경제적 빈곤층, 이른바 전문가 계층 여성 신자들이 교회를 떠나게 될 가능성이 없지 않습니다. 더 나아가 이들이 급진적 요구사항을 내걸고 교회 권위에 도전하거나 저항하고, 이단적 종파에 몰두하게 될 가능성도 배제할 수 없습니다. 지금까지 인류는 남성이 여성에 비해 상대적 우위를 점해 왔습니다. 영어에서 성인 남성을 뜻하는 단어인 맨(man)이 '인류' 혹은 '사람'이라는 뜻도 가지고 있는 것만 봐도 얼마나 남성 중심의 역사였는지를 알 수 있습니다.

하지만 미래는 여성이 자신의 신원의식을 드러내며 정의와 평화를 구현하는 시기가 될 것입니다. 그동안 남성에 의해 주도되던 폭력, 비인간화, 전쟁, 무분별한 환경 개발 등은 사라져야 합니다. 여성의 장점이나 특출한 능력만 강조하려는 것이 아닙니다. 남성 문화를 억압하고 지배하는 여성 문화의 출현이나 창출을 말하려는 것도 아닙니다. 가부장적 남성문화가 저지른 숱한 비인간적, 반문화적, 반사회적 죄악에 제동을 걸어야 한다는 말입니다. 여성은 남성과 동등하게 창조된 보편적 인간의 손색없는 모형입니다. 성(性)의 차이가 불평등과 비동등성, 억압, 무시의 요소들로 작용하는 것은 허용될 수 없습니다.

교회가 자신이 소유한 자비로운 어머니의 여성성을 존중하면서 복음 선포자의 모습을 선명하게 드러내려면 여성의 장점과 고유한 역할을 잘 이해해야 합니다. 곧 교회는 어머니로서 모든 이를 환영하고, 난민에게 휴식처를 제공하고, 하느님의 사랑으로 품어주는 다정하고 겸손한 모습을 지녀야 합니다. 남녀 중 어느 한 성(性)이 일방적으로 주도권을 갖는 교회상은 그 자체로 존재가치를 상실하는 것이며 현대사회에 용납할 수 없는 가치관입니다. 남녀 성의 차별과 대립을 배제한 교회를 건설하고 합리적인 가치관에 따라서 교회 공동체가 구성된다면 여성의 양적 가치실현을 위한 제도나 역할분담은 효율적으로 이뤄질 것입니다. 이제 교회는 하느님 나라 건설을 위해 열린 교회로서 여성에게 차등 없는 지위와 활동을 보장하는 모습을 지녀야 합니다.

여성 신자들의 지위향상과 활동보장을 위한 교회의 과감한 결단과 여성의 부단한 자의식 개발을 위한 연구와 단체 활동이 조화를 이룰 때 교회는 보다 활력 있는 복음 선포 기능을 수행할 수 있을 것입니다.

노인복지, 노인사목

강 건너 불이 아닙니다. 이미 발 등에 떨어진 불입니다. 의술의 발달과 경제 성장으로 인한 식생활 향상, 보건 위생 환경의 개선으로 평균 수명이 연장되고 있으며, 이는 노인 인구의 증가로 이어지고 있습니다. 65세 노령인구가 전체 인구의 7%를 넘는 사회를 '고령화 사회'(Aging Society), 65세 이상 인구가 14%를 넘는 사회를 '고령 사회'(Aged Society), 20% 이상 사회를 '후기 고령사회'(Post-aged society) 혹은 '초고령 사회'라고 합니다.

그렇다면 우리 사회는 지금 어느 위치에 있을까요. 통계청이 발표한 '2016 고령자 통계'에 의하면 65세 이상 인구는 657만명으로 전체 인구의 13.2% 차지하는 것으로 나타났습니다. 65세 인구가 500만 명을 돌파한 시점이 2008년이었는데, 5년여 만에 65세 이상 고령인구가 100만 명 증가한 셈입니다. 특히 1인 노인 가구가 늘고 있는 것도 문제입니다. 2016년 65세 이상 노인 1인 가구는 129만 4000가구로 집계됐습니다. 이는 전체 노인가구 386만 7000가구의 33.5%에 달하는 수치입니다.

통계청에 의하면 65세 이상 노령인구가 1000만 명을 넘는 시점은 2025년입니다. 이후 2050년에는 65세 이상 인구가 1799만 1052명을 기록, 전체인구의 37.4%에 이르게 될 예정입니다. 이 시점에서 15세에서 65세 사이 노동 인구는 전체인구의 절반 수준인 52.7%에 불과할 것으로 보입니다. 특히 2030년에 이르면 우리나라 인구 4명 중 한 명은 65세 이상이 될 예정이고 2040년에는 거의 3명 중 한 명이 65세 이상 노인 인구가 될 것이라는 전망입니다. 노인 문제는 먼 훗날의 일이 아닌 현실이 되었기에 이에 대한 대책을 긴급하게 세워야 하는 시점이 되었습니다.

여기서 노인 문제 해결을 위한 교회의 입장과 역할을 몇 가지 차원에서 살펴보기로 하겠습니다.

성경은 장수(長壽)를 하느님의 특별한 은혜와 축복으로 이해하고 있으며(창세 15,15 참조), 노인 공경에 대한 각별한 경각심을 일깨우고 있습니다.(레위 19,3; 잠언 23,25; 신명 28,50 참조) 더 나아가 하느님은 노인의 풍부한 지혜와 경험을 바탕으로 당신의 예지와 의향을 밝히십니다.(신명 32,7; 1열왕 12,6-8 참조) 이외에도 구약에서는 26번이나 노인들의 장수, 권위, 지혜, 판단, 그들에 대한 공경과 존경 등을 언급하고 있습니다. 신약에는 티모테오에게 보낸 사도 바오로의 첫째 편지 5장 1절에서 노인 공경에 대해 기술하고 있습니다. 성경의 내용을 종합하면, 노년 시기는 쇠퇴가 아닌 축복과 영광의 시기이며, 또 다른 의미에서는 삶의 절정기 입니다. 이러한 성서적 이해는 과거 우리 사회의 전통적 미풍양속인 경로효친(敬老孝親) 사상과 그대로 일치합니다.

이러한 기조는 교회 내 각종 사회교리 문헌에서도 일관되게 나타나고 있습니다. 교황 요한 바오로 2세의 사도적 권고 '가정 공동체'는 노인에게 특

별한 존경과 애정을 표현하는 문화에 대해 언급하면서, 노인들이 가정에서 차지하는 긍정적이고 적극적인 역할을 강조하고 있습니다.

　무질서한 도시화와 산업화의 영향으로 노인들이 소외된다면 그것은 가정을 정신적으로 빈곤하게 만들 뿐이며, 노인 자신들에게도 극심한 고통과 상처를 주게 됩니다. 따라서 교회의 사목 활동은 가정 안에서 노인의 역할을 개발하고 그들이 사회와 교회 공동체 안에서 중요하고 보배로운 존재이고, 꼭 필요한 존재임을 인식시키는 데 역점을 두어야 합니다. 또 신앙인은 하느님의 모상으로 창조된 노인에 대한 존경과 배려를 아끼지 말아야 합니다. 교회도 행복하고 만족스러운 노년기를 위하여 기존의 지역적 전통과 문화의 틀을 존중하면서 신체적 경제적 사회적 심리적 영성적 요구를 채워줄 수 있는 다양한 교육, 문화, 사목, 전례 등에 관한 계획을 개발하여 실시해야 할 것입니다.

한국 가톨릭교회는 1885년에 우리나라 최초로 의지할 곳 없는 노인들을 위한 양로원을 개원, 근대적인 사회복지 사업의 문을 열었습니다. 교회의 사명 중 중요한 부분이 소외 계층에게 힘과 용기를 주는 것이라면 국가와 사회의 힘이 미치지 못하는 노인복지 분야에 적극적 관심을 기울이는 것은 당연합니다. 이런 면에서 노인복지 사업이 교회의 일부 특정한 기관과 단체만이 책임질 일이 아니라, 교회 구성원 각자가 관심과 애정을 가지고 이 사업에 투신해야 할 것입니다.

곧 주님의 정신을 따르는 그리스도인은 예외 없이 어떤 의미에서는 사회사업가이며, 특히 노인복지 시설 설립자가 된다는 의식을 지녀야 합니다. 교회 당국 또한 노인복지를 위해 과감하게 재정적 후원을 해야 할 것입니다. 형편과 상황에 따라 대형 노인병원이나 대형 유료 양로 시설, 유료 노인 요양시설을 설립하거나 소규모의 무료 양로 시설 및 요양시설, 그룹홈, 주간 보호 시설, 노인복지 회관, 경로 식당, 노인 대학, 경로당 등을 운영할 수 있을 것입니다. 이런 사업들은 본당 차원이나 지역 단위의 본당들이 연합하여 운영할 수 있을 것입니다.

물론 진정한 나눔과 사랑의 정신이 결핍된, 재정적 도움만을 베푸는 노인복지는 의미가 없으며 지양되어야 합니다. 의무감에 젖어 마지못해 노인시설을 마련해 놓고, 그곳에 노인들을 홀대하며 팽개치듯 내버려 둔다면, 그것은 또 하나의 노인 학대가 될 것입니다. 그러기에 국가의 재정적인 뒷받침이 충분하다 하더라도 사회와 교회가 노인복지에 대한 관심과 성의를 보이지 않는다면 우리 사회 안에 노인복지의 정신은 결코 신장되지 않을 것이며, 자칫 사회적 위기 상황에 봉착할 수도 있게 될 것입니다.

신앙인이라면 노인을 공경하는 것은, 곧 하느님을 경외하는 것과 맞닿아 있다는 것을 알아야 합니다. 다음의 말씀을 새길 필요가 있습니다.
 "너희는 백발이 성성한 어른 앞에서 일어서고, 노인을 존경해야 한다." (레위 19,32)

장애인들께 드리는 편지

찬미 예수님!

하느님 아버지와 주 예수 그리스도께서 주시는 은총과 평화가 여러분에게 내리기를 빕니다. 하느님께서는 그리스도 안에서 하늘의 온갖 영적인 복을 우리에게 내리셨습니다. 세상 창조 이전에 그리스도 안에서 우리를 선택하시어, 우리가 당신 앞에서 거룩하고 흠 없는 사람이 되게 해 주셨습니다.(에페 1,2-4)

이렇게 우리는 하나밖에 없는 중요한 생명을 갖고 이 세상을 살고 있습니다. 우리는 그 생명을 잘 가꾸고, 스스로의 건강한 생명을 이웃과 나누는 데 힘써야 할 것입니다. 그런데 세상의 여러 가지 환경과 분위기가 우리의 건강을 빼앗아가고 있습니다. 정신적인 건강, 육체적인 건강을 최상으로 유지하는 가운데 보람되고 의미 있는 삶을 펼쳐야 하는데, 각종 공해, 오염, 사고, 질병, 가난과 욕망, 근심, 걱정 등으로 우리의 건강이 병들거나 파괴되고 있습니다.

이렇게 우리 모두가 몸과 정신의 질병, 장애로 고통 받는다는 점에서 사회의 모든 구성원은 처지가 달라도 한 배를 타고 있는 공동운명체를 이루고 있습니다. 그래서 우리는 서로 도와야 합니다. 실제로 사람은 태어나서 세상을 하직하는 그 순간까지 도움을 주는 위치에 있기도 하고, 받는 위치에 서기도 합니다.

누구나 겪는 일이지만 갓 태어난 아기는 부모와 가족의 특별한 보살핌을 받아야 제대로 성장합니다. 사람이 나이가 들어 병이 나거나 세상을 떠날 날이 가까이 오면 다시 건강한 자녀들이나 가족들, 의료인, 간호사들의 도움을 받아야 합니다. 자신이 건강할 때는 병들거나 아픈 이들을 돕고, 시간이 흘러 건강하던 몸이 병들거나 다치면, 건강한 가족이나 다른 이들의 도움을 받습니다. 도움과 신세를 지고 갚는 것은 사람들끼리 주고받는 매우 기본적인 예의와 도리입니다.

예수님께서는 특별히 소외된 사람, 사회에서 버림받은 사람, 불치병으로 고생하는 사람, 악령에 시달리는 사람, 가난 때문에 우는 사람, 마음에 상처 입고 절망하는 사람, 온갖 질병으로 고통당하는 사람에게 아주 각별한 사랑을 베푸시고 모두 정신적, 육체적 고통에서 해방시켜 주시고 치유시켜 주셨습니다.

오히려 건강하고 근심 걱정 없이 사는 사람에게는 별 관심을 보이지 않으셨습니다. 병자에게 의사가 필요하지, 건강한 사람에게는 필요하지 않다는 예수님의 말씀(마르 2,17 참조)이 이것을 증명합니다. 세상을 구원하고 하느님의 나라를 세우는 것은, 바로 세상을 온갖 질병과 가난, 고통에서 해방시키고, 평화로운 사회로 만드는 것입니다.

이런 예수님의 정신에 따라 교회는 장애인 복지, 사회복지 사업에 큰 관심을 기울이고 있고 실제로 이 사업 실천에 주력하고 있습니다. 이것이 예수님을 알리는 복음전파 사업의 중요한 부분이기 때문입니다.

사람은 누구나 하느님 안에서 치유 받아야 합니다. 그래서 우리는 성실하고 정직하게 말하고 행동하면서 세상만사를 다스리시며 우리의 생명과 죽음까지도 통제하시는 하느님께 의탁하면서 살고 있습니다. 이것이 바로 아름답고 성스런 신앙인의 모습이며, 세상에 사는 모든 이의 보람과 목적일 것입니다.

하느님께서는 우리의 착하고 순수한 마음을 있는 그대로 받아주시며 일상의 삶과 활동을 축복하여 주고 계십니다. 살면서 권태롭고 짜증 나고 힘든 때가 누구에게나 찾아옵니다. 그럴 때 무죄하셨지만 매 맞고 욕설과 저주를 당하시며 처참하게 돌아가신 주님을 생각하며 일상을 성화하는 기회로 삼아야 하겠습니다.

예수님께서는 가난한 자, 병든 자, 사회에서 냉대받고 저주받은 자, 죄인들, 세리, 창녀들까지도 내치지 않으시며 가까이 접근하도록 배려하시고, 그들의 하소연에 귀를 기울이시며 감동적인 사랑과 희망의 메시지를 던지셨습니다. 끝내는 그들의 온갖 병을 치유해 주시며, 영원한 생명의 길, 행복의 도리를 일러주셨습니다.

지금도 교회 내 많은 복지 기관에는 장애인들, 봉사자들, 직원분들이 사랑으로 하나 되어 살아가고 있습니다. 그분들은 이 시대의 예언자이고, 희망입니다. 장애인 여러분과 모든 봉사자분, 그리고 이 글을 읽는 모든 이들이 함께 힘을 합쳐 이 세상을 살기 좋은 평화와 정의가 넘치는 사회를 만들어 나갑시다. 우리 모두 주님을 우리 마음에 모시고, 일상생활 한 가운데 모시고 생활하면서 서로 섬기고 나누며 사랑하는 공동체를 만듭시다.

다시 강조합니다. 우리가 예외 없이 꼭 해야 하는 것이 있습니다. 그것은 무엇보다도 먼저 우리의 도움을 필요로 하는 장애인들에게 배전의 관심과 애정을 보이면서 끊임없이 기도와 희생을 바치며 물질적으로 후원하는 일에 전력을 기울이는 일입니다.

누구든 자신이 하고 있는 기도가 자선으로 이어지지 않는다면 진정으로 기도하지 않았거나 참 기도의 의미와 뜻을 모르는 채 자신 안에 폐쇄적이고 닫힌 마음으로 살고 있는 자일 것입니다.

사랑하는 장애인 여러분.

힘과 용기를 내십시오. 여러분 곁에는 하느님께서 계시고, 교회의 사랑이 있습니다. 또 장애인의 부모님, 형제, 가족분들 또한 절망하지 말고 힘을 내십시오. 사랑과 생명의 학교인 교회가 가르치는 대로 성실하게 기도하면서 최선을 다하십시오. 여러분이 희망을 잃지 않도록, 활짝 웃으며 인간다운 생활을 할 수 있도록 교회는 여러모로 도우면서 늘 함께 하겠습니다.

더불어 장애인과 함께 생활하시는 시설장, 기관장, 실무자, 자원봉사자 여러분의 헌신적인 노고에 깊은 감사를 드립니다. 여러분의 노력과 봉사로 세상은 더욱 밝아지고 살기 좋은 사람 냄새나는 인정 많은 사회가 선뜻 다가오고 있으며, 하느님의 영광이 크게 드러나고 있습니다. 하느님께서 백배로 여러분의 노고와 수고를 갚아주시며 축복하실 것입니다.

하느님 아버지와 주 예수 그리스도에게서 평화가, 그리고 믿음과 더불어 사랑이 형제들에게 내리기를 빕니다. 불멸의 생명과 더불어 은총이 우리 주 예수 그리스도를 사랑하는 모든 이와 함께하기를 빕니다.(에페 6,23-24) 아멘.

참된 행복

"스승님, 제가 영원한 생명을 얻으려면 무슨 선한 일을 해야 합니까?" (마태 19,16)

한 청년이 예수님을 찾아와 두 가지를 묻고 있습니다. 하나는 영원한 생명과 관련한 것이고, 또 하나는 어떤 선한 일을 해야 하는가 입니다. 청년은 참 삶의 표본, 본보기, 내용, 척도가 무엇인지 절실하게 묻고 있습니다.

이 물음은 절대 선(善)을 찾는, 하느님의 본성과 본질에 접근하려는 인간의 외침입니다. 이 질문에 예수님께서 다음과 같이 대답하십니다.

"네가 생명에 들어가려면 계명들을 지켜라. … 살인해서는 안 된다. 간음해서는 안 된다. 도둑질해서는 안 된다. 거짓 증언을 해서는 안 된다…." (마태 19,17-19)

그러자 청년이 다시 묻습니다. "그런 것들은 제가 다 지켜 왔습니다. 아직도 무엇이 부족합니까?" 청년은 계명의 일상적인 법적인 범위와 해석을 뛰어넘는 어떤 매우 심각한 영적 갈증을 느끼고 있습니다.

예수님은 그 청년의 마음을 읽으시고 즉시 완덕의 길로 초대하십니다. 예수님의 대답은 매우 큰 충격을 청년에게 주었습니다.

"네가 완전한 사람이 되려거든, 가서 너의 재산을 팔아 가난한 이들에게 주어라. 그러면 네가 하늘에서 보물을 차지하게 될 것이다. 그리고 와서 나를 따라라."(마태 19,16-21)

예상을 뛰어넘는 예수님 말씀에 허를 찔린 청년은 고민에 빠질 수밖에 없었습니다. 그는 부자였기 때문입니다.

결국 청년은 자신을 완전히 비우고, 모든 인간적인 욕망을 제거하라는 예수님의 말씀을 듣고는 슬픈 표정을 지으며 어디론가 사라지고 맙니다.

산상설교, 곧 '참된 행복'은 가난에서 비롯됩니다. 재산이 많지만 이웃과 나누면서 산다면, 그는 마음을 비운 참 가난을 실천하는 자이고, 반대로 나누지 않는다면 물질에 노예가 된 닫힌 마음을 갖고 사는 불행한 사람일 것입니다.

참된 행복과 계명은 언제나 영원한 생명을 겨냥하고 있습니다. 산상설교는 참된 행복의 선언을 담고 있지만, 이어서 계명들을 언급하고 있습니다.(마태 5,20-48 참조) 참된 행복이 총론이라면 계명을 지키는 것은 각론에 해당할 것입니다.

산상설교는 계명들을 망라하는 총체적인 개방성을 보여주며, 참된 행복을 위한 완덕의 지평을 폭넓게 열어줍니다. 계명을 지키지 않고 외면하고 무시하면서 참된 행복으로 들어갈 수는 없습니다. 참된 행복을 염원하면서 행동하는 이는 계명을 존재론적으로 어길 수 없습니다.

여기서 규범적인 가르침이 간접적으로 흘러나옵니다. 이런 심오함과 근원성 때문에 참된 행복은 그리스도의 자화상을 나타냅니다. 그리스도의 모습 안에 참된 행복의 모형이 그대로 살아있습니다. 그분 자체가 삶의 규범이고 척도이기 때문입니다. 이는 그리스도를 따르는 제자의 길로 들어서라는 초대요 그리스도와 함께 생명을 나누라는 초대입니다. 그리스도께서 보여주신 구체적 가르침과 길을 따르지 않고는 참 제자의 길로 들어설 수 없고, 완덕의 길로 나갈 수 없습니다.

하느님께서 교회를 세우신 목적은 참되고 영원한 행복을 모든 이에게 주시기 위함입니다. 이 세상을 행복하고 보람 있게 살다 가는 것은 모든 이의 염원입니다. 이런 행복하고 가치 있는 삶을 보장받기 위해서는 예수 그리스도를 만남으로써만 가능합니다.

교회는 모든 인간이 그리스도를 만나 행복하고 아름답게 살도록 인도하고, 이 일에 온갖 정성과 힘을 기울이며 봉사합니다. 사람이 되신 하느님 예수 그리스도께서는 세상에 오셔서 인간의 고민, 갈등, 애환, 기쁨, 보람 등을 몸소 체험하셨기에 인간 세상을 너무나도 잘 이해하시는 우리의 벗이요 친구이십니다.

그분은 한 치의 오차도 없이 모든 이의 여정, 삶, 죽음에 온전히 함께하십니다. 그분은 모든 이의 개인적인 삶에 함께하시면서 기쁨과 환희를 선사하고 계십니다. 참으로 나를, 우리를 사무치게 열렬하게 기다리시며 좋은 길, 참된 평화의 길로 인도하십니다.

하느님은 언제나 나보다 먼저 어디서나 기다리시고 안내하시며 우리 삶 속 깊숙이 존재하십니다.

참 신앙인이 되기 위해서는 주님께 대한 뜨거운 마음 없이 그저 하루하루 적당히 살아가는 것으로는 부족합니다. 세상 것에 더 많은 애착을 갖고, 세상의 것만을 얻기 위한 태도로는 하느님께 가까이 갈 수 없습니다.

물론 세상의 것들을 유용하고 적절하게 누리며 사용하는 것은 권장해야 할 일입니다. 그러나 세상의 것들은 주님을 잘 공경하고, 주님의 영광과 위대하심을 드러내기 위한 방편, 도구, 수단입니다. 자기 희생과 고통, 고민과 고뇌, 십자가 없이 주님의 부활에 참여하고, 영원한 삶과 행복에 이를 수 있다는 것은 허구이며 위선임을 깨달아야 합니다.

절박하게 주님을 찾고, 현재의 생활을 철저하게 반성하고 세상의 논리와 풍조를 절단하지 않으면, 기꺼이 주님께 나아갈 수 없을 것입니다.

우리가 선과 악의 기준을 식별하기 위해서는 예수님께 가까이 다가가서 들어야 합니다. 예수님은 성경에 따라 아버지의 뜻을 따라 윤리적 행위에 대한 진리를 가르치고 계십니다.

예수님은 성부의 뜻에 순종하여 완전한 행위로 응답하셨기에 윤리적 행위의 완전하고 절대적인 척도를 제시하고 계십니다. 예수님 자신이 바로 우리 행동의 규범이고 척도 자체이십니다. 인류 역사의 시작과 마침이신 그리스도께서는 인간의 소명에 빛을 비추어주십니다. 인간들이 올바른 판단과 행위를 하도록 은총으로 감싸주십니다.

우리는 삶과 죽음의 어려운 과제, 행위의 부족함과 나약함, 미래의 불확실성과 불안정성을 갖고 삽니다. 그러나 주님께서 함께하시면 이런 난관들은 극복할 수 있습니다.

예수님께서는 관대한 눈길로 부자 청년의 손을 잡고 세심하게 참 진리의 길, 완전한 길을 가르쳐 주십니다. 우리를 인도하시는 주님의 손을 뿌리치지 말고 꼭 붙들고 그분만을 따라가도록 해야 할 것입니다.

'인도방랑'이란 명저(名著)로 1970년대 전 세계에 인도 여행 붐을 일으킨 후지와라 신야는 이런 말을 했습니다.

"살면서 가장 두려워해야 할 것은 나를 잃는 일이다."

나를 잃지 않기 위해 노력해야 합니다. 그 노력의 방향은 신앙인들에겐 이미 주어져 있습니다. 외길입니다. 외롭고 힘든 길일지도 모릅니다.

하지만 걱정할 필요 없습니다. 멀리서 위로자 그리스도께서 손짓하고 계십니다. 그곳을 바라보고 걸으면 됩니다.

참된 자유에 대하여 1

재독 철학자 한병철은 저서「시간의 향기」에서 이렇게 말했습니다.
"자유를 주는 것은 해방이나 이탈이 아니라 편입과 소속이다. 그 무엇에도 연결되어 있지 않으면 두렵고 불안하다. 독일어로 자유롭다(frei) 평화(friede) 친구(freund)는 본래 '사랑하다'라는 말에서 나왔다. 자유로움은 본디 '친구나 연인에게 묶여 있음'이다. 묶여 있지 않아서가 아니라 묶여 있어서 자유로워진다. 하늘을 나는 새도 땅이 받쳐주지 않으면 자유로울 수 없다."

진정한 자유는 계명을 지키지 않을 자유까지 포함하지 않습니다. 계명을 지킴과 동시에 가진 모든 것을 포기하고 주님을 따를 때, 완전한 자유의 길로 나아가게 됩니다. 물질, 지위, 명예, 권력, 건강, 재능, 정신, 마음, 생각 등 모든 것을 온전히 봉헌해야 합니다.

인간의 자유와 하느님의 법은 결코 반대되지 않습니다. 하느님의 법에 인간은 자유롭게 응답할 수 있습니다. 인간은 하느님의 뜻을 잘 따를 수 있는 준비와 바탕이 이미 마련되어 있는 존재입니다. 하느님께서는 인간에게 실천할 수 있는 정도의 기본적인 규범을 지켜야 하는 삶의 과제로 내어주고 계십니다. 하느님께서는 인간의 선한 의지와 자유를 존중하시며, 그에 맞는 은혜를 베풀고 계십니다. 인간이 자신의 인간된 도리와 예의를 지키며, 하느님의 뜻을 펴기 위해 영적으로 도약하고자 하는 이유는 바로 참된 자유를 얻기 위한 것입니다.

"하느님께서는 자유를 주시려고 여러분을 부르셨습니다. 그러나 그 자유를 여러분의 육정을 만족시키는 기회로 삼지 마십시오. 오히려 여러분은 사랑으로 서로 종이 되십시오."(갈라 5,13)

인간은 자유를 반인륜적이고 부도덕하게 하느님을 시험하거나 이웃 형제의 생명과 인격을 모독하는 일에 사용해서는 안 됩니다. 그런 일에 연루되면 양심은 바로 작동하여 비상사태를 선포합니다. 인간은 개인적, 사회적 범죄 행위를 통해 자유를 잃고 방황하며 양심의 불안과 가책을 느낍니다. 마치 기차가 탈선하여 사고를 일으킨 것과 같은 것입니다.

성 아우구스티누스에 의하면 어떤 계명을 지킨다는 것은 가장 기본적이고 초보적인 단계를 완수한 것이며, 갈 길이 먼 불완전한 자유를 실현하는 상태입니다. 하느님을 섬기는 그만큼 우리는 자유롭고, 죄의 법을 따라 살면 그만큼 우리는 노예인 것입니다.

'하느님을 선택할 것인가, 세상의 악한 사상, 풍조, 행위를 따라서 살 것인가.' 이는 세상에 태어난 인간이 평생 풀어야 할 과제입니다. 인간에게는 참된 자유를 누리기 위해 최소한의 구속과 척도가 요청됩니다. 인간의 삶은 육적이고 영적인 것을 포함하고 있기에, 참 사람, 곧 온전한 그리스도인으로서 성숙한 모습을 갖추기 위해서는 영육의 조화와 균형, 그 발전과 성장이 전제되어야 합니다.

세상의 헛되고 악한 욕정을 채우기 위해 사는 사람은 하느님의 법을 무거운 짐으로 여길 뿐 아니라, 자신의 자유를 무질서하게 사용합니다.

누가 만일 물질적이고 육체적인 욕망만을 만족시키면서 산다면, 이기적이고 개인주의적인 행태에 젖어들어 자신과 가정, 이웃과 사회에 엄청난 해악을 끼칠 수밖에 없습니다.

건전한 정신으로 자신과 가정, 주님의 뜻을 찾는 이는 결코 부정과 부패, 반사회적인 범죄행위에 들어서지 않습니다. 가정과 사회, 신앙 공동체에 이바지하며, 우리 이웃에게 행복과 희망을 선사하는 사람으로 자리매김해야 할 것입니다. 이를 위해 자연스럽게 자기희생, 자기 포기, 절제, 봉사의 삶을 실천해야만 합니다.

성령의 이끄심 대로 사는 사람은 다른 이를 섬기고, 자유롭게 선택한 일에 대해 책임을 다하며 온 마음으로 사랑을 실천합니다. 여기서 오는 기쁨, 환희, 행복이 매우 크며 무엇과도 바꿀 수 없을 것입니다. 이런 상태라면 삶의 만족감이 그대로 충만하게 머물러 최고조에 달하게 됩니다. 이때 그들은 법이 요구하는 최저선에 머물지 않고, 그 완성을 향해 나가게 됩니다.

법과 계명의 최하한선을 지키는 것은 소극적인 태도이며, 완덕으로 나아가기를 주저하고 두려워하는 것입니다. 자칫 잘못하면 율법주의자, 형식주의자로 머물게 됩니다. 주님과 동행하기를 꺼리고, 주님 없이 세상의 유행과 통속적인 쾌락이 주는 유혹을 동경하기 때문일 것입니다.

인간은 완전한 자유를 향해 비상해야 합니다. 그것만이 참 행복의 문을 향해 가는 길입니다. 물론 이 자유에는 지켜야 할 것, 계명이 있습니다. 이 계명은 '재산을 팔아 가난한 이에게 주어라'라는 사랑으로 초대하는 계명입니다. 이 기본적 계명을 지키는 것은 완덕으로 나아가고 참 행복을 얻는 중요한 기본 바탕입니다.

집을 짓기 위해 기초를 잘 설계하고 빈틈없는 토목공사를 실시해야 합니다. 취업시험, 대학입학시험, 각종 국가고시 등에서 좋은 성적을 얻으려면 기초 지식이 반드시 있어야 합니다. 기초 없이는 어떤 성공적인 결실을 거둘 수 없습니다. 계명들을 잘 지키는 기초와 바탕 위에서 완덕에 대한 열망은 뿌리를 내릴 수 있습니다.

한 인간이 제대로 성장하기 위해서는 주변의 따뜻한 배려와 돌봄, 가르침이 있어야 합니다. 이때 한 인간은 세상을 위한 사랑과 봉사정신을 배우며, 한 인간으로서 참된 해방과 자유가 무엇인지 터득하게 됩니다.

어린이는 부모와 형제, 이웃과 사회의 교육과 보살핌을 통해 성장합니다. 당연히 영혼의 돌봄은 교회와 이웃 형제를 통해 이루어집니다. 누구든 자신의 사고와 능력을 통해 진정한 자유의 핵심과 본질을 파악할 수 없습니다. 이 세상의 혼돈과 무질서는 한 인간의 제한된 사고와 사상, 실천 운동으로 해결될 수 없습니다. 그래서 모든 인간과 가정을 위해 예수 그리스도의 가르침과 모범이 요구되는 것입니다. 인간은 온전히 주님의 은총과 평화 안에서만 참된 자유와 해방을 누릴 수 있습니다.

주님께서 제안하시는 삶의 과제는 인간의 자유의지를 통해 수용되어 진정하고 완전한 자유의 발판을 마련하게 됩니다. 여기서 선택은 다음의 주님 말씀에 대해 어떻게 응답하느냐에 달려있습니다.

"하늘에 계신 아버지께서 완전하신 것 같이 너희도 완전한 사람이 되어라."(마태 5,48)

"너희 아버지께서 자비로우신 것 같이 너희도 자비로운 사람이 되어라." (루카 6,36)

참된 자유에 대하여 2

"한 처음에 주님께서 인간을 만드셨을 때 인간에게 자유 의지를 갖도록 하셨다."(집회 15,14)

자유의지란 일반적으로 외적인 강제, 지배, 구속을 받지 않고 자발적으로 행위를 선택할 수 있는 의지를 말합니다. 라틴어로는 '리베룸 아르비뜨리움 볼룬따띠스'(liberum arbitrium voluntatis), 영어로는 '프리 윌'(free will)입니다.

인간이 자유를 지니고 있다는 것은 다른 피조물, 무생물과 광물, 식물과 동물과 근본적으로 다른 점 입니다. 이는 인간이 하느님을 닮았다는 분명한 증명이고, 하느님의 모상을 따라 창조되었음을 의미합니다.

하느님께서는 인간을 '인간 본연의 자신의 의사에 맡겨두기를'(집회 15,14 참조) 원하셨습니다. 그것은 인간이 스스로 창조주를 찾아 따르며, 자유로이 완전한 행복에 이르기를 원하셨기 때문입니다.

잔혹한 범죄가 수없이 일어나고 있습니다. 하느님은 이에 직접 개입하지 않으시고 방관하시는 것처럼 보입니다. 당신 아들 예수님이 십자가에서 끔찍하게 처형되는 모습을 지켜보셨듯이 세상의 엄청난 탈선, 범죄를 용납하고 계십니다. 순진무구한 어린 생명의 희생까지도 참아내고 계십니다. 그래서 자유의지를 행사하는 인간은 하느님을 배반하고 반항하는 행동까지 서슴지 않고 있습니다.

인간은 수동적이고 피동적인 존재가 아니고, 창조적이고 자발적인 행위를 할 수 있는 위대한 존재입니다. 이는 또한 인간이 어떤 의미에서 인간 자신의 본성을 초월하여, 자신의 처지를 뛰어넘어 그 지배권을 행사하고 있음을 말합니다. 인간은 무한한 가능성을 향해 달려가는 초월적 능력을 소유하고 있습니다. 그래서 인간은 하느님과 동화되고, 하느님의 품 안에 다가가는 존재입니다.

세상에 대한 왕권 내지 지배권의 행사는 인간에게 위대하고도 막중한 과제를 부여합니다. 인간은 세상을 다스리고 관리할 권한을 하느님으로부터 받았습니다. 인간은 "온 땅에 퍼져서 땅을 정복하여라"(창세 1,28) 하신 창조주의 명에 복종하여 자신의 자유를 행사합니다. 과도한 인간의 욕망은 그 자유의지 행사와 관련하여 수많은 시행착오를 겪으며 비극적 역사를 거듭하고 있습니다. 그래서 우리는 인간 본성에 맞는 질서정연한 자유의지의 행사를 통해 세상의 평화와 안녕이 보장될 날을 고대하고 있습니다.

인간의 생명뿐만 아니라, 지상의 온갖 생명체, 곧 식물과 동물, 환경생태계를 지키고 수호할 의무가 인간에게 있습니다. 올바른 인간 자율권의 행사는 모든 사람과 모든 인간 공동체를 위해 존재합니다. 이런 인간의 자율권은 세상과 사회를 평화로운 세상으로 만드는 일에 기여해야 합니다. 인간이 자유를 남용하면, 세상과 인류를 멸망에 이르게 합니다. 전쟁, 핵무기, 자원독점, 빈부격차 문제, 개발과 자연파괴, 수질, 대기, 해양오염 등 환경파괴가 인류와 지구생태계를 위기에 빠뜨리고 있습니다.

인간은 자신의 행위에 책임을 져야 하는 운명을 지니고 있습니다. 따라서 자신의 언행을 바르게 사용하는 데 주저하거나 머뭇거려서는 안 될 것입니다. 하느님께서는 인간이 스스로 창조주를 찾아 자유로이 완성에 이르기를 원하고 계십니다. 바로 이것이 인간의 처지를 이해하고 인정하는 사랑의 하느님께서 사람을 인격적으로 대우하고 교통하시는 모습입니다. 인간은 세상에서 자신의 지력과 자유의지에 따라 세상을 변화시키고 발전시키며, 윤리적으로 선한 행위를 통하여 자신 안에서 하느님의 신비스런 모습을 드러내며 발전시킵니다. 인간이 주어진 그 정신적 능력을 건전하고 적절하게 사용하여, 자신 안에 각인된 하느님의 모상에 따라 행동해야 합니다.

하느님을 외면하는 피조물의 행태는 그 자체로 멸망으로 가는 지름길이며, 하느님의 뜻과 상관없이 피조물을 이용하여 자신의 욕망실현의 도구로 삼는 행위는 용서받을 수 없습니다. 창조주 없이 피조물은 스스로 존재 가치가 없으며 결국 허무로 돌아갈 수밖에 없습니다. 더욱이 하느님을 외면하면 피조물 그 자체의 정체성은 사라지며, 가련하고 처참한 모습만을 보인 채 초라하고 추한 얼굴을 나타낼 것입니다.

인간이 윤리적 행위를 해야 하는 이유는 하느님을 알고 고백하는 피조물, 창조물이기 때문입니다. 그래서 하느님을 인식할 수 없는 피조물은 윤리적 행위의 대상이 아니며, 그들은 본능적으로만 생명 현상을 이어갈 뿐입니다. 하느님의 지혜로부터 나온 자연적 이성에 의해 윤리법은 인간 고유의 법이 됩니다.

인간의 참된 윤리적 자율성은 하느님의 계명, 즉 윤리법을 자연스럽게 수용하고 있습니다. 인간의 자유는 하느님의 계명을 유보하거나 거부할 권리를 결코 포함하지 않습니다. 인간은 자유로이 하느님께 복종하며, 하느님께서는 인간을 온전한 호의로 사랑하십니다. 이는 인간의 자유와 하느님의 법이 서로 만나고 교차하고 있음을 드러냅니다.

자식들이 부모에게 효도하며 그 도리를 다하는 것은 당연하고 옳은 일이듯이, 하느님께 대한 인간의 복종은 결코 타율이 아니며, 인간의 자유를 구속하고 속박하는 것도 아닙니다. 하느님께 복종하는 것은 인간의 자유를 더욱 풍요롭고 가치 있게 만드는 것이기에 참 자유를 행사하는 출발점이 됩니다.

인간의 윤리생활은 사람의 자유와 품위를 억압하고 해치지 않습니다. 오히려 사람의 정신적, 영적 성숙을 촉진시키는 놀라운 결실로 이어집니다. 인간 이성과 의지가 하느님의 지혜와 섭리와 하나 되어 세상을 아름답고 경이로운 땅으로 변화시키는 원동력이 됩니다.

하느님께서는 인간에게 '선과 악을 알게 하는 나무 열매를 따 먹는 것'을 금지함으로써 인간이 넘지 말아야 할 선, 곧 한계를 벗어나는 일이 없도록 경고하셨습니다. 결코 인간은 하느님과 동등한 관계가 아닙니다. 인간은 하느님의 절대적인 권한에 도전할 수 없습니다. 생명, 생사는 인간의 손에 달려있지 않습니다. 곧 인간은 피조물의 위치에 있으며, 무한한 지혜 자체이신 하느님께 예속된 존재인 것입니다.

인간은 스스로 선악을 구별하는 주체가 될 수 없으며, 다만 하느님의 섭리와 계시에 의해 윤리적 행위의 구체적 내용을 인식할 수 있습니다. 인간은 다만 자연 이성과 하느님 계시의 빛을 받아 그 지식에 참여할 뿐입니다. 인간은 스스로 참 진리를 창조하고 선포하는 주인이 될 수 없습니다. 자연 이성과 하느님의 계시를 통해 인간은 영원한 지혜를 이해할 수 있고, 이에 접근할 수 있습니다.

그리스도인으로 살아가는 것에 대한 모든 것
The Story of LIFE
삶에 대한 이야기

이 단락의 내용은 「잃어버린 꽃을 찾아서 – 가톨릭윤리신학에서 바라본 성(性)」
(이용훈 지음, 2009, 가톨릭출판사)의 원고 일부를 재구성한 것입니다.

제2부
동성애, 교회는 어떻게 바라보는가

동성애에 대한 이야기를 시작하며

2015년 6월 26일 미국 대법원이 동성 결혼의 합법화를 공식 선언했습니다. 주 정부에 따라 개별적으로 인정해주던 동성애(同姓愛)가 미국 전체의 '법'으로 인정받는 순간이었습니다.

당시 버락 오바마 미국 대통령은 이를 '미국의 승리'로 표현했습니다. 당시 반기문 유엔 사무총장도 "인종, 종교, 성별, '성적 지향' 등과 무관하게 모든 이들의 인권을 옹호한다"며 환영 입장을 밝혔습니다.

이와 관련한 영국 일간지 「가디언」의 보도에 따르면 현재 동성애를 법적으로 보호하고 있는 국가는 23개국 입니다. 눈여겨볼 점은 법적으로 동성애자들을 보호하는 추세가 2000년 이후 가속화되고 있다는 점이다. 2000년 이후 법화한 국가만 22개국에 이릅니다.

2001년 네덜란드를 시작으로 2003년에는 벨기에가 2005년에는 스페인과 캐나다가 2006년에는 남아프리카공화국이 각각 동성애 합법화를 선언했습니다. 또 2009년에는 노르웨이, 스웨덴, 2010년에는 포르투갈, 아이슬란드, 아르헨티나, 2012년에는 덴마크, 2013년에는 우루과이, 뉴질랜드, 프랑스, 브라질, 잉글랜드, 웨일스, 2014년에는 룩셈부르크, 스코틀랜드가 동성애 합법화를 발표했습니다. 이어 2015년 들어서는 핀란드, 아일랜드, 그린란드, 미국이 동성애 합법화 대열에 합류했습니다.

특히 가톨릭 국가인 아일랜드가 국민투표에서 찬성 62%로 동성애 합법화를 선언한 것은 충격적입니다.

우리나라에서도 동성애 논의가 점차 수면 위로 떠오르고 있습니다. 매년 열리는 '퀴어문화축제 퀴어퍼레이드'에는 3만여 명이 몰려 축제를 즐기고 동성애를 지지하고 있습니다. 약 17년 전 1회 행사 때만 해도 100여 명의 소규모 관계자들이 모여 조촐하게 치렀던 행사에 비해 규모 자체가 달라졌습니다. 이뿐 아닙니다. 전국 각 대학에 동성애 동아리가 속속 결성되고 있으며, 많은 연예인과 유명인들이 스스로 동성애자임을 밝히고 있습니다.

동성애 문제는 이제 눈감고 모른 척 하기에는 너무 가까이 다가온 현실적인 사안이 되었습니다. 이와 관련해 윤리신학적인 관점에서 동성애의 현황과 현실, 동성애에 대한 성경과 교회의 가르침, 교회의 사목적 배려 등의 문제를 다각적으로 살펴보고자 합니다.

이를 위해선 먼저 동성애가 정확히 무엇인지 알아볼 필요가 있습니다.

동성애(homosexuality)라는 용어는 '같은'이라는 의미를 갖는 그리스어 '호모이오스'(homoios, ὅμοιος)와 성(sex, 性)이라는 의미를 갖는 라틴어 '섹수스'(sexus)에 기초를 두고 있습니다.

동성애자는 동성인 상대방에 대하여 성애적으로 이끌리고 빠져드는 사람, 또는 이런 성향이나 이끌림에 따라서 성적 행위에 가담하거나 참여하는 사람을 말합니다. 남성의 동성애는 우라니즘(uranism), 여성의 동성애는 새피즘(sapphism)이라고 하며, 통상적으로 남녀 동성애자를 '동성애자'(homosexualist)라고 부릅니다.

일부 학자들은 육체적, 성애적 매력 등을 포함하는 모든 우정과 인간관계들을 동성애적인 것으로 보기도 합니다. 동성애의 이런 폭넓은 정의는 합리적일 수 있으며, 동일한 성을 가진 구성원들과 함께 건강한 우정의 필요성을 기술하는데 기여할 수 있습니다. 그럼에도 이런 광의의 정의로는 동성애를 적절히 설명하지 못할 것입니다.

이 글에서 말하는 동성애자는 같은 성(性)을 가진 여성 또는 남성들에게 신체적으로, 성애적으로 부단히 이끌리는 사람입니다. 그들은 이성(異性)에 대해서는 성적 매력을 느끼지 않습니다. 그리고 그들은 이성과의 성행위에 대해서 단정적인 혐오감을 가지고 있습니다. 이런 모든 동성애자들의 공통적인 특성은 동성의 사람들에게 성애적인 매력을 현실화하려고 한다는 점입니다. 이런 맥락에서 동성애는 남성들 사이에, 그리고 여성들 사이에, 곧 양편 모두에 해당하는 성애적 관계를 포함합니다.

그렇다면 어떤 이들이 동성애적 성향을 보이는 것일까요.

아직 이에 대한 의학적 연구가 완결되지는 않았지만, 환경적 요인들은 가끔 한 인간에게 동성애적 방향을 결정하는 데 중요한 영향력을 행사하는 것으로 추정되고 있습니다. 동성의 인간들만이 기거하는 상황과 분위기에서는 쉽게 동성애적 매력을 느껴 그런 행위에 빠질 수 있다는 것입니다. 학교와 회사의 기숙사, 군부대, 교도소 등에서 이런 문제가 발생할 수 있고 그런 가능성이 커질 수 있습니다.

그런 곳에서는 다른 환경의 체험, 바로 이성과의 자연스러운 교제와 접촉을 체험할 기회가 상대적으로 차단되기 때문입니다. 또한 동성애는 서적, 영화, 광고물, 교우관계 등을 통해서 심화될 수 있고, 드물게는 청소년의 단순한 호기심에 의해 일시적으로 발생하는 경우도 있습니다.

그럼에도 우리는 한 인간에게 동성애의 기질이 있다고 하여, 쉽게 동성애자로 단정하거나 판단하지 말아야 합니다. 우리는 한 인간을 전체적 시각에서 분석하고 조망해야 합니다. 이제 이에 대한 구체적인 논의를 시작해 보겠습니다.

다시 말하지만, 동성애 문제와 관련하여, 우리는 한 인간을 전체적 시각에서 분석하고 조망해야 합니다. 만약 어떤 이성애자(異性愛者)가 비윤리적이고 비인간적인 행동과 처신으로 문란한 남녀관계를 계속하며 책임과 의무를 회피하는 경우, 그가 이성애자라는 이유만으로 그의 행동을 정당화하거나 올바르다고 평가하거나 인정할 수는 없습니다. 이런 인식과 사고의 틀과 방식은 동성애적 경향이 있는 자에게도 공평하게 적용되어야 합니다.

또 눈여겨볼 점은 동성애의 정도에 따라 그 경향과 실천은 다양하다는 사실입니다. 즉 동성애를 일시적이고 잠정적으로 실행하는 경우와 심각하고 계속적이며 통상적이고 규칙적으로 실행하는 경우 사이에는 상당한 차이가 있다고 보아야 합니다.

실제로 동성애의 일시적인 경향과 실제적 동성애 현상 사이의 구분은 중요합니다. 그 이유는 일시적 동성애 경향은, 특히 10대 청소년들이나 젊은이들에게 있어서 성적 미성숙 때문에 특수한 환경에 따라 일어나기도 합니다. 이러한 일시적 동성애적 경향과 행위는 일정한 시간이 경과하거나 행동요법에 의한 적절한 치료에 의해 정상적으로 돌아올 수도 있습니다. 따라서 일반적으로 극복이 가능한 일시적 동성애 현상을 실제적이고 영구적인 동성애와 동일한 것으로 취급해서는 안됩니다.

그런데 동성과 이성에 대해 모두 성적인 매력을 느끼는 이들이 있습니다. 이른바 양성애 현상입니다. 양성애의 현상은 한 인간이 두 성 모두에게 매력과 성적 욕망을 느끼는 것입니다.

인간 안에 있는 동성애적 경향의 폭넓은 다양성을 고려한다면, 어떤 일군의 사람들이 이성애적이고 동성애적인 경향을 둘 다 갖고 있다고 하여 놀랄 일은 아닙니다. 양성애 문제는 동성애의 경우처럼 그렇게 정밀하게 분석되고 연구되지 않았습니다. 그래서 양성애적 성향이 단지 극복될 수 있는 일시적인 성적 현상인지, 혹은 일군의 사람들에게는 평생 직면하게 되는 취소할 수 없는 유전적 현상인지에 대해서는 지금까지의 연구 결과로는 확실한 단정적 해답을 얻을 수는 없습니다.

양성애가 한 인간에게 일시적 현상이라면, 양성애자는 마치 동성애자들이 그 동성애를 극복하기 위해 노력하는 그 이상으로 그동안 축적된 윤리적인 검증과 판단과정을 고려하면서, 양성애 현상을 극복하고 이성애를 향한 노력을 해야 할 것입니다. 여하간 양성애자들의 결혼은 양성애자의 동성애적 경향과 충동이 제거되어 분명한 통제가 가능할 때까지 보류되는 것이 바람직할 것입니다.

　더 나아가 동성애의 심리적 현상 또한 그에 대한 통계적 분석의 결핍으로 인해 다양한 의문들에 대한 선명한 해답을 얻기가 어렵습니다. 그래서 동성애에 대한 반대자와 지지자, 양편은 동성애에 대한 심리적 현상, 증거, 진술, 자료사용에 더욱 신중을 기할 필요가 있습니다. 우리는 현재까지 이뤄진 연구결과들을 대략적으로 살펴볼 수 있을 뿐입니다.

　우선, 일부 정신 병리학자들은 동성애를 심리적 질병으로 봅니다. 그런데 여기서 풀리지 않는 의문점과 과제가 발견됩니다. 심각한 심리적, 정신의학적 문제를 갖고 있지 않는 많은 동성애자가 있다는 점입니다. 이들은 사회생활에 잘 적응하고 심리적으로 안정된 생활을 영위하고 있습니다. 그렇다면 그들은 사회의 통상적 시각을 탈피하여 동성애의 내재적이고 심리적 난관을 초극한 예외적인 부류의 사람들일까요? 혹은 동성애는 심리적 문제와는 무관한 것일까요? 인간적 상식과 예의, 품위를 소유하고 있는 동성애자들은 동성애와 사회생활을 적절하게 잘 조화시킬 수 있다는 말일까요?

　이에 대해 많은 이가 동성애자들은 사회적으로 잘 적응을 하지 못하고, 비주류로 살아갈 수밖에 없다며 극단적 편견을 갖고 반박하기도 합니다. 하지만 이 문제를 단순하게 단정 지을 수 없습니다. 이와 관련해 일부 학자들은 동성애자들이 모두 기본적인 심리적 문제를 갖고 있지 않다고 보고 있습니다. 이들은 동성애자들이 심리적 어려움을 갖는 이유는 동성애자들을 이해하지 못하는 사회적인 인식과 편견, 주변 상황이 주는 장애, 강박적 주위의 시선 등이라고 봅니다.

　그럼에도 우리는 동성애가 사회 전체에 부자연스러움과 공적(公的) 위험과 부담을 제공하며, 결혼제도를 위협하면서 동시에 바른 성적 태도와 윤리적 자세를 정립하는데 상당한 문제점을 지니고 있다고 보아야 합니다. 동성애의 원인과 동성애를 불러오는 환경에 대해 좀 더 구체적으로 살펴보겠습니다.

동성애의 원인과 환경

　동성애는 어떤 원인에서 비롯하는 것일까요. 일시적이고 우발적인 동성애는 특정한 환경과 조건에서 발생할 수 있고, 상습적이고 영속적인 동성애는 성적 도착증에서 원인을 찾을 수 있습니다.

　그러면 동성애적 관심은 어떻게 발전하는 것일까요. 먼저, 선천적으로 동성애적 경향을 갖고 태어난다는 유전적인 요인과 호르몬의 불균형 상태를 주장하는 이론이 있습니다.

　또 프로이트(S. Freud)와 그 학파는 초기 아동기의 심인성적(心因性的) 원인을 들고 있습니다. 곧 어머니를 사랑하는 소년은 여성들에 대한 성적인 감정을 완전히 억압함으로써 어머니에 대한 근친상간적 욕구에서 벗어나게 되는데, 사춘기에 이르러서 생식기에 눈을 뜨게 되면, 이미 억압된 여성에 대한 성적 감정 대신에 그 유혹이 동성을 향하게 된다는 것입니다.

　이 외에도 과도하게 성관계를 죄악시하는 청교도, 육체를 죄악시하는 얀센주의적인 부모나, 사랑이 메마르고 불만족한 가정생활 등의 환경적 요인들이 동성애를 유발시키는 요인이라는 주장도 있습니다.

　또 정신분석학이나 다른 고전적 심리학에서는 인생의 한 단계에서 동성애적인 경향이 나타난다고 말합니다. 즉 프로이트는 모든 인간이 적극성과 남성다움, 수동성과 여성다움에 대한 성향을 함께 유전적으로 물려받지만, 정상적으로 아동기 때부터 이러한 소질들은 분명하게 형성되지 않는다고 봅니다.

어린아이는 정상적인 성인으로 성장하면서 여러 가지 복잡한 행동들의 규범을 배웁니다. 그러면서 이러한 경향이 나중에는 이성애적인 경향으로 성숙한다고 프로이트는 주장합니다. 이러한 관점에서 보면 동성애자가 된 근본적인 원인은 아동기를 겪으면서 성적인 성장 과정과 발달에 기인한 것으로 볼 수 있습니다. 이러한 이론들은 가족의 영향과 그 밖의 환경적 요소에 따라 동성애적 심리를 자극하여 영향을 줄 수 있다는 것입니다.

남성 동성애자의 경우, 그의 어머니가 지배적이고 공격적이며 모든 것을 통할하는 남자의 역할을 한 경우가 많고, 반면에 그 아버지는 성격상 순종적이고 복종적인 태도를 보이는 경우가 많다고 일부 연구자들은 말합니다. 어머니보다 아버지로부터 편안함과 온화함을 느끼는 이러한 가정에서 자란 아들은 여성에 대해 거부감을 갖게 되며, 오히려 남자에게 매력을 느낄 수 있다는 것입니다.

여성 동성애자의 경우에는 남성 동성애와 마찬가지로 그 원인이 명백히 제시되는 것은 아니지만, 역시 가족의 영향이 큰 것으로 분석됩니다. 일부 연구자들은 여성 동성애자들의 어머니는 가족에 냉담하며 딸에게 경쟁적이고 질투 감정을 나타내는 반응을 보이는 경향이 있다고 합니다.

그러한 어머니들은 딸들의 남성 친구들뿐 아니라, 딸이 아버지와 친밀하고 밀접한 관계를 갖는 것조차 허락하지 않으려고 합니다. 그래서 이런 가정에서 성장한 딸들은 가족 안에서 독자적인 역할을 하지 못하며, 남성인 아버지와 남자 형제들과 친교를 맺는 데 있어 상당한 어려움을 갖게 됩니다. 이런 결과로 사회생활에서 남자들을 피하는 경향으로 발전할 수 있습니다.

아동기 이후 사춘기의 성장 과정의 경험이 동성애 경향을 촉발한다는 연구도 있습니다. 사춘기 남자 청소년이 여성과의 불쾌한 경험을 하게 되면 성장한 후에도 다른 여성에게 접근하는 것을 두려워하게 됩니다. 이는 여자 청소년의 경우도 마찬가지 입니다. 그들은 여성 혹은 남성에 대해 공포나 기피현상을 보이게 되고, 스스로 이를 합리화시켜 남성기피 현상이 고착되게 됩니다.

또 다른 과학자들은 태아 때 비정상적 수준에 머무는 남성 혹은 여성 호르몬이 동성애자로 성장하도록 유도한다고 보고 있습니다. 출생 전 태아의 두뇌로부터의 호르몬 생성이 출생 후의 남성적 또는 여성적인 행동 발달을 미리 결정한다는 것입니다. 그들의 이론에 의하면, 남자 아이가 태어나기 이전에 어머니의 자궁 속에서 어떤 여성 호르몬의 영향을 받았다면 아동기 때에 그는 여성과 같은 행동을 할 것이라고 봅니다. 따라서 여성 호르몬에 의해 형성된 소질이 그를 결정적이고 불가피하게 동성애자로 만들지는 않는다고 해도 그러한 방향으로 기울어질 가능성이 크다고 가정하는 것입니다.

하지만 여기서 의문은 남습니다. 자녀를 출산할 수 없는 동성애자의 유전자가 어떻게 다음 세대에 전달되는가 하는 문제입니다. 이런 난관으로 인해 대부분의 과학자는 성적 성향을 결정하는 유전자보다는, 동성애 방향으로 기울게 하는 유전자 연구에 초점을 맞추고 있습니다.

이제 우리는 동성애를 촉발하는 환경과 문화는 어떤 것이 있는지 시야를 넓혀볼 필요가 있습니다.

일반적 사회의 분위기는 동성과의 밀접한 신체적이고 성적인 접촉을 비정상적 행동으로 취급하고 있습니다. 그러나 어떤 문화권에서는 남성들의 동성애적 행위를 격려하기도 합니다.

아프리카 시완족의 남성들은 여성과 결혼하였을지라도 다른 남성들과 항문성교(肛門性交)를 가지는 것을 당연하게 생각하고 있습니다. 또 수마트라섬의 문화권과 파푸아뉴기니아에 걸친 태평양 멜라네시아 문화권의 여러 종족 사이에는 동성애를 사회적으로 정당한 것으로 제도화하고 있습니다. 뉴기니아의 동부 고원지방에 사는 삼비아족들의 남성들도 그 사회의 정당한 규범으로 되어있는 동성애를 일정 기간 체험하고 있습니다.

그들의 문화권에서는 얼마나 동성애적인 경험을 충분히 갖고 있느냐를 완전한 남성의 기준으로 삼고 있습니다. 멕시코의 동남부 유카탄 반도의 마야족들도 결혼하기 전까지 동성애를 장려하고 있습니다. 그들은 오히려 결혼 전에 이성(異性)과의 성관계를 갖지 못하도록 금하고 있습니다. 이런 문화권에서는 동성애적인 경험을 기피하는 남성을 오히려 비정상적인 사람으로 여깁니다.

그런데 우리는 아직도 알지 못한다. 왜 일부 사람과 문화에서 동성애적 현상이 나타나는지를 말입니다.

그러기에 동성애의 원인에 대한 다방면의 연구들은 현재에도 계속되고 있으며, 아마도 머지않은 미래에 왜 사람들이 동성애자가 되는지에 대한 과정과 단계를 이해하게 될 것입니다.

하지만 우리는 그 해답을 기다릴 시간이 없습니다. 지금 실제로 동성애적으로 살고 있는 일군의 사람들이 있고, 증가하는 추세에 있기 때문입니다.

여기서 말하는 '실천적 동성애자'란, 이성애자로 살려고 끊임없이 노력을 하더라도 어쩔 수 없이 동성애자로 남아 살아갈 수밖에 없는 이들을 말합니다.

이성애자로 살려고 갖은 노력을 했음에도 치유의 효과를 보지 못했다면, 바로 그들은 세상의 어떤 노력으로도 변화될 수 없는 부류의 영구적 동성애적 성향을 가진 사람들입니다. 그런 성적 경향과 선택을 도저히 변화시킬 수 없는 동성애자는 실제적 동성애자의 부류로 보아야 할 것입니다.

이와 관련해 교황청 신앙교리성의 '동성애자 사목에 관하여 가톨릭 교회의 주교들에게 보내는 서한'(Homosexualitatis problema, 1986)은 실제로 철회할 수 없는 동성애자들이 존재하고 있음을 인정하고 있습니다. 이 서한은 동성애 성향이 고의적 선택이 아닐 수 있고, 다른 선택의 여지가 없이 그런 행동에 빠져들 수 있음을 말하면서 자유가 결여된 상태의 동성애적 행위에 대해 그 죄책을 물을 수 없음을 언급하고 있습니다.

실제로 동성애의 궁극적 원인을 규명하기 어려울 뿐만 아니라, 영속적이고 실제적 동성애자들에게 있어서 그들의 성적 경향을 변화시킬 수 없는 경우가 있음을 인정하지 않을 수 없습니다.

그렇다면 이성애자들이 이성애에 머물 듯이, 동성애자들이 동성애에 머무는 것은 더 이상 책임이 없거나 그들의 잘못이 아니라는 결론에 이르게 됩니다. 이는 비판적으로 볼 때 중요한 사실을 시사(示唆)한다. 곧 동성애와 동성애자들의 행동을 사회적이고 윤리적으로 평가하고, 그 진전과 발전을 탐구할 필요성을 제기하는 것입니다. 그래서 실제적인 동성애자들이 동성애적 존재로 남아 있다고 하여 비난받아서는 안 된다는 것입니다.

여하간 어떤 인간들은 자기의 탓 없이 선천적이고 천성적으로 동성애자들이기에 그렇게 살아가야 합니다. 이런 기본적인 전망과 분석은 동성애자들을 사회가 관대하게 수용하며, 그들의 인권을 보장할 뿐만 아니라, 현재 직면하는 복잡한 동성애 문제를 해결하는 방법들이 될 수 있습니다. 따라서 동성애자들을 향하여 변태성욕자, 배덕자(背德者), 부도덕한 비정상적 사람들이라는 용어들을 사용하면서 동성애자들을 비인격적으로 매도하고 분류하는 행위는 피해야 합니다.

게다가 모든 동성애자가 변태와 패륜을 일삼는 사악한 성적인 선택과 행위에 가담하는 것은 아닙니다. 또한 그들 자신도 결코 스스로를 비정상적이고 변태적인 인간으로 생각하지 않습니다. 곧 동성애 성향이 인간의 본성과 일치하지 않으나, 동성애자들을 패륜이나 비정상적인 인간으로 낙인찍을 수는 없습니다.

그럼에도 동성애자들을 이성애자로 살도록 유도하는 노력을 포기해서는 안 됩니다. 실제로 한 인간의 동성애적 경향이 이성애적 경향으로 변화할 가능성은 동성애적 경향의 정도와 수준에 따라 다양하게 나타납니다. 동성애적 경향을 가진 자들이 이성애적 인간으로 살기 위해 상담을 통한 심리요법을 받고 큰 효과를 보고 있음에도 불구하고, 여전히 많은 사람이 동성애적 경향을 갖고 살고 있습니다. 온갖 노력에도 불구하고 동성애자로 남을 수밖에 없는 경우도 많습니다.

이제 우리는 동성애 문제를 심층적으로 기술하기 위해 동성애에 관한 편견과 실재적인 동성애자들의 삶에 대해 살펴볼 필요가 있습니다.

동성애자들의 삶과 혼인

 동성애 문제를 보다 심층적으로 기술하기 위해 우리는 동성애에 관한 편견과 현실적인 동성애자들의 삶에 대해 살펴볼 필요가 있습니다. 전통적 입장에서 보면 남성의 동성애는 외모, 복장, 직업 등에 의해 나약해지고 남자답지 못한 남성이 여성 배역을 갖게 되는 것으로 이해했습니다.

 그래서 실내 장식가, 예술가, 배우 등 그와 비슷한 직업을 가진 남성들이 동성애자로 기우는 경향이 있다고 봅니다. 반면에 여성 동성애의 경우 발달한 근육을 가진 외모의 여성이 남성 배역으로 인식되었고, 또한 특정한 복장, 직업 등의 영향을 받는 것으로 인식되고 설명되었습니다.

 이런 고전적 동성애에 관한 형식적 설명은 동성애나 이성애의 경향을 분석하는 적합한 해설이라고 보기 어렵습니다.

 물론 유약한 모습을 가진 일군의 남성 동성애자들이 존재합니다. 그러나 그렇지 않은 많은 동성애자도 있습니다. 이성애자이면서도 유약한 모습을 보이는 남성도 있습니다. 이와 유사하게 남성의 모습을 갖춘 일군의 여성 동성애자들이 있긴 하지만, 반드시 외형적인 모습이 결정적인 것은 아닙니다. 남성의 모습을 갖춘 많은 여성이 통상적이고 전적으로 이성애적 성격을 지니고 있음도 부인할 수 없습니다.

 게다가 오늘날 동성애와 관련된 전통적 고정관념이나 속설은 더 이상 유효성을 인정받지 못하고 있습니다. 의복이나 외모, 직업의 형태와 양식 등이 동성애자의 일반적이고 공통적인 연관성을 갖는다고 보기 어렵습니다. 여성들이 운동 경기장에서 더욱 활동적이고 적극적으로 각종 경기에 임하고 있고, 운전, 비행, 중장비 등 용기와 대담성을 전제로 하는 직업을 갖는 경우도 있습니다. 남성들은 모델, 의상 디자이너, 간호업무와 요리, 뜨개질 등과 다소 여성적이고 치밀한 섬세함을 요청하는 직업을 선호하기도 하고, 전통적으로 여성이 입었거나 여성에게 어울리는 것으로 보았던 화사한 색깔과 색상의 옷과 정교하게 다듬어진 복장을 착용하고 있습니다. 이런 가시적 두드러짐은 급변하는 문화적 가치양식의 한 부분인 것입니다.

동성애에 대한 보다 폭넓은 이해를 돕기 위해 또 다른 예도 언급할 필요가 있습니다. 동성애가 그야말로 단기간에 종결되는 수도 있고, 동성애적 상황과 이성애적 상황이 복합적으로 일어나는, 곧 부도덕한 상황이 혼합적으로 일어나는 경우도 있습니다. 사실 일부 사람들의 동성애적 행위는 아주 짧은 기간 동안만 지속하고 종말을 고하기도 합니다. 이렇게 동성애는 상황에 따라 다양한 모습으로 나타납니다. 동성애에는 상호 인격적 관계를 지속적으로 품위 있게 유지하는 상황도 있으며, 반대로 동성애에 개입된 상대방을 거칠고 이기적으로 취급하는 비인격적이고 동물적인 모습도 관찰됩니다.

우리가 속한 사회의 통념은 여성 동성애보다 남성 동성애에 보다 적대적이고 혐오적인 감정을 드러내고 있습니다. 이는 여성 동성애자들은 대체로 지속적으로 그 관계를 유지하는 것이 용이하다는 것을 의미합니다. 그러나 이런 계속적인 동성애 관계는 정도의 차이는 보이지만 남녀 동성애 양편에 발생합니다. 동성애를 추구하는 이들에게도 성적 일탈에 해당하는 매매춘 형식은 결코 용납될 수 없으며, 추방해야 할 무서운 악입니다. 이는 에이즈(AIDS)와 같은 육체적인 성적 질환을 야기하기도 하며, 인격적 병리 현상을 가속화시키기 때문입니다. 이성(異性) 사이의 매매춘 행위 역시 성적 탈선 중에서 가장 비인간적이고 부도덕한 현상입니다. 마찬가지로 동성 사이의 매춘행위는 성적 탈선이면서 동시에 자연을 거스르는 죄(peccatum contra naturam)인 것입니다.

그래서 동성애에 관한 윤리적 반성의 배경을 이해하기 위해서는 실제적 동성애 활동의 빈도수와 동성애를 구성하는 심리적 조절인자에 대해 살펴볼 필요가 있습니다. 유감스럽게도 이 두 범주에 대한 정보자료는 한정되어 있으며, 어떤 측면에서는 매우 불확실합니다. 그리고 이 부분에 관한 정확한 통계수치를 얻는 것은 용이하지 않습니다. 확실하고 실제적인 동성애와 동성애 현상을 파악하기 위해 통계조사를 통해 그 내용과 실상을 연구하려 할 때 상당수의 동성애자가 자신들을 드러내기를 꺼려하고 있기 때문입니다.

그럼에도 우리는 몇몇 연구를 통해 동성애의 현실이 어떤지 대략적으로 짐작해 볼 수 있습니다. 킨제이(A.C.Kinsey)와 그 동료 문하 연구생들은 남성의 경우 동성애자가 될 가능성은 3~16% 정도임을 발견했습니다. 유럽지역에서 다른 연구는 2~4%의 남성들이 동성애자로 살아가게 될 가능성이 있다고 기술합니다. 위의 연구는 여성 동성애자가 될 가능성은 33% 정도가 된다고 봅니다. 이와 같은 연구는 동성애가 흔히 일어나는 현상임을 보여주는 것입니다. 이는 오늘날에만 벌어지는 일이 아닙니다. 역사적으로 그래 왔고, 또 앞으로도 그럴 것입니다. 역사적으로 아시리아, 이집트, 이스라엘, 잉카 등에서 비난받았던 동성애는 그리스, 로마, 중국에서는 묵인되기도 했습니다.

그러나 고대 로마제국에 그리스도교가 전파된 이래 18세기 말엽까지 동성애는 서구 그리스도교 사회 안에서 용납할 수 없는 파렴치한 범죄행위로 규정하여 금지되었습니다. 그 결과 신성 모독죄나 이단자들에게 부여하는 벌을 동성애에 적용하였습니다. 그렇다면 오늘날 동성애자들의 현실은 어떨까요.

오늘날 동성애자들은 직업을 얻으려 할 때, 다른 이들과 사회적인 교류를 맺을 때, 성적인 것이 아닌 일반적이고 통상적인 교우관계나 친분관계를 누구와 맺으려 할 때, 차별과 편견에 시달립니다. 일반인들은 그들을 혐오와 불신의 시각으로 대하고 있기 때문입니다.

이때 동성애자들은 자신을 학대하고 증오하면서 그 불만을 사회에 표출하게 됩니다. 반대로 어떤 동성애자들은 동성애에 동참하는 것이 최고의 지성과 예술의 표현이며 인격적으로 자신을 성장시키는 것이라는 환영(幻

影) 속에 빠지기도 합니다. 그들은 이성(異性) 사이의 결혼생활처럼, 자신들도 동성애적 행위를 향유할 기본적 인권이 있다고 생각합니다.

이와 관련해 최근 동성애자들에 대한 모든 사회적이고 경제적인 차별을 철폐하라는 동성애자들의 요구가 거세지고 있습니다. 무엇보다도 동성애자들은 취업, 혼인, 군 복무 등에서 이성애자와 같은 권리를 요구하고 있습니다. 그 결과 앞에서 언급했듯이 2000년 이후 2015년까지 동성애를 합법화한 국가는 네덜란드, 벨기에, 스페인, 캐나다, 남아프리카공화국, 노르웨이, 스웨덴, 포르투갈, 아이슬란드, 아르헨티나, 덴마크, 우루과이, 뉴질랜드, 프랑스, 브라질, 잉글랜드, 웨일스, 룩셈부르크, 스코틀랜드, 핀란드, 아일랜드, 그린란드, 미국 등 22개국에 이릅니다.

동성애자들은 세계 도처에서 동성 간의 혼인을 합법적으로 인정하라고 계속 요구하고 있습니다. 하지만 그들의 요구는 혼인과 가족제도 자체를 위협하고 있기에 그대로 수용하는 데 문제가 있습니다. 그들이 자신들의 혼인을 합법화하라고 요구하더라도 혼인은 남성과 여성의 결합으로써 가정을 꾸미는 것이기에 동성 간의 결합을 자연적인 혼인으로 인정할 길이 없는 것입니다.

가정의 의무와 권리는 남녀의 자연적인 결합에서 나옵니다. 즉 남성과 여성의 관계에서 출발하는 혼인을 전제로 하는 가정을 통해서만 인류가족의 번영과 평화가 정착되기 때문입니다. 남녀의 결합을 통해서만 인간의 출산이 가능하며 건전한 사회를 이룰 수 있습니다. 나아가 혼인은 단순한 남녀의 동거 외에도 영적인 요소를 포함합니다. 남녀의 육체적인 성적 요소가 혼인제도에 필수적인 것이지만, 그것을 넘어서 영적 차원이 혼인에는 존재합니다. 영적인 요소는, 곧 개인을 넘어서 둘 사이의 일치와 결합, 사회적 관계, 윤리 등을 의미합니다. 남성과 여성 각자의 성적인 특질은 서로 혼합되거나 뒤섞일 수 없습니다. 따라서 참된 부부의 결합은 오직 남성과 여성의 관계를 통해서만 실현됩니다.

동성 간의 결합은 혼인과는 다른 형태의 결합이기에 혼인으로 인정할 수 없다는 것이 가톨릭 교회의 가르침입니다. 하지만 이런 교회의 가르침과 정신이 동성애자들을 경제적, 사회적으로 차별하고 그들에게 불이익을 주어야 한다는 것을 의미하는 것은 아닙니다.

교회는 동성애자들이 겪고 있는 차별과 고통에 대해서는 관심을 기울이며 도움을 주어야 하지만, 동성 간의 결합과 혼인을 합법화하고 수용할 수는 없다고 보고 있습니다.

성경이 말하는 동성애

성경은 동성애에 대해 여러 곳에서 언급하고 있습니다. 레위기 18장 22절에, 그리고 20장 13절에서는 동성애의 대가는 죽음이라고 전하고 있습니다. 또 로마서 1장 26~28절과 1코린 6장 9~10절, 1티모 1장 9~10절에서 남성 사이의 동성애 내용을 언급하고 있으며, 로마서 1장 26절은 여성 사이의 동성애를 지칭하는 것으로 볼 수 있습니다. 특히 동성애적 행위를 반대하고 비난하는 가장 분명한 진술 중의 하나는 로마서 1장 26~28절의 내용입니다.

성경에는 이 외에도 이성간 결혼의 우위성에 대한 구절들이 상당수 언급되고 있습니다. 우선 예수님께서 결혼에 대한 구체적인 말씀을 하고 계신다.

"창조주께서 처음부터 '그들을 남자와 여자로 만드시고' 나서, '그러므로 남자는 아버지와 어머니를 떠나 아내와 결합하여, 둘이 한몸이 될 것이다' 하고 이르셨다. 따라서 그들은 이제 둘이 아니라 한 몸이다. 그러므로 하느님께서 맺어 주신 것을 사람이 갈라놓아서는 안 된다."(마태 19,4-6)

동성애와 관련한 이야기는 '소돔(Sodom)과 고모라(Gomorrah)'(창세 19)가 파괴되는 유명한 이야기로 소급됩니다. 소돔 시민들은 롯의 손님들에게 동성애 행위를 시도하였습니다.(창세 19,4-11) 그런데 어떤 주석들은 이 동성애 행위가 옛 근동지방의 전통적 환영과 환대의 표시일 수도 있다고 봅니다. 소돔이 악으로 멸망한 원인이 동성애라기보다는 강간이 문제라는 것입니다. 실제로 이 성경 구절은 동성애에 대한 부분이라기보다 접대의 율법을 어기는 것으로 볼 수 있으며, 도시의 멸망을 이끈 것은 하느님과 사회윤리에 대한 소돔 사람들의 총체적 불경죄에 있다고 해석할 수 있습니다. 실제로 동성애적 행위에 대한 성경의 부정적 판단은 동성애적 행위 자체의 일반적인 판단이 아닌 특수한 의미를 담고 있습니다. 성경은 동성애 자체가 아니라, 동성애가 벌어지는 어떤 특별한 상황에 대해서만 입장을 밝힌 것일 수 있습니다.

성경은 동성애 행위에서 일어나는 모든 상황을 취급하고 있지 않기에, 동성애적 행위와 관련한 성경 구절을 읽을 때는 신중을 기해야 합니다. 전통적으로 동성애적 행위라고 본 성서적 인용절이 다른 의미를 지닐 수 있기 때문에, 동성애적 행위라고 기술된 부분은 일반적으로 생각하는 만큼 큰 문제가 아닐 수도 있습니다. 앞에서 밝힌 대로 동성애처럼 보이는 어떤 행동들은 문화와 전통에 따라서 우정의 표현이나 통상적 접대행위로 볼 수 있는 여지가 있습니다. 신앙교리성 훈령(Acta Apostolicae Sedis) '생명의 선물'(Donum Vitae, 1987)도 소돔과 고모라가 동성애 문제 하나 때문이 아닌 복합적인 여러 이유들, 하느님의 가르침을 거부하는 여러 '죄악' 때문에 멸망했다고 밝히고 있습니다.

혼인 이외의 성적으로 유발되는 모든 행위들 안에 있는 실제적으로 중

대한 윤리적 악에 대한 논쟁들은, 성경이 쓰여질 당시에 사회적 상황으로 볼 때 아무런 오류 없이 이해할 수 있습니다. 그럼에도 성경과 관련한 동성애에 관한 많은 부분은 여전히 많은 연구과제로 남아있습니다.

동성애에 대한 윤리성 논란

많은 이들이 동성애를 비윤리적이라고 비난합니다. 동성애는 생명 전달에 대한 가능성을 배제하며, 성기능을 비정상적으로 사용하고 있기 때문에, 이는 윤리적으로 타당하지 못하다는 것입니다. 또 이는 인간 본성의 중요한 목표와 상반되는 것이기에 하느님의 의지에 대한 중대한 죄악이라고 봅니다. 이런 행위는 이성(異性) 사이의 정상적인 성적 감정, 가정 형성을 직접적으로 가로막는 일탈 행위가 된다는 것입니다.

하지만 상당수 동성애자는 자신이 고민하는 정욕의 정체가 무엇인지 모르며, 그에 동의하였는지에 대해서도 알지 못합니다. 자신의 의도가 아니라, 자신도 모르게 동성애자가 되었을 때 우리는 과연 그들을 비윤리적이라고 비난할 수 있을까요? 특히 동성애자가 자신의 증상을 치유하기 위해 심리 상담가, 정신과 의사의 조언을 따르고, 내부에서 일어나는 성욕에 저항하고 있는 한, 그런 동성애적 충동을 갖고 있는 데 대한 책임은 면제된다고 볼 수 있지 않을까요?

더 나아가 한 개인에게 동성애적 경향을 발견했으나 치료시기를 상실하였기에 더 이상 통제할 수 없는 경우가 있습니다. 이때 개인에게 동성애의 죄책과 책임을 물을 수 있을까요?

그래서 신앙교리성 훈령(Acta Apostolicae Sedis)「생명의 선물」

(Donum Vitae, 1987)과 「동성애자 사목에 관하여 가톨릭 교회의 주교들에게 보내는 서한」(Homosexualitatis problema, 1986)은 동성애자들이 자신을 특징짓고 있는 인간 존엄성의 기반인 근본적 자유를 인정하면서, 그런 죄악으로부터의 회개, 곧 동성애 포기를 통해 하느님의 해방적 은총을 실현해야 하는 전적인 협력을 요청받고 있음을 천명하고 있습니다.

그러나 음란한 서적, 비디오, 음악 등을 통해 그런 동성애적 경향을 부추기고, 계속적으로 학습하면서 자신의 성욕을 통제하지 못하고 위험한 교우관계를 형성하거나, 동성애자들의 모임에 참여하여 자신을 방치한다면 죄책을 면할 수 없는 것입니다.

동성애자가 이성애를 향해 분명한 지향을 갖고 노력한다면, 개별적이고 잠정적인 동성애 행위는 치유될 가능성이 있는 것이며, 아마도 심각하게 우려하지 않아도 되는 상황일 것입니다.

그런 사람은 하느님으로부터 소외되지 않았다는 확신을 갖게 될 것입니다. 다른 한편 동성애에 관련된 자가 이성애자로서 발전하기를 꺼려한다면, 그는 개선노력을 하지 않는 자이고 건전한 인간으로서의 성장을 포기하는 자이기에 그는 실제적으로 동성애 행위를 추구하는 자가 됩니다. 이들은 비윤리적이고 비인격적이며 무책임한 방법으로 동성애를 표현하고 실천할 수도 있습니다.

이런 무책임한 모습과 양상들은 다양한 행위들을 포함합니다. 한 동성애자가 끊임없이 동성의 젊은이나 어린이를 유혹하거나 동성애적 매음에 빠져들거나 가담하는 경우가 그러합니다. 그런 행위 안에서 일어나는 동성애 행위는 실제적으로 위험하고 부도덕합니다. 이성애적 인간들 편에서도 신의와 성실을 바탕으로 하지 않는 패륜적 성행위들과 이와 유사한 행위들은 항상 비난의 대상이 되며 비윤리적 행위로 단죄받고 있습니다.

그래서 일반적으로 동성애자들은 보통 자신들의 주체성을 공공연히 나타낼 수 있는 보다 편안한 환경에서 일하고 싶어 합니다. 그들은 자기도취적인 직업들을 많이 택하고 있습니다. 또한 성적인 상대자를 고르는 자유도 제한을 받고 있습니다.

일반인 측에서 볼 때 이러한 동성애자들에 대한 불신, 공포, 혐오는 자연스럽게 동성애에 대한 큰 혐오와 격노로 바뀝니다. 그래서 많은 사람들은 동성애자들의 기본적 인권보장에 대해 반대하며 그들을 차별합니다. 동성애자들을 향해 공공연하게 어떠한 구체적 행동을 드러내지 않는 사람들도 대부분 마음속으로 동성애자들을 경멸하면서 그들과 마주하기를 거부하고 있습니다.

여하간 적극적이고 활동적인 동성애자는 주변 사회로부터 많은 압력을 받게 되는데, 한편으로는 외적 압력인 사회적 편견에 시달리게 되고, 또 다른 한편으로는 내적 압력인 심리적 통제 및 조절에서 어려움을 겪게 됩니다.

그럼에도 불구하고 우리는 양심과 신뢰를 기반으로 하는 성실하고 진실된 동성애자의 상황이 있을 수 있음을 인정해야 합니다. 곧 나름대로 진실하게 정결과 순결의 생활을 영위하며 정직하고 자유롭게 사는 동성애자들을 생각해 볼 수 있습니다. 성실하고 정직한 동성애자들은 동성애 행위에 탐닉하거나 빠져들지 않습니다. 이성애자들과 마찬가지로 그는 한 배우자와의 성적 관계를 유지하며, 절도 있는 생활을 영위하고 있습니다.

그렇다고 해도 이런 동성애자의 모든 행위를 교회와 사회가 정당화할 수는 없습니다. 그들은 원천적이고 근본적으로 성적인 기본방향 설정이 잘못되어 있기 때문입니다. 그러기에 동성애 성향은 기본적인 윤리적 규범과 충돌과 갈등을 빚고 있는 것입니다.

우리는 동성애자 중에서도 정결한 생활을 지향하는 이들을 만날 수 있습니다. 이들은 성적 남용을 피하며, 동시에 완전한 정결을 선택하고 지키기 위해 방종적으로 행동하지 않습니다.

이런 동성애자는 가능한 다른 동성애자와 함께 안정된 관계를 유지하면서, 책임 있는 동성애적 생활을 영위하기를 원합니다. 이런 성적 관계는 어떤 의미에서 두 동성 인간에게 성장과 발전을 보장할 수 있습니다.

이런 종류의 동성애적 관계는 동성애 부부의 자기가치(self-worth)의 의미를 신장시키며, 사회의 선익을 실현하는데 보다 효과적으로 기여할 수 있을 것입니다. 오늘날 가톨릭 사상의 흐름 안에는 이 경우에 보다 적극적이고 긍정적인 사고로 접근해야 한다고 생각하는 상당수의 신학자들과 사목자들이 있습니다.

이와 관련해 교회의 입장은 다소 파격적입니다. 신앙교리성 훈령(Acta Apostolicae Sedis) 「생명의 선물」(Donum Vitae, 1987)과 「동성애자 사목에 관하여 가톨릭 교회의 주교들에게 보내는 서한」(Homosexualitatis problema, 1986)은 동성애자들이 하느님의 부르심을 알고 실천할 때, 고해성사 배령이 가능하며, 주님의 은총을 성사를 통해 수령할 수 있다고 조심스럽게 밝히고 있습니다.

동성애 행위에 관한 이런 지도 방법은 사목자의 지혜와 판단을 바탕으로 신중한 숙고 아래서 전개되어야 할 것입니다. 무엇보다도 동성애자 스스로가 할 수 있는 한 책임의식을 갖고 일상생활의 평온을 유지하는 방법을 찾아 나서야 할 것입니다.

그런데 동성애 행위가 책임회피의 상황에서 발생했을 때 절대적으로 악이라고 주장하는 이들도 있습니다. 이런 방향에 동의하는 가톨릭 학자들은 바움(Gregory Baum)과 맥네일(J.McNeil)입니다. 하지만 이들조차도 책임감이 동반되는 동성애 행위는 이성애적 행위와 마찬가지로 충분히 수용될 수 있는 가능성이 있다고 보고 있습니다.

가톨릭교회 입장에서 볼 때 동성애자들은 그들이 과거에 비해 더 나은 대우를 받아야 한다고 봅니다. 하지만 동성애적 행위는 자녀출산이라는 특수한 가치에 결코 개방되어 있지 않기 때문에, 동성애를 윤리적으로 타당하다고 말하는 것은 아닙니다. 동성애는 그리스도인 생활의 본질인 자기 증여의 삶을 파기하는 행위이기 때문입니다.

하지만 「생명의 선물」은 동시에 동성애를 악으로 판단하고 있다고 해서, 동성애자들이 근본적으로 헌신적인 행동을 할 수 없으며 관대한 모습을 지니지 못한다는 의미는 아니라고 밝히고 있습니다.

비록 동성애가 비윤리적이라고 하더라도, 동성애자와 같은 체험을 하지 않고, 그런 고통을 당하지 않는 보통의 사람들은 동성애자들을 혐오의 대상으로 보지 말고 이해와 격려의 마음을 가져야 합니다. 자신도 이해하지 못하는 상황에서 동성애 상황으로 들어간 동성애자는 일반적으로 자신에 대하여 절망감을 느낍니다. 그는 자기의 문제를 해결하지 못합니다. 그는 다른 사람들로부터 거부당하고 버림받았다고 생각합니다. 그는 흔히 자기 자신을 학대하게 됩니다. 그렇기 때문에 그는 하느님과 사회에 불평을 갖고 살아가게 됩니다. 그러한 불평은 다시 그들을 고립과 소외로 이끕니다. 이런 측면들을 극복하는 다른 하나의 방법으로 동성애자들은 불만족스런 상황을 극복하고 해소하기 위하여 모든 사회 활동이나 운동에 적극적으로 참여하는 노력을 해야 합니다.

많은 경우에 그런 활동에 정열을 쏟으면 동성애적 육체 접촉의 충동을 해소하는 데에 도움이 될 수 있을 것입니다. 성적인 자극을 일으킬 만한 위험을 피하고 유혹을 일으키는 가까운 원인이 되는 행위를 자제해야 합니다. 또한 동성애자에게는 성적 충동과 정욕을 해소하기 위하여 자선사업과 여러 가지 봉사 직무에 헌신하는 것이 바람직합니다. 그것과 더불어 동반되어야 할 노력은 영성생활입니다.

물론 동성애와 동성애 행위는 윤리적으로 용납할 수는 없습니다. 우리는 이성애적 행위의 우위성 혹은 규범성을 중요시 여기고 있습니다. 이런 일반적이고 통상적인 관계적 진리들은 동성애의 어떤 신학이나 신학적 이론과 학설, 해설에 의해 추방될 수 없습니다. 이에 대한 우위성에 대해서는 혼인의 가치와 목적에서 결정적으로 부각됩니다. 이런 우위성의 맥락에서 보면 단순히 양자택일의 가능성이 있는 선택으로서 동성애 행위와 이성애 행위를 동일하게 보려는 것과 이런 동일화를 통해 동성애의 상황을 해결하려는 입장은 적합하지 않다고 보아야 합니다.

동성애에 대한 교회의 가르침

　동성애 행위는 존재론적 일탈이며 악입니다. 하지만 동시에 윤리적인 악이 되지 않는 경우도 있다는 것을 우리는 인정해야 합니다.

　동성애는 구비요건의 결핍이라는 점에서는 존재적 악이지만, 동성애자가 완전히 정숙을 유지하기 위해 인격적 성장과 책임 있는 관계를 성취하고 정립하려 최선을 다할 때, 현실적인 전체성 안에서는 윤리적 악이 아니라고 볼 수 있다는 것입니다.

　선천적으로 동성애적 성향을 보이는 자가 하느님을 최종적이고 근본적으로 선택하고, 최선의 노력과 복음적 실천을 하고 있을 때 어떻게 그를 윤리적인 악과 탈선상태에 있다고 판단할 수 있겠습니까?

　따라서 어떤 동성애적 행위에 대해서는 '존재적 악이지만 필연적으로 윤리적인 악이 아니다'라는 접근이 타당성을 지닐 수 있으며, 나름대로 적합한 것이라고 볼 수 있습니다.

　이런 접근과 함께 선의의 동성애자들이 하느님의 복음을 실천하기 위해 최선의 노력을 다한다면, 그들에게 성체배령과 성사생활 등을 위한 분명한 사목적 지평의 가능성이 모색될 수 있을 것입니다.

　하지만 사회적 편견은 동성애자들을 궁지에 몰아넣거나 고통에 처하게 합니다. 따라서 동성애자들이 할 수 있는 최선의 노력을 할 수 있도록 도우며 이러한 편견을 극복하도록 힘써야 합니다.

우리는 남녀 사이의 결합으로 이뤄진 혼인관계도 악으로 치닫는 경우가 있음을 자주 목격하고 있습니다.

이성애적 행위가 어떤 경우이건 존재적 악으로부터 속박을 받지 않는다는 것을 의미하지 않습니다. 인간은 유한하고 죄스런 세상에 살고 있으며, 이성간의 혼인에서도 성적 사랑의 표현은 자주 이기심, 착취성, 동물적 지배욕과 통제욕 등으로 얼룩지고 점철되고 있음을 보게 됩니다.

물론 '이성애적 부부 행위 안에 있는 존재적 악'은(peccatum secundum naturam) '동성애 행위 안에 존재하는 존재적 악'(peccatum contra naturam)과는 동일하지 않습니다. 사실 이성애적 행위에서 보다 동성애적 행위 안에 있는 존재적 악의 비중과 내용이 더 크고 심각한 것입니다.

그럼에도 이성애적 남녀관계(부부 행위), 동성애적 행위, 양편 모두 실제적인 악에 노출될 수 있습니다. 인격적이고 도덕적이며, 전인적 사랑과 신뢰, 성실성이 결핍되어 있으면 인간의 모든 성적 행위는 그 존재 의미와 가치를 상실하기 때문입니다. 그러기에 이런 종류의 악은 결코 동성애 행위에만 종속되는 것이 아닙니다. 동성애 행위가 항상 존재적 악을 포함하고 있으며, 그리고 동성애 행위 자체가 악이라고 해서, 동성애자들이 하느님의 시각에서 볼 때 어떤 부족한 윤리의식을 갖고 살고 있으며, 인간으로서 어떤 부족한 가치를 지니고 살아간다는 것을 의미하지 않습니다.

존재적 악은 윤리적 악과 동일하지 않습니다. 인간이 갖는 가치는 최상의 윤리적 방법을 찾아 얻는 성공에서 시작하여 사회 안에서 현실로 직면하는 존재적 악에 대한 처신에서 나옵니다.

하느님 안에서 최선을 다하는 동성애자라면, 비록 그들이 어떤 특수한 행위에 연루되어 특별한 한계점인, 곧 동성애적 상황에 머물고 있을지라도, 그들은 한 인간으로서 열등하고 비인간적이며 반사회적인 사람이라고 판단할 수 없기에, 그에게 적합한 인간의 품위를 인정해야 합니다.

교황청 신앙교리성의 「동성애자 사목에 관하여 가톨릭 교회의 주교들에게 보내는 서한」(Homosexualitatis problema, 1986)에 다음과 같은 말이 나옵니다.

"혼인성사 안에서 남자와 여자가 서로 사랑하고 생명을 주는 일치를 이루도록 하신 하느님의 계획에서 볼 때 동성애 관계는 생명을 전달할 수 있는 상호 보완적 결합이 아니며, 따라서 그것은 복음이 말하는 그리스도인 생활의 본질인 자기증여의 생활에의 소명을 파괴하는 것이다."(85항)

이 서한은 또 동성애자들이 "자신들 안에서 근본적으로 자아 탐닉적인 도착된 성 경향을 확인한다"라는 언명을 통해 그런 행위의 객관적 비윤리성을 지적합니다. 하지만 같은 85항에서 "동성애자들이 흔히 관대하고 헌신적"일 수 있다고 보면서 그들이 성관계를 통해 진실하고 순수한 마음을 견지하고 있음을 인정하고 있습니다. 그러므로 동성애자들을 사목적으로 이해하면서 그들의 곤란과 사회적 부적응 상태를 극복하도록 도와야 합니다.

물론 그들의 잘못은 분명하게 지적되어야 합니다. 그들의 처지를 이해한다는 것을 과장되게 해석하여, 그들의 행위가 도덕적 정당성을 갖고 있다고 주장하며 사목을 전개하는 것은 부당합니다. 동성애가 객관적 윤리질서에서 벗어나 본질적 목적을 지향하지 못하기 때문입니다.

동성애는 하나의 윤리적 무질서 상태입니다. 따라서 이들에 대해서 우선적으로 취할 수 있는 방법은 가능한대로 동성애 성향을 치료하도록 관심을 갖는 것입니다.

사목자는 동성애가 하느님의 창조적 지혜를 파괴함으로써 동성애자들 자신의 행복을 가로막고 있음을 인식시켜야 합니다. 또한 「생명의 선물」(Donum Vitae, 1987)에 따르면 사목자는 동성애자들이 교회의 가르침에 충실하도록 부단히 격려해야 합니다. 그렇지 않으면 이 상태는 더 어려운 사회적인 병리적 문제를 유발시키게 됩니다. 그러므로 동성애자 자신은 그러한 심리적 구조를 가지고 있다는 사실을 인정하고, 자기의 본질적 정체성의 변화를 위해 노력해야 합니다.

이와 함께 교회와 사회는 일군의 동성애적 행위를 인간의 성적 경험에서 나오는 고유한 것으로 보고, 그 동성애적 실체를 인정하면서 그 극복방법을 모색해야 합니다. 그러나 전체 인간종족의 보존을 위해서, 곧 인간이 동성애적 행위를 위해 인류의 생명전달과 종족보존의 사명을 위험에 부치면서 이런 행위가 전개된다는 점을 감안할 때, 이성애적 부부행위가 항상 우위성을 갖습니다. 이 점은 동성애자들의 특수한 환경을 고려하여 그런 행위를 윤리적인 것으로 수용하고 판단하는 경우에 있어서도 변함없이 일관성을 유지해야 합니다.

그럼에도 교회와 사회는 인간의 성적 문제에 접근하면서 겸허하게 대처해야 합니다. 왜냐하면 교회와 사회는 성 문제 전반에 걸쳐 완전하게 모든 대답을 제공하지 못하고, 이런 문제들을 더 깊이 연구할 필요성이 있기 때문입니다. 그래서 교회와 사회는 인간의 성적 활동의 가치를 정립할 방향과 연구방법, 그 지혜와 용기를 또한 폭넓게 터득하고 궁구해야 합니다. 여기서 인간 공동체의 성장과 발전을 위하여 최선을 다해야 할 사명이 드러납니다. 이것은 바로 이성애적 행위의 보다 우선적이고 적절한 가치를 위해 모든 동성애적 행위들을 존재적 악으로 기술하고 설명했던 이유입니다.

교회와 사회가 동성애 행위의 존재적 악의 의미를 강조하고 증명하는 한 가지 방법은 동성애적 혼인을 허락하지 않는 것입니다. 동성애에 대해 호의적인 일부 신학자들도 동성애적 혼인에 대해서는 반대 입장을 표명하고 있습니다. 바로 동성애적 행위는 이성애적 행위에서 발견되는 모든 가능성들, 곧 자녀 출산과 인류 공동체의 원만한 지속과 성장을 인류와 사회에 제공하지 못하기 때문이고, 이런 입장은 지속적일 수밖에 없습니다.

교회와 사회는 안정된 동성애적 일치와 결합을 돕는 다른 방법들을 찾는 일에 개방성을 가져야 하지만, 이런 일치와 화해의 노력을 정상적이고 일반적인 혼인과는 동일시할 수 없습니다. 또한 교회와 사회는 동성애 부부에 의한 자녀입양을 긍정적으로 보지 않고 있습니다. 입양자녀들이 동성애 부부의 가정 안에서 정상적으로 성장하기 어렵다고 보기 때문입니다.

이미 언급한대로 왜 동성애가 발생하는지 정확히 그 이유와 원인을 알 수 없습니다. 그러나 어릴 때의 경험이 동성애를 발생시키고 성장시키는 이유가 되고, 동성애의 단계적 발전과 관계가 있을 가능성을 조심스럽게 추정할 수 있습니다. 교회와 사회의 상식적 이해는 인류의 전체 역사를 통해서 이성애적 가정이 자녀 양육을 위한 최상의 보루이고 환경이라고 보고 있습니다. 이런 성격규정은 계속 보존되어야 하고 지속되어야 합니다.

동성애자에 대한 사목적 배려

교회는 「생명의 선물」(Donum Vitae, 1987) 및 「동성애자 사목에 관하여 가톨릭교회의 주교들에게 보내는 서한」(Homosexualitatis problema, 1986)을 통해 동성애에 대한 공식 입장을 표명하였습니다.

여기서 동성애 행위는 윤리적으로 부당하다고 보고 있으며, 인간의 육체는 성서적 근거에 의하여 하느님이 주신 '혼인적 표지'라고 보고 있습니다.

인간은 성의 보완성 안에서 창조주의 내적 일치를 반영해야 하며, 남녀 사이의 상호 증여에 따라 생명을 전달함으로써 창조주와 협력해야 합니다. 그러기에 성적 기능의 사용은 혼인 관계 안에서만 윤리적인 선성을 갖게 됩니다. 이런 점에서 동성애는 비윤리적인 행위라고 보는 것입니다.

또한 신앙교리성 문헌인 「성 윤리상의 특별 문제에 관한 선언」(persona humana, 1975)은 '선언문'의 명칭이 말해 주듯이 여러 가지 성 윤리 차원의 문제들을 개괄적으로 언급하고 있습니다. 이 문헌은 성 윤리의 전반적 규범을 강조하면서 바른 성 윤리 정립의 필요성을 심도 있게 지적하고 있습니다.

성 도덕의 퇴폐현상을 지적하면서 분명한 도덕적 기준을 제시하고, 현대인들이 선호하는 개인적 가치, 기분, 양심 등에 따라 행동해서는 안 된다고 언급합니다. 또 성령의 인도를 받는 교회는 윤리적 규범과 질서를 지속적으로 보존하고 잘못 없이 전수하고 있으며, 계시된 법규 뿐 아니라, 인간성에 기초를 두고 인간의 전인적 발전과 성화에 관련된 윤리질서의 원칙을 제시하고 있습니다.(80항)

교회가 계시와 자연법의 유권해석에서 도출한 이런 원칙은 전통적 교의의 기반이 됩니다. 그러기에 성 기능의 사용은 참된 혼인 안에서만 진정한 의미와 윤리적 타당성을 갖게 된다고 보고 있습니다.(80항) 그러나 이 '선언문'은 혼인의 성생활에 대한 모든 윤리적 규범과 일탈 현상들을 상세하게 제시하지 않습니다. 구체적 성적 남용과 일탈 문제로는 혼전 성행위, 자위행위, 동성애(84항) 등을 기술하고 있으며, '선언문' 후반부는 순결 교육의 방향과 전망을 담고 있습니다.

이 '선언문' 중 구체적으로 동성애를 언급한 부분은 8항뿐 입니다. 이 선언문에 의하면 동성애 행위는 "본질적이고 필수적인 목적이 결여된 행위"이기에 객관적인 윤리악(倫理惡)이라고 기술하고 있습니다. 동성애 행위의 부당성은 자녀 출산 가능성의 결여에서 찾았던 것입니다.

신앙교리성은 이 선언문에서 동성애 상황을 규명해야 하는 임무를 말하면서, 동성애 행위의 유죄성은 현명하게 판단해야 한다고 보고 있습니다. 또한 이 문헌은 동성애 상황이나 경향, 개별적 동성애 행위 사이의 구별에 주목하면서 이 행위가 본질적인 목적성을 결여하고 있기에 근본적으로 잘못되었다고 강조하였음에도, 그 선언문 이후 지나치게 유연한 해설이 나와 혼란을 겪었습니다.

그런데 선언문 발표 이후 동성애의 조건 자체에 대해 지나치게 관대한 해석이 나오거나, 다른 한편 동성애는 중립적 선(善)을 견지할 수 있다는 주장도 대두되었습니다. 동성애자의 특수한 성향은 죄는 아니라 해도 본질적인 윤리악으로 기울어지는 강력한 경향임에는 틀림없습니다.

그러기에 동성애 성향 자체는 「생명의 선물」(Donum Vitae, 1987)에서 언급하였듯이 '객관적인 무질서'로 인식되어야 합니다.(85항)

사목상의 특별한 배려와 관심은 동성애자로 살아가는 것이 윤리적으로 용납될 수 있는 선택으로 볼 수 없다는 것을 인식시켜야 할 것입니다. 위에서 말한 '객관적 무질서'는 동성애 현상은 잘못이 아닐 수 있다는 오해를 방지하기 위한 것으로 해석되어야 합니다. 이에 대하여 「생명의 선물」은 동성애 조건에 대해 지나치게 관대한 해석을 하면서 동성애를 중립적 상황 또는 선으로 언급하는 데 오해가 있음을 지적하고 있습니다.(544항)

실제로 「생명의 선물」 11항에서 "동성애 행위를 하지 않는 한, 동성애자라는 그 자체로는 아무런 잘못이 없다"라는 표현으로 동성애 성향과 행위를 구별하고 있습니다. 이 말을 확대하여 해석하면 동성애가 경우에 따라 정당화될 수 있다는 의미로 곡해될 수 있습니다. 여기서 훈령이 파악하는 '객관적 무질서'는 동성애 성향에 대한 현저한 병리 현상, 심리적 결함 또는 불완전, 인간적 완전성의 결여 등을 의미합니다. 교회는 이러한 점들을 고려해 동성애자들에 대한 사목적 배려에 나서야 할 것입니다. 그렇다면 구체적으로 그 방법에 대해 알아보기로 하겠습니다.

동성애적 체질 조건과 행태를 무질서한 것으로 보는 것은 그들의 인격을 침해하는 결과를 낳을 수 있습니다. 죄악이나 성적 행위 등에 기울어지는 어떤 특수한 경향에 대한 무질서를 인정한다손 치더라도 개인의 모든 개성과 특성을 존중하고 인정해야 할 필요가 있기 때문입니다.

실제로 동성애자들은 자주 사회적으로 차별을 받을 뿐만 아니라, 교회의 가르침을 이해하는데 있어서도 제외되고 있기에 자기 방어적 태도를 취합니다. 결코 그들은 교회와 대화하는데 있어 비인격인, 비정상인, 실격자가 아닙니다. 그들이 교회의 가르침에 불복하더라도 사목자들이 그들을 포용하지 않는다면 부당한 차별행위에 가담하는 것입니다.

동성애자들의 행위를 일방적으로 적대시하면 그들이 당하는 불의와 심각한 불행에 대한 무감각과 무감동 현상, 무관심이 발생합니다. 곧 에이즈(AIDS)에 대한 선동적 암시, 인권문제와 관련한 일방적이고 부정적 태도, 동성애자들에 대한 폭력적이고 광적인 증오와 편견으로 인한 수치심 자극 등은 유의해야 할 부분입니다. 「생명의 선물」에 따라서 모든 인간이 지닌 천부적 존엄성이 언행과 법률안에서 늘 존중되어야 한다는 사실은 동성애자들에게도 적용되어야 합니다.

그렇다고 동성애 상황이 정당성을 갖는 것은 아닙니다. 동성애자들을 차별받아도 좋은 폭력적 저항세력이나 적대적 대상으로 보아서는 안 된다는 말입니다. 동성애자들을 차별하거나 인격적으로 비난하는 것은 옳지 않습니다. 이는 건전한 사회의 근본원리를 위협하는 것이며, 인권 경시 풍조임이 틀림없습니다. 만일 동성애자들의 인격을 동성애적 체질 조건과 동일시하면, 그들은 그런 체질 조건에 대한 부정적 평가를 자신들의 실제적 본질에 대한 극히 위협적인 공격으로 오해하게 됩니다. 이런 오해를 풀어주어서 교회의 가르침과 사목적 봉사의 효과가 가시적 열매를 맺도록 힘써야 합니다.

무엇보다도 동성애자들을 영성적으로 잘 지도하며 이끌어야 합니다. 그들을 위한 기도, 활동, 상담, 개별적 배려 등이 중요하며, 특히 화해의 성사에 참여하도록 힘써야 할 것입니다. 이렇게 볼 때 진정한 사목계획은 동성애의 부도덕성을 일깨우면서 단체 지도에 임하는 것이어야 합니다. 참된 사목적 접근을 통해 동성애자들이 죄의 기회를 피하도록 독려해야 할 것입니다.

또한 「생명의 선물」에 의하면 사목적 배려에서 교회 가르침의 이탈이나 침묵은 결코 허용될 수 없다고 봅니다. 따라서 그리스도 공동체는 동성애자들을 속여서도 안 되며, 어떤 방법으로든 소외시키지 않는 가운데 그들을 다방면에서 영성적으로 돕는다는 사명감을 고취시켜야 한다고 가르치고 있습니다.

 동성애자들이 받는 부당한 인격 멸시, 차별은 심각한 것이기에 그들에게 깊은 관대함과 연민, 인간애와 동료애를 전하며, 그들을 사목적으로 배려하는 일은 교회가 반드시 수행해야 하는 복음화 사업의 중대한 부분입니다.

그리스도인으로 살아가는 것에 대한 모든 것
The Story of **LIFE**
삶에 대한 이야기

이 단락의 내용은 「인생, 그리고 행복」(이용훈 지음, 2011, 성바오로)의
원고 일부를 재구성한 것입니다.

제3부

젊은이여 일어나라

당신이 축복입니다

「당신이 축복입니다」라는 책이 있습니다. 1979년 미국에서 태어난 키 90cm, 몸무게 20kg 장애인 숀 스티븐슨의 이야기입니다. 그는 희귀병인 '골성형부전증'을 안고 태어났는데, 의사는 그의 앞날을 안타까워하며 차라리 24시간 안에 죽는 것이 더 낫다고 말할 정도였습니다. 그는 뼈가 200번도 넘게 부러졌으며, 평생 걸을 수 없어 휠체어에 의지하며 지금까지 살고 있습니다. 그러나 그는 이렇게 말합니다.

"키 90cm, 몸무게 20kg이라는 설명은 나를 소개하는 2%일 뿐이다."

숀은 이 책에서 '인생을 응원하는 6통의 메시지'를 썼는데 그 중 세 가지를 소개하고자 합니다.

▲ 당신은 이미 단 하나의 명작(名作)임을 기억하라. 세상에서 어떤 배역을 맡을지 선언하고 결정하라. 당신 자신을 정중하게 대하여라. '위대한 당신'에게서 도망치지 마라.
▲ 몸을 움직이고 마음을 움직여라. 당당한 자신감을 몸에 걸쳐라. 웅크려 있던 몸을 펴라! 마음이 저절로 움직인다.
▲ 살고 싶은 그 모습에만 집중하라. 웃어라! 행복이 내게 초점을 맞출 것이다. 정말 중요한 것에 초점을 맞춰라.

이런 성찰은 그의 삶에서 나온 것입니다. 그의 책 일부분을 옮겨봅니다.

"뚜두둑! 뭔가가 우지끈하고 부러지는 소리가 들렸다. 내 다리뼈였다. '정말 싫어! 왜! 도대체 왜 나한테만 이런 일이 생기는 거야! 분해, 화가 나! 억울해!'… 어머니는 말했다. '숀, 이번 일은 정말 큰 시련일까, 아니면 축복의 선물일까?' 형벌처럼 지고 가야 할 이 짐이 선물이라니! 그런데 그 순간, 내 삶은 송두리째 바뀌었다. 내가 고통을 느끼는 것은 나로 하여금 나만이 할 수 있는 무언가를 하라는 뜻은 아닐까? 사람들에게 자신의 고통을 이겨낼 수 있다는 메시지를 전달하라는 뜻은 아닐까?"

숀은 자신이 가지고 있지 않은 것들에만 초점을 맞추는 바람에 정작 자신이 누리는 감사한 축복은 무시해 버렸다고 말합니다. 그것을 깨달은 이후에는 지금 여기의 구체적 삶에 초점을 맞추려고 노력하는 삶을 살았습니다. 그 결과 그는 자신의 삶이 얼마나 행복하고 축복받은 것인지 깨달을 수 있었습니다.

세상에서 우리에게 주어진 시간은 아주 잠깐입니다. 우리는 그 시간이 영원히 지속될 것처럼 생각하지만 실은 그렇지 않습니다. 그런데 많은 청소년과 청년이 이렇듯 귀중한 삶의 순간을, 다른 것에 초점을 맞추느라 낭비하고 있습니다. 혹시 지금 고통과 좌절 속에 있습니까? 하지만 믿어야 합니다. 그 고통 속에서조차 하느님은 반드시 섭리하신다는 사실을 말이죠.

다리가 부러진 숀에게 어머니가 한 말이 잊혀지지 않습니다.

"숀, 이번 일은 정말 큰 시련일까, 아니면 축복의 선물일까?"

선물로 주어지는 내일

 한 해 두 해 세월을 보내면서 새삼 느끼는 것은 매사에 조심스러워진다는 점입니다. 그런데 젊은이는 인생을 살얼음판이라고 생각하지 않습니다. 그들은 생명을 잃을 수도 있는 위험하기 짝이 없는 살얼음 위를 성큼성큼 걸으며 위기도, 모험도, 도전도 마다하지 않습니다. 그러다 보면 얼음이 깨져 물에 빠져 죽을 고생을 해야 하는 실수도 합니다. 하지만 그 덕분에 청년들은 기성세대들이 한 번도 가보지 못한 곳에 갈 수 있습니다.
 젊은이는 우정이 깨지는 것을, 사랑에 배반당하는 일을 체험합니다. 그리고 아파합니다. 하지만 바로 그 순박함 때문에 무조건적인 헌신과 손해 보는 행동도 마다하지 않습니다. 젊음은 그래서 감동적이고 아름다운 것입니다.
 맑은 용기로 살얼음 위를 성큼성큼 걷고 싶습니다. 그럴 때 베드로가 물 위를 걷는 기적(마태 14,29 참조)이 다시 일어날 수 있을 것입니다. 그 맑은 믿음으로 세상의 벽을 무너트려야 할 것입니다. 벽이 앞을 가로막을 때마다, 예리코 성벽을 무너트린 여호수아처럼 온 힘을 다해 벽을 넘어서야 할 것입니다. 죽을 힘을 다해 나아갈 그 목적지는 하느님의 품입니다. "마음을 다하고 목숨을 다하고 힘을 다하여 주 너희 하느님을 사랑해야 한다."(신명 6,5)
 인간은 아무 의미 없이, 어쩌다가 우연히 세상에 왔다가 시간이 흘러가면 훌쩍 떠나는 그런 존재가 아닙니다. 미래를 향해 흐르고 있는 하루하루의 시간은 은혜롭고 희망 가득한 새로운 실체입니다. 하루하루가 모여 1년과 10년을 과거로 만들어 놓습니다. 아무도 어제로 돌아가 과거를 움켜쥘 수는 없습니다. 반대로 내일을 앞당겨 현실을 유보한 채 살아갈 수도 없습니다. 무슨 일이 어떻게 발생할지 모르는 것이 내일이 품고 있는 비밀의 현주소입니다.

인간은 과거와 현재, 미래를 동시에 밟고 서 있을 수 없습니다. 정신적 상상과 기억, 추리, 설계는 어디로든 갈 수 있지만, 육체를 동반하고서는 오로지 냉정한 현실 세계에만 머물러야 합니다. 이 땅의 젊은이들은 그 현실을 직시해야 합니다. 지금 흘러가고 있는 시간의 소중함을 알아야 합니다. 그리고 스스로 희망의 미래를 열어나가야 합니다.

이 땅의 젊은이들이 시간의 소중함을 알았으면 합니다. 그리고 그 소중한 시간 안에서 진정한 진리의 가치를 전하는 삶을 살아가기를 기대합니다. 젊은이들이 자신의 삶을 잠시나마 되돌아보고 밝고 선명한 미래의 희망을 꿈꿀 수 있기를 희망합니다.

내일의 태양, 산, 강, 하늘, 땅은 분명히 오늘 보는 것과 다르며, 더구나 어제의 것은 더욱 아닌 아주 새롭고 놀랄만한 것입니다. 하느님께서 허락하신다면 아무도 만나볼 수 없는 그 내일을 감사하는 마음으로, 그리고 희망의 눈으로 만날 수 있을 것입니다. 오늘 밤 잠자리에 들기 전 이런 질문을 던져보는 것은 어떨까요.

"선물로 받게 되는 내일, 나는 무엇을 어떻게 할 것인가?"

우리는 왜 세상에 존재하는가

　우리나라 가출청소년의 경찰청 신고건수는 2017년 기준, 연간 2만 여 명이라고 합니다. 하지만 가출 경험률은 이보다 높아 실제 가출청소년은 한 해 20만 명 이상일 것으로 추정하고 있습니다. 이렇게 집을 나온 가출청소년을 돕기 위해 마련된 기관이 바로 '청소년쉼터'입니다. 청소년쉼터는 가출청소년 조기 발굴 및 일시 보호, 생활지원, 상담 및 교육, 문화 활동 등을 지원하여 비행 및 탈선을 사전에 예방가호하고 가정, 사회로의 안전한 복귀와 건강한 성장지원을 도모하는 목적으로 만들어졌습니다. 그런데 이 청소년 쉼터가 현재 포화상태라고 합니다. 2017년 4월 기준으로 전국 청소년쉼터는 123개소가 운영되고 있는데, 모두 정원을 초과해 운영되고 있다고 합니다.

　이렇게 어느 곳에 정착하지 못하고 거리를 헤매는 가출청소년들이 끊임없이 발생하고 있지만 가출청소년에 대한 사회인식은 부정적입니다. 특히 최근에는 청소년 범죄가 사회문제로 대두되면서 가출청소년 역시 위험한 아이들, 불량학생이라는 시각이 만연해지고 있습니다.

　하지만 여성가족부의 '청소년 매체이용 및 유해환경 실태조사(2016)'에 따르면 청소년들이 가출을 하는 이유 중 가장 큰 이유는 '가족과의 갈등(74.8%)'인 것으로 나타났습니다. 부모의 폭력, 방임, 마찰 등의 이유로 가정에서 보호를 받지 못하고 집을 나오게 되는 것입니다.

집을 나온 아이들이 기관에서조차 제대로 보호받지 못하고 거리를 떠돌게 되면 범죄의 피해자 혹은 가해자로 내몰리게 됩니다.

물론 이렇게 청소년들이 가출하는 것은 앞의 설문조사에서처럼, '가족과의 갈등'이 가장 큰 원인으로 보입니다. 하지만 나는 조금 다른 차원에서 이 문제에 대해 접근해 보고자 합니다.

청소년들의 가출하는 원인은 가정문제 등 다양하겠지만, 궁극적으로는 기성세대가 청소년에게 '내가 왜 이 세상에 존재하는가'에 대한 자각과 자신감을 심어주지 못한데 있습니다.

청소년들이 스스로 "나는 왜 태어났는가"에 대한 자각을 가지도록 이끌어야 합니다. 왜 이 땅에 존재하는지, 왜 어려운 공부를 해야 하는지, 왜 이웃에게 사랑을 실천해야 하는지 알도록 해야 합니다.

그렇다면, 우리는 어떻게, 왜 이 세상에 오게 된 것일까요.

복음에 보면 예수님께서는 무너지고 상처받은 인간 존엄성을 되찾아 주시고, 참 생명으로 사는 실천적인 방법을 알려주고 계십니다. 그분께서 지나가시고 머무시던 자리와 공간에는 맑고 고운 생명의 꽃이 핍니다.

우리는 이런 주님의 사업을 이어받기 위해 세상에 왔습니다. 생명을 재창조하기 위해, 주님의 도구가 되기 위해 모든 인간은 세상에 태어난 것입니다. 청소년 스스로 오늘날 이 사회에 참 생명을 낳고 키우고 보살피고 있는지, 아니면 단지 컴퓨터, 음주, 텔레비전 등의 노예가 되고 있는지 되돌아보아야 합니다.

우리는 생명과 사랑의 중개자입니다. 하느님께서는 예수님의 모상을 닮도록 부르시고 선택하셨습니다. 우리를 예수님과 같은 모상이 되도록 영원으로부터 이미 뽑으신 것입니다. 따라서 우리 안에 예수님의 모습을 투명하게 드러낼 때 하느님께 완전한 선물과 영광을 드리는 것입니다.

나의 태도, 내 생활방식을 통해 예수님의 모습이 드러납니다. 다른 이에게 기여하는 삶, 하느님의 마음과 뜻을 펴기 위해서는 큰 책임이 따릅니다. 나의 몸짓에서 사람들이 투명하게 예수님을 보고 만날 때 이 목표는 실현됩니다. 결정적으로 우리 마음을 하느님께 향하는 것이 무엇보다 중요합니다. 그분께서는 세상 이론의 원리, 알파와 오메가, 인도자, 절대자이십니다. 하느님은 눈에 보이는 모든 것, 눈에 보이지 않는 온갖 일을 주도하시기에 만물의 주인이십니다.

성경은 이러한 우리들의 소명과 행복의 근원에 대해 명확하게 설명하고 있습니다.

"세상 창조 이전에 그리스도 안에서 우리를 선택하시어, 우리가 당신 앞에서 거룩하고 흠 없는 사람이 되게 해 주셨습니다. 사랑으로 예수 그리스도를 통하여 우리를 당신의 자녀로 삼으시기로 미리 정하셨습니다. 이는 하느님의 그 좋으신 뜻에 따라 이루어진 것입니다. 그리하여 사랑하시는 아드님 안에서 우리에게 베푸신 그 은총의 영광을 찬양하게 하셨습니다."
(에페 1,4-6)

깨어있는 삶

섹스(Sex).

우리나라의 공적 담론 공간에서 오랫동안 금기시돼온 이 단어가 이제는 흔하게 들을 수 있는 말이 됐습니다. 요새 젊은이들 사이에선 성(性)을 말하는 데 주저함이 없습니다. 그만큼 매우 과감해졌습니다.

콘돔 업체인 '바른생각'과 오픈서베이, 사단법인 푸른아우성이 2030세대 1,000명을 대상으로 실시해 발표한 성 인식 관련 보고서, '2015 SEXSURVEY'의 결과는 놀랍습니다. 혼전순결에 대해 '지키지 않아도 된다'고 답한 이들이 무려 71.4%에 달했습니다. 첫 성경험의 시기는 남녀 모두 20대 초반인 것으로 조사됐고, 10대 때 경험을 했다는 이들도 18.3%나 됐습니다. 이제 젊은이들에게 성은 놀이만큼 즐겁고, 자연스러운 것이 됐습니다.

이렇게 된 데는 여러 가지 이유가 있겠지만 오늘날의 대중문화 및 시대 풍조가 이런 성적인 타락을 정당화시키거나 강화시키고 있다는 데 그 큰 이유가 있을 것입니다. 뿐만 아니라 혼전 순결에 대한 어른들의 가르침이 거의 없이 금기시되거나, 가르침이 있더라도 어떤 타당한 논리체계에 근거하지 않고, 감정이나 전통적인 관습에 의존한 주장일 때가 대부분이어서 젊은이들을 설득시키는데 실패하고 있습니다. 뿐만 아니라 전통과 관습의 구속력이 약화된 오늘날 기성세대의 일관성 없는 가르침, 사람마다 다른 가르침, 잘못된 진보적 성교육도 이 일에 한몫 거들고 있습니다.

이렇게 우리의 청소년들은 어른들이 만들어 놓은 그 문화들을 수동적으로 소비하면서, 스스로의 고결한 영혼을 격하시키고 있습니다. 말초적이고 감각적인 것에만 휘둘리며, 자신이 얼마나 소중한 존재인지 잊고 있습니다.

이와 관련해 경종을 울리는 성경 말씀이 있습니다.

"너희는 스스로 조심하여, 방탕과 만취와 일상의 근심으로 너희 마음이 물러지는 일이 없게 하여라. 그리고 그날이 너희를 덫처럼 갑자기 덮치지 않게 하여라. 그날은 온 땅 위에 사는 모든 사람에게 들이닥칠 것이다. 너희는 앞으로 일어날 이 모든 일에서 벗어나 사람의 아들 앞에 설 수 있는 힘을 지니도록 늘 깨어 기도하여라."(루카 21,34-36)

우리는 늘 깨어 있어야 합니다. 그러기 위해 건전한 육체와 정신을 갖고 사람의 도리와 예의를 다하고, 하느님 앞에 나 자신의 됨됨이를, 나의 태도와 모습을, 나의 한계와 약점을, 나의 연약하고 유약한 인간됨을 솔직히 인정하고 살아야 합니다. 나의 오만, 자랑, 젊음, 명성, 학문, 지위, 권력, 재산, 능력은 하느님과 죽음 앞에 아무것도 아닙니다.

'내가 영원한 생명을 주실 수 있는 그분을 만날 것인가 만나지 못할 것인가?' 이것만이 나의 전 존재를, 나의 전 실존을 뒤흔들어야 합니다. 깨어 있지 않으면 도둑이 언제든 들 수 있습니다.

시간의 가치

이런 말이 있습니다.

"1시간의 가치가 궁금하면, 사랑하는 이를 기다리는 사람에게 물어보라. 또 1분의 가치는 열차를 놓친 사람에게, 1초의 가치는 아찔한 사고를 순간적으로 피할 수 있었던 사람에게, 천분의 1초의 소중함은 아깝게 은메달에 머문 육상선수에게 물어보라."

우리 각자에게 주어진 시간이 얼마나 소중한지 알려주는 말입니다.

매일 아침 우리에게 8만 6,400원을 입금해 주는 은행이 있습니다. 그러나 그 계좌는 당일이 지나면 잔액이 없어집니다. 당신이라면 어떻게 하겠습니까. 당연히 그 날 돈을 모두 인출할 것입니다. 시간도 마찬가지입니다. 매일 아침 8만 6,400초가 우리에게 주어집니다. 하지만 매일 우리가 좋은 목적으로 사용하지 못하고 버려진 시간은 그냥 없어져 버릴 뿐입니다. 그래서 우리는 현재(Present)를 선물(Present)이라고 부릅니다.

세상에서 가장 공평하며 부정(不正)이 개입될 여지가 없는 현상이 바로 나이를 먹는다는 사실입니다. 시간은 모든 사람에게 너무나도 정의롭게 분배되어 있습니다.

우리는 세상에 태어날 때 죽음이라는 사형선고를 받고 삶을 시작하고 있습니다. 오늘 세상을 떠난 사람은 어제 분명히 살아있는 생명체였습니다. 오늘을 만나기를 그토록 염원하였지만 세상을 하직한 것입니다. 그렇다면 우리는 어떻게 해야 할까요. 시간, 재물, 재주, 능력, 건강, 자녀, 친우, 명예, 권위 등 모두 주님께서 주신 것입니다. 우리는 잠정적으로 주님으로부터 이 모든 것들을 빌려 사용하고 있는 것입니다.

이러한 인간의 유한성을 잘 표현한 감동적인 성가가 있습니다. 가톨릭 성가 423번 '천 년도 당신 눈에는' 입니다.
가사를 이곳에 옮겨 봅니다.
"천 년도 당신 눈에는 지나간 어제 같고 마치 한 토막 밤과도 비슷하나이다. 주여 당신만은 영원히 계시나이다."(1절)
"당신이 앗아가면 그들은 한바탕 꿈 아침에 돋아나는 풀과도 같나이다. 주여 당신만은 영원히 계시나이다."(2절)

지난날의 우정도, 현재 가진 재물도, 명예도, 권력도 한낱 풀잎 끝에 맺혀있는 아침 이슬방울과도 같은 것입니다. 뒤숭숭한 세상의 혼탁한 모습과 그 진행을 보고 있노라면 변하지 않을 분은 오직 하느님 뿐이라는 성가의 메시지가 더욱 실감나게 들립니다.
유한한 인간이기에 이 땅에서 주어진 시간은 그만큼 소중합니다. 우리가 매일 맞이하고 보내는 시간은 영원한 생명을 준비하는 소중한 시간입니다. 하느님을 만나는 그 날까지 선물로 주어진 이 시간을 아껴 사용하고, 그 매 순간을 영원하신 하느님께 봉헌해야 할 것입니다.

자선에 대하여

 어떤 부자가 있었는데, 그는 자주색 옷과 고운 아마포 옷을 입고 날마다 즐겁고 호화롭게 살았습니다. 그런데 그의 집 대문 앞에는 라자로라는 가난한 이가 종기투성이 몸으로 누워 있었습니다. 라자로는 먹을 것도 없어 부자의 식탁에서 떨어지는 것으로라도 배를 채우기를 간절히 바랐습니다. 하지만 부자는 그에게 음식을 주지 않았습니다. 심지어 개들까지 와서 불쌍한 라자로의 몸에 난 종기를 핥곤 하였습니다.
 그러다 세월이 흘러 라자로가 죽자 천사들이 그를 아브라함 곁으로 데려갔습니다. 부자도 죽어 땅에 묻혔습니다. 부자는 저승에서 눈을 들어 바라보니 멀리 아브라함과 같이 있는 라자로가 보였습니다. 저승의 불길 속에서 고통받고 있던 부자는 이렇게 소리쳤습니다.
 "라자로를 보내시어 그 손가락 끝에 물을 찍어 제 혀를 식히게 해 주십시오."
 그러자 아브라함이 말합니다.
 "너는 살아 있는 동안에 좋은 것들을 받았고 라자로는 나쁜 것들을 받았음을 기억하여라. 그래서 그는 이제 여기에서 위로를 받고 너는 고초를 겪는 것이다."(루카 16,19-25 참조)
 우리는 과연 선행과 공로를 쌓고, 자선을 베풂에 있어서 예수님이 비유로 말씀하신 부자보다 나을까요? 혹시 수많은 라자로를 외면하고 있는 것은 아닐까요?

힘없고, 가난한 이를 우선적으로 도와주라는 교회의 가르침은 그리스도인이라면 지체 없이 가장 먼저 실천해야 하는 계명입니다. 교회는 역사상 한 번도 이 숭고한 가르침을 외면하거나 소홀히 한 적이 없습니다. 교회의 교도권이 이를 강조할 때 교회 구성원이 이를 따르지 않는다면, 그 교회는 죽은 교회, 회생이 불가능한 교회, 깊은 나락으로 추락하는 교회, 세상의 희망과 꿈을 주지 못하는 교회가 되고 말 것입니다.

예수님은 마태오복음 25장 40절에서 이렇게 말씀하십니다.

"내가 진실로 너희에게 말한다. 너희가 내 형제들인 이 가장 작은 이들 가운데 한 사람에게 해 준 것이 바로 나에게 해 준 것이다."

여기서 결코 간과하지 말아야 할 부분이 있습니다. 예수님은 자신을 어려움에 처한 보잘것없는 자와 전적으로 동일시하고 계시다는 것입니다. 더 나아가 이 일의 실천 여부를 영원한 상벌의 기준과 척도로 삼으시겠다고 경고하십니다. 영원한 불과 영원한 행복의 갈림길은 미소한 자에게 베푼 선행에 따라 결정난다는 엄격하고 분명한 지침과 잣대를 제시하고 계십니다. 자선에 대한 대 그레고리오 교황님의 말씀을 두고두고 마음에 새겨야 할 것입니다.

"가난한 이들에게 필수적인 것을 줄 때 우리는 그들에게 우리의 것을 선물로 베풀어주는 것이 아니라, 그 사람의 것을 되돌려주는 것이다."(「사목규범」 3,21)

목표 세우기

플로랜스 채드윅(Florence Chadwick)은 수영으로 영국해협을 왕복한 최초의 여성입니다. 그녀는 1952년 7월 4일 캘리포니아 해안에서 35km 떨어진 카타리나 섬에서 본토까지 수영에 도전했습니다. 무려 16시간 정도를 먹지 않고, 마시지 않고, 쉬지 않고 수영해야 하는 어려운 코스였습니다. 게다가 날씨는 몹시 추웠고 해안에는 안개가 자욱했습니다.

그녀가 15시간 정도 수영하게 되었을 때 도중에 물에서 나가게 해달라고 호소하기 시작했습니다. 그때 그녀 근처 배에 타고 있던 어머니는 거의 다 왔으니 조금만 견디면 된다고 그녀를 격려했습니다. 그러나 육체적 정신적으로 탈진한 그녀는 수영을 중단하고 물에서 나왔습니다. 그런데 이게 웬일일까요. 배에 오른 그녀는 목적지 해변이 불과 800m 정도 밖에 남지 않았다는 것을 알았습니다. 다음날 기자회견에서 그녀는 말했습니다.

"눈에 보이는 것은 자욱한 안개뿐이었습니다. 만일 캘리포니아 해변이 보였더라면 저는 충분히 완주할 수 있었을 겁니다. 안개가 제 승리를 앗아갔어요."

그로부터 두 달 뒤인 9월 4일 채드윅은 재도전에 나섰습니다. 여전히 짙은 안개가 깔렸고 물속은 차가웠지만 이번에는 눈앞의 안개를 보지 않았습니다. 체온이 떨어지고 체력이 한계에 이를 때마다 그녀는 마음속에 캘리포니아 해안을 그리며 힘차게 물살을 저어갔습니다. 그 결과 그녀는 도전에 성공할 수 있었습니다. 그녀는 이렇게 말했습니다. "이번에는 내가 목표지점을 마음속으로 보고 있었기 때문에 끝까지 헤엄칠 수 있었습니다."

두 번의 도전을 성공과 실패로 가른 요인은 무엇이었을까요? 그건 목표와 신념의 차이였습니다. 처음 도전에서 안개는 목표물만 가린 것이 아니었습니다. 할 수 있다는 믿음을 빼앗아 버렸습니다. 믿음이 사라진 자리에 남는 것은 지독한 불안과 냉소뿐입니다.

그리스도교적 완덕으로 나아가는데 있어서도 지향하는 뜻과 목표를 잘 알아야만 하고 합당한 노력을 기울여야만 거기에 도달할 수 있습니다. 취업난에 시달리는 이 땅의 젊은이들은 대부분 육체적으로 매우 힘겹고, 정신적으로도 고민과 중압감을 많이 받는 외롭고 고통스러운 생활을 하고 있습니다. 마치 안개 때문에 목표가 보이지 않는 것과 같습니다.

하지만 우리는 주님의 뜻을 알고 전개하는 가톨릭 신앙을 가진 사람들입니다. 그 신앙 때문에 우리는 안개 너머를 볼 수 있는 힘을 가지고 있습니다. 삶의 이유와 목표를 세워야 합니다. 그 목표의 뿌리는 신앙이어야 하고, 사회에 이바지하고 유익을 베푸는 일이어야 합니다. 결코 이기적이고 개인적인 욕망의 성취나 단순하고 근시안적 자아실현에 머물러서는 안 될 것입니다.

개인적인 욕망, 단순하고 근시안적 자아실현은 안개입니다. 그 안개를 지나야 합니다. 그렇게 목적지를 향해 힘차게 수영을 해 나갈 때, 채드윅처럼 위대한 일을 해낼 수 있을 것입니다.

참된 가치

　많은 이가 그 인생의 나무를 아름답게 가꾸기 위해 삶의 분명한 목표를 실현하고, 그것을 위해 온갖 정열을 바치고, 꿈속에서조차 그 목적 실현을 위해 골몰합니다.
　하지만 사람들은 본래 아둔하여 눈에 보이는 좋은 것들을 보면서도, 존재하시는 분을 보지 못합니다. 또 아름다운 예술 작품을 좋아하면서도 그것을 만든 장인이나 예술가를 알아보지 못합니다. 그렇게 눈이 어둡다 보니 엉뚱한 곳에서 길을 잃고 방황하고 어두움 속에서 살고 있습니다. 참 빛을 보지 못하고 있습니다.
　그렇습니다. 신기루를 쫓듯이 두둥실 떠돌고 있는 하늘의 구름을 잡고, 별을 가슴에 품으려는 이들이 많습니다. 삶과 현실이 왜 존재하는가를 망각하는 이들이 많습니다. 가시적이고 물질적, 육체적 실재만이 전부라고 생각하는 이들도 많습니다.
　이런 모습은 우리 사회가 외모지상주의, 과시주의, 기회주의, 한탕주의로 흐를 수밖에 없는 배경입니다. 그래서 현대인들은 업적이 크게 남고 눈에 보이는 성과가 선명하게 나타나는 활동을 정신적인 명상이나 묵상, 관상이나 기도보다 더 중요하게 여깁니다. 주님께 대한 직관적 신앙보다는 신앙내용을 과학적으로 분석하려 합니다.
　이렇게 현대사회는 재산, 권력, 명예, 신분과 지위 등이 최고의 선과 진리로 대치되고 있습니다. 현대세계에서 하느님의 자리는 점차 사라지고 있으며, 인간이 주인으로서 그 한계적 상황에 몸부림치면서 고되고 험난한 길을 걷고 있는 것입니다.

어디서 이런 비극이 오는 것일까요. 바로 하느님과 인간을 외면하는 세속주의 문화 풍조 때문입니다. 하느님을 버린다면 인간의 실존과 참모습이 실종됩니다. 이때 인간은 다른 피조물과 아무런 구별을 할 수 없습니다. 인간이 자신의 육체적 본성과 성격을 절대시할 때 스스로 자신을 한 평범한 '사물'이나 '동물'로 추락시키는 것입니다. 인간으로서의 최고의 명예와 가치는 인간이 지닌 초월적 성격 때문입니다.

우리들이 의식해야 할 것은 정직하고 성실하게 하느님 말씀에 순종하면서 겸허하게 그분의 뜻대로 일상생활에 충실히 살겠다는 결연한 의지입니다. 우리 자신들이 내적으로 회개하고 근원적이고 고질적인 문제의 핵심을 직시할 때, 우리 자신의 병적인 요소와 부족을 과감히 고발하면서 하느님 보시기에 좋은 의롭고 신바람 나는 공동체 건설에 기여하게 될 것입니다.

아직도 늦지 않았습니다. 지금부터 우리 자신의 오류와 왜곡을 바로잡는 일에 두 눈을 크게 떠야 할 것입니다.

침묵에 대한 권유

조용히 있고 싶은 사람은 서둘러 가는 대신 멈춰 서야 합니다. '고요함'은 '멈춤'에서 옵니다. 영어에서 '이해한다'(Understand)라는 단어는 '서있다'(Stand)와 관련 있습니다. 이처럼 '서있다'는 것은 자기 자신을 이해하고, 이웃과 세계를 이해하기 위한 전제 조건입니다.

서둘러 지나가면 아무것도 이해하지 못합니다. 사람들의 말도, 내가 스쳐 가는 것들의 마음도 이해하지 못합니다. 항상 서둘러 가는 자는 내적으로 혼란스럽고 마음은 어두워집니다.

서 있는 것, 조용해지는 것은 내 안의 희미함이 명료해지기 위한, 안개가 걷히고 '있는 것'이 무엇인지를 분명히 인식하기 위한 전제 조건입니다.

침묵은 황금(黃金), 웅변과 설교는 은(銀)이라는 말이 있습니다. 특히 가톨릭교회는 신학교 공동체와 수도 공동체에 전통적으로 침묵을 위대한 덕목으로 제시하며 권고하고 있습니다.

인간이 너무 말을 많이 하기 때문에 하느님은 아마도 최소한 음식 먹는 순간만이라도 말을 적게 하라고 입의 기능을 언어 구사와 음식을 먹는 일 등 두 가지로 묶어 놓으신 듯합니다.

침묵은 아주 작고 사소한 것처럼 보이지만, 위대한 결과를 가져다 줍니다. 이웃 형제를 가장 인격적으로 존중하는 태도가 침묵이며, 이것을 통하여 형제 안에 살아계신 하느님의 모습을 볼 수 있게 됩니다.

이렇게 침묵은 신앙인에게 있어서 결코 포기하거나 양보할 수 없는 덕목인 것입니다. 형제에 대한 사랑과 배려를 웅변적으로 실천하는 덕목이라고 할 수 있습니다.

결코 침묵을 하나의 무가치한 요소로 평가절하하는 오해와 편견을 갖지 말아야 할 것입니다. 그래서 모든 종교 수련단체와 수도와 구도의 길을 걷는 모든 이는 침묵생활을 영적 진보와 인격 완성의 기본 전제사항으로 채택하고 있는 것입니다.

인간은 하느님과 인간과의 관계와 친교를 유지하고 계속하는데 있어서 침묵이라는 매개를 동원해야 할 때가 많습니다. 다시 말하면 인간은 가장 진실된 마음과 영혼의 속삭임을 입으로 전하는 언어보다 침묵을 통해 잘 전달할 수 있고, 실제로 침묵을 매개로 진리와 진실을 교환할 수 있습니다. 우리가 분명하고 정확하게 얘기하고 통교하기 위해서라도 침묵을 지키는 것을 생활화해야 할 것입니다.

성 아우구스티누스(Aurelius Augustinus, 354~430)는 이렇게 말씀하셨습니다.

"침묵하라. 스스로를 혼란스럽게 하거나 빛을 가리지 마라. 영원한 하느님이 네게서 환히 빛나기를 바란다면, 혼잡함을 만들지 마라. 네 안에서 조용히 있어라."

고통의 극복

영국의 소설자이자 시인인 '샬롯 브론테'(Charlotte Bronte, 1816~1855년)는 '인생'이라는 시에서 다음과 같이 노래했습니다.

"어떤 때는 어두운 구름이 끼지만 다 금방 지나간답니다. 소나기가 와서 장미가 핀다면 소나기 내리는 걸 왜 슬퍼하죠?"

세상 사람들은 시간과 세월의 무게 앞에서 예외 없이 변화를 겪습니다. 늙고 병들고 쇠약해지면 삶의 희로애락(喜怒哀樂)을 모두 마감하고 결국 무덤에 묻히고 맙니다. 아무도 이런 엄연한 현실에 맞서 대항하거나 거부할 길이 없습니다. 이를 부정하면 고통은 가중됩니다. 그렇다고 한 인간의 삶이 그저 의미 없이 왔다가 사라지는 단순한 생명현상은 결코 아닙니다.

우리가 어떤 길을 가든지, 사제와 수도자로, 혹은 평범한 가정의 남편과 아내로 부름 받든지 우리의 보호자와 피난처는 성체 안에 계신 예수님이십니다. 우리를 세상에서 행복과 평화로 이끌 수 있는 것은 물질도, 권력도, 명예도, 인터넷의 기술과 정보도, 금과 은도, 젊음도, 육체도, 예술도 아닙니다. 우리가 갖고 있는 소유물, 지식과 지혜, 재능, 학력, 재산, 지위 등은 하느님께 보다 가까이 가고, 하느님의 뜻을 잘 실천하는데 기여하는 도구요, 방편일 뿐입니다.

결코 눈에 보이는 재물과 지위, 권세와 명예는 인간이 겪어야 하는 본질적 고통을 덜어내지 못합니다. 영원한 행복과 생명을 보장해 주지 못합니다. 우리가 하느님의 생명에 들어가지 못한다면 우리가 가진 것, 이루어 놓은 것, 확보한 지위 등은 모두 물거품과 같은 것입니다. 하느님께 가는 길을 사람이 되시어 세상에 오신 천주성자 예수님께서 우리에게 너무나도 분명하게 보여주셨습니다. 그 분만이 우리의 빛이시고 평화이시기에, 그 분 안에서만 삶의 고통을 넘어서는 행복과 영광을 얻을 수 있습니다.

권능과 초월의 하느님은 모든 것을 뛰어넘어 탁월하십니다. 만약 인간이 하느님에 대해 오직 하나의 의미있는 이름을 붙일 수 있다면, 그것은 '경외로움'입니다. 하느님은 아무리 우리 가까이 오시더라도 여전히 세상 모든 것을 초월하시는 분이십니다. 그래서 우리 삶에서 겪는 고통도 또한 '신비'입니다.

하느님은 인격적으로 나에게 다가와 다정히 말을 거시는 분입니다. 우리의 삶을 이해하고 체험하시기 위해 스스로 엄청난 고통을 겪으시고 십자가에 매달리신 분입니다. 이처럼 하느님은 막연한 우주의 빛이 아닙니다. 인간을 나 몰라라 하는 그런 어떤 우주적 힘이 아닙니다. 우리 젊은이들의 마음을 꿰뚫는, 온통 영혼을 뒤흔들어 놓는 그런 참 빛입니다. 그 빛이 우리 삶 구석구석으로 스며들게 해야 합니다.

혹시 마음 깊은 곳에 고통의 상처로 인한 흉터가 남아있습니까. 그 흉터가 고통을 기억하는 상징으로 머물러서는 안됩니다. 우리가 겪는 모든 고통의 상처가 따뜻한 햇살을 받아 영광의 상처로 변모될 수 있도록 해야할 것입니다.

빛에 대한 묵상

이례적인 천문 현상이었습니다. 전에 보지 못하던 큰 별이 하늘에 나타났습니다. 당시 동방의 박사들은 이 현상에 주목했습니다. 박사들은 별이 인도하는 길을 따라 여행에 나섰고, 곧 베들레헴에 도착했습니다. 이곳에서 박사들은 한 아기를 만납니다. 이름은 '예수'였습니다.(마태 1,25; 루카 1,31) 박사들은 땅에 엎드려 경배하였고, 그들은 보물 상자를 열고 아기에게 황금과 유향과 몰약을 예물로 드렸습니다.(마태 2,1-12 참조)

2000년 전 베들레헴의 한 마구간에서 실제로 일어났던 일입니다. 구세주 예수님께선 이렇게 하늘나라의 영광을 마다하시고 우리 곁에 오셨습니다. 인류 구원을 위해 참 빛이신 구세주로 오셨습니다.

▲ 빛은 어둠과 대조됩니다. 어둠속에 빛이 들어오면 어둠은 즉시 자취를 감춥니다. 예수님은 어두운 세상을 밝은 세상으로 만들어 주시는 분이십니다. 이사야는 "어둠 속을 헤매는 백성이 큰 빛을 볼 것이다. 캄캄한 땅에 사는 사람들에게 빛이 비쳐 올 것이다."(이사 9,1)라고 하였습니다.

▲ 빛은 바른 길을 일러줍니다. 예수님은 빛으로서 사람의 목적인 영원한 행복으로 우리를 인도하십니다.

▲ 빛은 모든 생물에게 생명을 연장시켜 줍니다. 예수님은 참 빛으로서 우리 생명을 살리고 계십니다. "생겨난 모든 것이 그에게서 생명을 얻었으며 그 생명은 사람들의 빛이었다. 그 빛이 어둠 속에서 비치고 있다."(요한 1,4-5)

▲ 빛은 어느 한곳도 차별하지 않고 온 누리를 성실하게 비춥니다. 작은 생물까지도 살아가는 동력이 됩니다. 버림받은 이, 힘없는 이, 보잘 것 없는 이들도 예수님으로 인해 희망을 갖습니다.

▲ 빛은 부패를 막습니다. 곰팡이, 세균을 없앱니다. 세상의 어둠인 미움, 질투, 싸움, 증오 등을 사랑으로 변화시킵니다.

▲ 빛은 두려움을 제거합니다. 빛이 들어오면 불안한 마음이 사라지고 평화로워집니다. 빛 자체이신 주님 품안에서는 늘 편안하고 안정감을 찾습니다.

▲ 빛은 따뜻합니다. 예수님의 사랑 속에 잠겨 살아가도록 힘써야 합니다.

예수님께서 사람의 몸을 입고 세상에 탄생하셨습니다. 세상에 빛이 오셨습니다. 우리는 어둠속에 걷지 말고 빛의 자녀로 살아야 합니다. 남에게 어두움을 주는 사람, 그림자를 만드는 사람, 불편을 끼치는 사람으로 남아 있어서는 안 될 것입니다. 빛, 희망, 용기, 희망을 전하는 그리스도인이 되어야 할 것입니다.

"여러분이 전에는 어두움의 세계에 살았지만 지금은 주님을 믿고 빛의 세계에서 살고 있습니다. 그러니 빛의 자녀답게 살아야 합니다. 빛은 모든 선과 의로움과 진실을 열매 맺습니다."(에페 5,8-9)

그리스도인으로 살아가는 것에 대한 모든 것
The Story of
LIFE
삶에 대한 이야기

이 단락의 내용은 「잃어버린 꽃을 찾아서 – 가톨릭윤리신학에서 바라본 성(性)」
(이용훈 지음, 2009, 가톨릭출판사)의 원고 일부를 재구성한 것입니다.

제4부

사제의 삶

성직자와 수도자의 삶

세상 사람들이 자신의 명예와 권세, 출세를 위해 바삐 움직일 때, 개인적 야망과 욕망을 성취하기 위해 경쟁할 때, 현세적 지위를 높이고 재물을 증식하기 위해 힘을 쏟을 때, 성직자와 수도자는 오랜 시간 성체 앞에 머물러 기도하면서 세파에 지친 사람들에게 하느님의 참 진리와 위로의 말씀을 전해 주며, 세상에 평화와 정의, 인류의 행복을 선사하기 위해 오셨던 예수님의 사랑을 몸소 나누어주는 생활을 하고 있습니다. 그래서 성직자와 수도자가 하는 일은 세상의 어떤 사업, 일과도 비교할 수 없는 소중하고 가치 있는 일입니다.

그 가치의 최고 정점에 '사랑'이 있습니다. 우리는 그 모델을 예수님으로부터 찾을 수 있습니다. 예수님께서는 철저하게 천주성부의 사랑 안에서 완전히 일치하여 사셨고, 지상생애를 통해 지극히 인간적인 삶과 죽음, 고뇌, 아픔, 질병, 가난, 노동 등에 온전히 동참하시며 천상으로 이어지는 참 생명의 길을 가르치셨습니다.

"아버지께서 나를 사랑하신 것처럼 나도 너희를 사랑하였다. 너희는 내 사랑 안에 머물러라."(요한 15,9)

예수님께서 성부 안에 머무실 때 얼마나 평화스럽고 안온하고 행복하셨겠습니까. 예수님은 그렇게 성부 안에서 받고 느끼신 사랑을 인간에게 그대로 옮겨 놓으십니다. 성부의 원천적인 사랑은 성자를 세상에 내려 보내시어 죽음에 부치실만큼 인류를 가슴에 묻고 구원하시는 형언할 수 없는 전율(戰慄) 그 자체입니다. 그 사랑으로 성자께서는 성부의 품안을 떠나 세상에 오시게 되었습니다.

  예수님의 공생활 전체는 인류를 위한 완전한 사랑의 극치였습니다. 오늘은 이 고을, 내일은 저 고을로 거처를 옮기시면서 하느님 나라를 선포하시며 구원의 기쁜 소식을 전하셨습니다. 수없이 몰려오는 온갖 병자를 모두 말끔하게 치유하시는 기적을 보여주셨습니다.
  예수님의 가르침에는 경이로운 권위와 함께 새로운 생명이 샘솟는 강한 호소력이 실려 있었습니다. 지금까지 전혀 들어보지 못한 놀라운 가르침에 사람들은 압도되고 말았습니다. 이 놀랍고 귀에 쏙쏙 들어오는 비유를 곁들인 설명과 가르침에 사람들은 넋을 잃고 일상의 생업을 보류한 채 도시락을 싸들고 예수님의 뒤를 따라다녔습니다. 아니 식사 때를 잊은 채 예수님을 따라 다녔습니다. 당시 최고의 학식을 자랑하던 율법학자, 바리사이파 사람들, 대사제들의 위선적인 행태를 기탄없이 지적하시면서, 그들과의 논쟁에서 예수님은 그 누구도 감히 대적할 수 없는 굳건한 존재이셨습니다. 예수님의 비판과 개혁정신, 미래 사회의 전망과 바람직한 사회건설에 대한 말씀은 정치, 경제, 사회, 문화 등 인간사회의 모든 분야에 걸쳐 설파되었습니다.

  이렇게 예수님께서는 선한 일만 하시고, 백성을 올바르게 인도하면서 지도하셨음에도 불구하고 당시 정치계, 종교계, 사회지도층은 예수님을 죽이기 위한 치밀한 음모를 꾸밉니다. 결국 예수님은 하느님을 모독하고 백성을 선동하였다는 죄목을 쓰고 재판정에 나가게 되셨고, 끝내 사형선고를 받으셨으며, 뺨을 맞고, 침 뱉음을 당하고, 살이 묻어나는 모진 채찍질을 수없이 당하셨습니다. 그리고 예수님은 안간힘을 다 하며 무거운 십자가를 등에 진 채, 골고타 언덕을 향해 죽음의 길을 가십니다. 마침내는 처절하고 비참한 모습으로 이승에서의 숨을 거두심으로써 인간에 대한 사랑을 완전하게 실천하셨습니다.

성직자와 수도자들이 먼저 예수님을 본받아 하느님의 사랑 안에 머물면, 이를 보고 많은 이들이 교회의 신앙 안에, 교회의 품에, 교회의 날개 밑에 찾아들게 될 것입니다. 사제와 수도자는 하느님 사랑을 보여주는 예수님의 화신입니다. 제 2의 예수님으로서 세상을 그리스도의 정신으로 물들이는 임무를 갖고 있는 소중한 존재입니다. 사제와 수도자는 신앙인들에게 신앙의 기쁨과 환희를, 아직도 주님을 모르는 이들에게는 하느님의 사랑과 복음을 전해주는 데 더욱 진력해야 할 것입니다.

그 구체적 방법은 가난과 내어줌입니다. 700여년의 세월이 흐른 오늘날까지 전세계인들로부터 평화의 사도로 존경받는 아씨시의 성 프란치스코를 떠올려 봅니다. 성인은 부유한 부모로부터 받은 물질적 풍요와 안락한 삶을 거부하고, 모든 소지품과 입고 있던 옷까지 내어주고는 알몸이 되어 태양을 향해 질주하는 진정한 자유인으로 다시 태어났습니다. 그리고 초라한 걸인으로 생애를 마감하였습니다. 성인은 아무 것도 소유하지 않았습니다. 십자가에 못박히신 그리스도를 따르는 것이 그의 전부였습니다. 그는 또한 우주, 대자연속에 머물며 기본적인 의식주조차 포기하며 극도로 가난한 삶을 선택하였지만, 진정한 부자와 자유인으로서 행복한 삶을 영위하였습니다. 이렇게 그의 절대적 가난정신은 겸손, 단순성, 기쁨, 노동과 자선, 형제애로 이어졌습니다. 이기주의와 물질주의, 생태계 오염, 자연 파괴로 몸살을 앓고 있는 우리 시대에 인간과 자연에 대한 우주적 형제애를 부르짖고 실천한 프란치스코의 지혜와 삶이 요청됩니다. 하느님과 사람, 자연이 하나되어 기쁨과 평화를 누리는 세상을 만드는 일은 바로 성직자와 수도자가 우선적으로 실천해야 하는 역할이며 몫입니다.

 선의의 인간을 비롯한 세상의 피조물은 대체로 하느님의 숭고한 뜻에 따라 올곧게 가고 있지만, 한편에서는 어지럽고 혼란한 모습이 하느님의 뜻과는 정반대의 길을 부추기고 있습니다. 이런 세상의 흐름과 시류에 교회와 교회에 몸담고 있는 하느님 백성도 몸살을 앓고 있습니다. 물질만능, 향락만능, 출세만능, 무신론 사상 등은 세상을 끝없는 추락과 유혹의 길로 이끌고 있습니다.

 이런 세상에서 성직자와 수도자는 한줄기 신선한 빛과 지혜로 하느님 백성과 세상을 인도해야 합니다. 세상이 하느님의 뜻대로 순항하도록 밤낮없이 기도하면서 하느님 나라를 세우는데 온갖 희생과 봉사의 길을 가야 합니다. 보통 사람들이 가는 길과 달리, 세상에서 누릴 수 있는 모든 인간적이며 현세적인 안락과 평안, 부귀와 영화, 가정과 자녀를 둘 수 있는 기본적인 욕망과 원의, 갖고 싶은 권력, 명예를 포기하며 주님께만 온전히 의탁하며 고유한 소명을 펼쳐 보여야 합니다. 이런 성직자와 수도자의 모습은 세상을 정화하고 사람들에게 영적 샘물을 제공하는, 마지막 남은 세상의 보배요 보물이며, 희망이자 미래입니다.

성직자와 수도자들은 좋은 몫, 누구도 가질 수 없는 큰 선물과 은혜를 받았습니다. 그래서 이사야서 말씀대로 '주님 안에서 크게 기뻐하고 영혼이 하느님 안에서 즐거워하는' 자들입니다. 이들에게 하느님께서는 '신부가 패물로 단장하듯 구원의 옷을 입히시고 의로움의 겉옷을 둘러주실 것'입니다.(이사 61,9-11 참조)

단 조건이 있습니다. 예수님께서는 이렇게 말씀하셨습니다.

"하늘에 계신 내 아버지의 뜻을 실행하는 사람이 내 형제요 누이요 어머니다."(마태 12,50)

하늘에 계신 아버지의 뜻을 실행하기 위해 죽기까지 이 길에 성실할 것을 주님께 굳게 서원하는 이들이 있기에 세상의 평화는 훨씬 앞당겨 실현될 것이라고 믿습니다.

독신 생활

　인간의 삶 안에는 두 가지 사랑의 기능이 있는데, 인간은 그 두 가지 모두를 필요로 합니다. 그중 하나가 남녀 간의 사랑일 것입니다. 이는 사랑하는 상대방에게 사랑받을 것을 예견하고 사랑하는 것입니다. 이처럼 기혼자의 사랑은 상호성(mutuality)과 직결됩니다. 물론 독신자들도 인간적 보살핌과 후원을 필요로 하기에 상호성을 완전히 배제할 수 없습니다. 여기서 독신자는 사제와 수도자를 의미합니다.
　또 다른 하나의 사랑은 인격적인 사랑으로 어떤 한정되고 일정한 사랑에 구속받지 않는 것입니다. 제공한 사랑을 되돌려 받는다는 기대를 하지 않고, 상대방을 있는 그대로 수용하고 사랑하는 그러한 사랑입니다.
　물론 남녀 간의 사랑도 자유로운 사랑, 곧 속박받지 않는 사랑을 필요로 합니다. 부부 안에서도 서로 완전하게 의존적이지 않고, 어느 정도 독립적인 성격이 드러나는 것은 부인할 수 없습니다.

　하지만 독신자는 하느님과 타인을 위한 갈림 없는 개방적이고 자유로운 사랑을 필요로 합니다. 특히 성직자들은 누구에게도 어떤 것에도 구속받지 않는 자유로운 사랑을 구체적으로 표현해야 합니다. 여기서 자유라는 표현은 방종이나 탈선적 행위가 아닌 보다 적극적으로 하느님 사랑에 머물기 위한 방법을 뜻합니다.

상호 간의 사랑은 독신에서보다 결혼에서 높이 표출되고 강조됩니다. 반면 독신자들은 만인을 향한 개방적이고 자유로운 사랑에 보다 큰 강조점을 두는 생활방식을 선택하게 됩니다. 독신생활에 대한 결정은 그 자체 안에 높은 인격적 요소와 종교적 신비와 신심의 높은 차원을 포함합니다. 이때 독신생활에 대한 결정에서 고통과 포기가 동반되는데, 이 점은 결혼에 대한 선택과 결정에서도 그러합니다.

독신생활이 추구하는 것은 독특하고 특별합니다. 곧 독신생활은 부활 신앙의 증거를 요청하는 한편, 속박 없는 사랑을 위해 보다 개방적이고 자유로운 사랑, 이타적(利他的)인 삶의 접근방식에 초점을 맞춥니다. 그럼에도 독신자들은 단순히 어떤 인간적 노력을 통해 완전한 목적을 성취할 수는 없습니다. 독신자들은 인간의 완전한 목적을 자신의 힘으로써가 아니라, 그리스도 부활의 힘과 은총을 통해 성취하게 됩니다.

이 세상에서 사람들이 독신을 선택하는 이유는 그리스도의 부활 신앙에서 그리스도교 신앙의 핵심을 보다 확실하고 명료하게 보기 때문입니다. 이러한 독신생활이 제공하는 자유로운 사랑의 관점은 사제직을 수행하는 이들에게 아주 큰 가치와 이익을 지닙니다.

교회에서는 사제성소와 수도성소의 증가를 위한 여러 차원의 모임과 활동을 활성화하고 있습니다. 사제들과 수도자들이 복음화와 선교의 큰 역할을 담당하고, 여러 면에서 헌신과 희생을 아끼지 않기 때문입니다.

그러나 일반적인 관점에서 볼 때 성소의 보편성과 다양성을 편견 없이 평가해야 합니다. 독신을 선택하건, 결혼을 선택하건 모든 인간은 어떤 소명이든 하느님 대전에서 동일한 가치와 위치를 갖기 때문입니다. 독신 사제들처럼 기혼자나 미혼 독신자들도 그리스도 부활에 대한 예언적 증언자의 역할을 훌륭하게 수행합니다. 사제가 아니어도 그들의 삶이 종말론적인 삶이 되고, 부활을 증명하는 모습을 보일 때 참 사랑을 실천하는 이들입니다.

앞에서도 언급하였듯이 이 글에서는 사제의 독신 생활에 대해 좀 더 중점을 두고 설명해 보고자 합니다. 사제의 독신 생활은 삶의 한 방법으로써 근본적으로 인격적이고 인간적인 측면을 지닙니다. 독신자들도 보통의 인간들과 동일하며, 그들도 어떤 모양으로든 사랑하고 사랑받는 성적(性的)인 존재입니다. 하지만 육체적 관점에서만 독신 생활을 설명하려고 하면, 전체적이고 인격적인 차원을 상실하게 됩니다.

그렇다면 독신자들은 어떤 종류의 사랑을 하고 사랑을 받는 존재일까요. 윤리신학은 독신 생활을 협소한 육체적 차원만으로 이해하지 않습니다. 독신의 사랑은 육체적인 관점을 초월합니다. 물론 독신 생활에 대한 규범을 개방적이고 자유주의적 관점에서 보려는 혼합주의적 사고방식은 수용될 수 없습니다. 독신 생활은 언제나 윤리적 책임을 요청합니다.

여기서 한 실례를 들어 보겠습니다. 한 수도자가 긴 세월 수도원에서 살고 있습니다. 그는 항상 이기적이고 불쾌한 처세로 인해 수도원 생활과 그 수도원이 위치한 인근 본당 교우들에게 악표양을 주고 있습니다. 반면 다른 한 수도자는 동료들과는 비교적 원만하게 잘 지내지만, 몸부림치는 고민과 갈등 속에서 성적 유혹과 싸우며 고통을 겪고 있습니다.

두 수도자의 행위는 독신의 윤리성을 평가하는 전체적이고 인격적인 측면에서 볼 때 중대한 윤리적 난관에 직면하고 있습니다. 독신 생활의 인격적 접근에서 보면, 전자나 후자나 모두 독신 생활을 거스르는 불충실한 상태에 있는 것입니다. 독신 생활을 한다는 그 자체로 인격적 결함과 몰염치가 정당화되거나 선善으로 둔갑할 수는 없습니다.

독신으로 살아가는 사제에게 있어서도 다양한 인간관계와 만남은 중요합니다. 독신 사제들은 우선 동성(同性)의 좋은 친구들을 필요로 합니다. 그들과 인격적인 만남을 불경스럽게 여기거나 기피한다면 심리적으로 치명적 손상을 입을 수 있습니다. 독신자들이 만나야 할 대상은 더 나아가 남녀노소 모두 포함합니다. 과거에 많은 위대한 성인들은 가까운 이성(異性)과의 영적 친교와 만남을 가졌고, 교회사에서 보면 남녀 수도자들이 한 공동체 안에서 함께 살았던 시대도 존재했습니다.

독신자가 이성적 만남을 잘 유지하면서 타인들을 사랑하는 법을 배울 수 있다면, 만인을 향한 성숙한 사랑과 태도를 갖는다면, 이는 교회에 선익을 주며 풍성한 영적 결실을 맺을 수 있습니다. 따라서 독신자들과 관련된 이성적 관계는 독신생활의 총체적 학습이 됩니다. 사제가 신앙공동체를 사목할 때 그 대상은 남녀노소를 온전히 포함하고 있습니다.

그런데 과거에 교회는 독신 생활의 외적 성공을 위해 이성과의 만남을 제한하고 통제하기도 했습니다. 그래서 사제들은 여성을 두려워하게 되었고, 결과적으로 여성과의 영성적 대담, 대화, 상담 등을 제대로 진행할 수 없었습니다. 간혹 여성을 두려워하는 사제들은 지극히 인간적이고 사회적인 활동이나 친교적 모임 조차 꺼려하기도 했습니다. 이때 복음 선포의 역할은 중단되거나 사장(死藏)될 수 있습니다. 분명히 독신자의 건전한 이성 관계는 전체 교회에 유익이 됩니다. 독신자의 삶과 복음 증언은 남녀 모두에게 공히 전달되어야 합니다.

독신생활의 최종적 목표는 바로 전체교회의 선익입니다. 독신생활이 독신자 개인을 위한 것이라면 별로 가치가 없을 것입니다. 성경에 나오는 기름을 준비하지 못한 다섯 동정녀의 안쓰러움과 비극을 우리는 익히 알고 있습니다.(마태 25,1-10) 동정을 지키는 물리적인 희생을 넘어서 그 충만한 의미를 배가하는 데 주목해야 한다는 것입니다.

물론 독신자가 이성과 만나고 지도를 하는 일은 그렇게 용이한 것은 아닙니다. 남녀의 만남에서 육체적인 유혹과 감정의 교류는 흔히 가까운 인간관계에서 발생하곤 합니다. 이런 현상때문에 독신자가 이성을 육체적으로 사랑하게 되어 독신 생활의 기본적 틀이 흔들리게 됩니다. 결과적으로는 독신생활의 포기와 환속(還俗)으로 이어질 수 있습니다.

독신자들은 다양한 형태의 이성관계로 인해 고통받고, 고뇌할 수 있습니다. 이성과의 만남은 어느 정도의 감정과 정서, 성적 욕망 등을 포함하기 때문입니다. 성적 욕망은 인간의 경험에서 대단히 공통적이고 자연스러운 것이며, 자주 윤리적 관점과 지향을 흐리게 합니다.

하느님의 사람인 사제는 인간적인 만남이나 욕망에 몰입될 수 있음을 의식하지 않을 수 없습니다. 사제가 이성과의 만남에서 하는 표현은 한 사회의 문화적 차원을 고려해야 합니다. 사람들 앞에서 선정적 언어와 행위로 혹은 이른 바 지나친 몸의 접촉으로, 성희롱 관련 추문으로 사제가 곤혹을 겪는 경우도 있습니다. 선의라고 말해도 정당화될 수 없으며, 아무도 믿어주지 않는 시대입니다. 성적 느낌 자체는 자연스럽고 정상적인 것이기에 두려워할 필요는 없습니다. 이런 느낌들을 자제하고 극복하는 데 있어 기도생활은 기본이거니와 운동, 등산, 독서, 연구활동 등 적절한 방법을 찾아야 할 것입니다. 이를 위해 교회 공동체의 공동노력도 매우 중요한 부분일 것입니다.

정결

정결은 한 개인 안에 성(性)이 훌륭히 통합되어 있는 것을 의미합니다. 정결은 한 개인이 육체와 정신으로 이루어진 그 존재 안에서의 내적 통일을 이루었음을 의미합니다. 따라서 정결의 덕은 온전한 인격과 전적인 헌신을 내포합니다. 정결한 자는 인격의 건전한 통일성을 위해 인격에 손상을 줄지도 모르는 일체의 언행에 유의하고 있습니다.

한편 정결은 자제력을 요청합니다. 인간이 정욕(情慾)을 지배하여 평화를 얻느냐, 아니면 그 정욕에 자신을 맡겨 불행하게 되느냐 하는 것은 선택에 달려있습니다. 인간이 주님께 대한 세례때의 약속을 충실히 지키고 유혹에 대항하고자 하면 그 실현을 위한 수단을 선택하는데 신중을 기해야 합니다. 곧 금욕 실천, 하느님 계명 준수, 덕의 실천과 기도에 충실함 등이 그것입니다.

그런데 자제력을 얻기 위해서는 상당한 기간이 필요합니다. 자제력은 인생의 모든 시기마다 다시 시작하는 노력과 희생을 요구합니다. 그래서 정결은 불완전함과 빈번한 죄로 얼룩진 단계들을 거쳐 가는 성장의 법칙을 따르고 있습니다.

정결은 윤리덕의 하나로서 하느님의 선물이고 은총이며, 성령께서 맺어 주시는 열매입니다. 성령께서는 세례로 다시 태어난 사람들이 그리스도의

순결을 본받게 하십니다.(「가톨릭 교회 교리서」 2337~2345 참조)

정결을 지키는 자는 이웃에게 하느님의 성실하심과 사랑을 증거하는 증인이 됩니다. 이때 정결의 덕은 우정을 통해 피어납니다. 동성이나 이성 사이에서 발전된 우정은 모두에게 큰 선익을 줍니다. 이때 우정은 영적인 친교로 발전합니다. 모든 그리스도인은 각자의 신분에 적합하게 정결한 생활을 하도록 요청 받습니다.

"정결은 각 개인의 다양한 생활 상태에 따라서 구별해야 한다. 온전한 마음으로 하느님께 더 쉽게 전념하기 위한 훌륭한 방법으로서 동정이나 봉헌된 독신생활을 하는 이들도 있고, 모든 이를 위해 도덕률이 결정하는 방식에 따라 혼인하거나 독신으로 지내는 이들도 있다."(신앙교리성, 「성윤리 상의 특별 문제에 관한 선언」 11항)

"여러분의 몸이 여러분 안에 계시는 성령의 성전임을 모릅니까? 그 성령을 여러분이 하느님에게서 받았고 또 여러분은 여러분 자신의 것이 아님을 모릅니까? 하느님께서 값을 치르고 여러분을 속량해 주셨습니다. 그러니 여러분의 몸으로 하느님을 영광스럽게 하십시오."(1코린 6,19-20)

깨끗한 마음은 하느님을 뵙기 위한 전제조건입니다. 그러기에 인간 육체를 성령의 성전으로, 하느님의 아름다우심과 감히 견주게 되는 것입니다. 세례는 세례 받는 이의 모든 죄를 정화하는 은총을 수여합니다. 그럼에도 그리스도인은 육체의 사욕과 부당한 탐욕과의 싸움을 계속해야 합니다. 하느님의 은총과 인간의 기도, 노고와 희생으로 이 각고의 싸움은 승리할 것입니다. 이때 정결은 정숙을 요구합니다. 정숙함은 절제의 절박하고 긴요한 구성요소입니다. 정숙함은 사람들의 내밀한 면을 안전하게 보호해 줍니다. 정숙은 정결을 지향하며, 정결의 우아함을 드러내 줍니다.(「가톨릭 교회 교리서」 2517~2524 참조) 정숙과 정결을 수호하기 위해 세례받은 모든 그리스도인은 늘 깨어 성찰해야 하는 시간을 가져야 할 것입니다.

사제의 정체성과 영성생활

사제는 누구이며 무엇하는 사람이며, 어떻게 살아야 하는 존재일까요.

사제는 하느님의 사람이고, 성스럽고 거룩한 일을 하는 자입니다. 그러기에 신앙이 없는 이들은 사제직을 수행하는 자들을 도저히 이해할 수 없습니다. 어떻게 한 평생을 오직 주님 사업에만 헌신하면서 인간의 기본적인 본능과 욕망인 성욕을 절제하고 가정을 이룰 것을 포기하면서 독신생활을 할 수 있겠습니까. 보통 사람들은 사는 목적이 무엇이냐고 물으면 결혼하여 자식 낳아 가르치고 부양하면서 행복과 보람을 찾는 것으로 대답합니다. 매우 자연스럽고 건전한 사고이며 삶의 철학입니다. 사제들의 삶은 그런 세상의 삶과는 전혀 다릅니다.

사제는 세상이 주는 인간적인 안위와 행복을 포기하는 대신, 사제직 수행을 통해 하느님께서 주시는 영적 선물과 기쁨 안에서 그 무엇과도 견줄 수 없는 행복을 추구하는 사람들입니다. 이처럼 사제직을 거룩한 직무로 이해하는 것은 신앙의 시각으로 볼 때만이 가능합니다.

사제 독신자들은 이기적이 아닌, 혼인생활이 추구하는 상호적 사랑을 초월하는 방법으로 모든 인간을 사랑하는 방법을 배워 익히고 있습니다. 그런데 남녀 사이에는 분명히 인간적이고 육체적인 유혹과 자극이 끊임없이 일어나곤 합니다. 지극히 순수하고 자연적인 만남도 육체적이고 육욕적인 만남으로 비약할 수 있습니다.

사제직은 이런 면에서 일반인의 직업이나 생계수단, 호구지책과 동일선상에서 논의할 수 없을 것입니다. 사제직은 성직이기에 언제나 성실하고 거룩하고 진실되이 수행할 때 하늘의 별처럼 빛날 것입니다. 사제는 세상에 살고 있으면서도 세상의 사조와 풍조에 얽매이지 않고, 예수 그리스도의 모범과 정신에 따라 세상을 복음화 하는 일에 투신하는 모습을 보여야 합니다. 이와 같은 사제의 모습은 시대와 장소를 초월하여 변질될 수 없는 특징이요 성격이 될 것입니다.

사제들이 본연의 사제직을 정도(正道)에 맞게 이행한다면 기쁨과 보람으로 충만할 것입니다. 그럼에도 사제들은 영육간 힘겨움과 피곤함을 겪기도 하며, 때로는 정체성의 위기를 느낄 수 있습니다. 사회현상의 복잡다단함이나 과학의 발전과 더불어 이런 현상은 더욱 심화될 것입니다. 이를 극복하는 방법은 무엇일까요.

사제의 기본적 모형은 언제나 예수 그리스도이십니다.

"나는 양들이 생명을 얻고 또 얻어 넘치게 하려고 왔다. 나는 착한 목자다, 착한 목자는 양들을 위하여 자기 목숨을 내 놓는다."(요한 10,10-11)

"이 우리안에 들지 않은 양들도 있다. 나는 그들도 데려와야 한다. 그들도 내 목소리를 알아듣고 마침내 한 목자 아래 한 양떼가 될 것이다."(요한 10,16)

예수 그리스도 안에서 목자이며 지도자인 사제의 이상적 모형이 나타납니다. 착한 목자는 언제나 양들을 위하여 자기의 목숨을 바치며 양들을 찾아 나섭니다. 양을 위해 일생을 봉헌하는 사제의 길에는 사제 자신과 교회 공동체가 함께 고민하고 실천해야 할 부분이 있음을 잊지 말아야 할 것입니다.

사제는 예수 그리스도를 본받아 하느님을 철저히 섬기며 온전히 하느님의 백성에게 봉사하는 존재입니다. 그런데 사제의 봉사와 희생적 삶은 사제 서품만으로 자동적으로 주어지지 않습니다. 끊임없이 예수 그리스도의 생애를 묵상하고 그분의 정신 안으로 들어갈 때 가능해 집니다.

한 그리스도인으로서 사제의 궁극적 목표는 예수 그리스도와의 일치이지, 사제로 서품되었다는 외적 사실이 아닙니다. 신학생들은 사제 서품을 최종 목표로 삼고 주어진 과정과 단계에 따라 인성적, 지성적, 영성적, 사목적 교육을 받은 후 사제서품을 받습니다. 그러나 사제서품을 받는 것으로 이미 최종목표를 달성한 것은 아닙니다. 사제서품을 계기로 더욱 영성생활에 정진해야만 비로소 사제는 세상의 희망과 평화의 보루가 될 수 있을 것입니다.

예수 그리스도께서는 철저하게 타인을 위해 봉사하고 십자가에 죽음으로써 사제직을 완벽하게 수행하셨는데, 그 활동은 늘 기도와 연관을 맺고 있습니다. 그 분의 열성적인 활동은 언제나 기도와 밀접하게 조화를 이루고 있었습니다.

"다음 날 새벽 아직 캄캄할 때, 예수님께서는 일어나 외딴곳으로 나가시어 그곳에서 기도하셨다."(마르 1,35)

열성적인 사목활동이 기도와 일치되고 조화된 생활은 사제생활의 이상적 모형입니다. 예수님은 군중들을 돌려보내시고 한적한 곳으로 피하시어 기도하셨고, 십자가 위에서도 기도하셨습니다.

"예수님께서는 외딴곳으로 물러가 기도하셨다."(루카 5,16) "예수님께서 큰 소리로 외치셨다. '아버지, 제 영혼을 아버지 손에 맡깁니다' 이 말씀을 하시고 숨을 거두셨다."(루카 23,46)

예수님의 공생활은 언제나 기도안에서 완벽한 조화를 이룬 생활이었습니다. 사제가 하느님과 깊은 내적 일치를 통하여 하느님의 사랑에 잠기면 자연스럽게 보람있고 기쁨 충만한 사목적 결실로 이어집니다. 사제가 하느님의 사람으로, 구원과 은총을 전달하는 도구로, 목자적 사랑을 보이며 사람들에게 헌신하기 위해 기도는 유일무이한 버팀목과 지주가 됩니다. 하느님과의 내적 대화만이 사제의 신원을 유지시켜 주는 유일한 길인 것입니다. 사제의 기도와 활동이 조화와 균형을 이루기 위해 사제와 교회 공동체는 그 걸맞는 대안과 사목활동 전반을 성찰하는 노력을 기울여야 할 것입니다.

예수님의 활동이 기도와 조화를 이루었듯이 사제의 사목활동도 기도를 통해 가장 이상적(理想的)인 모습을 드러냅니다. 사제가 기도해야 하는 것은 사제직 자체가 영적 직무이기 때문입니다. 기도하며 수행하는 사제직은 예수 그리스도의 정신과 사상을 그대로 반영합니다. 그 반대라면 사제직은 단순한 기능적, 기계적 행위로 치부되고 말 것입니다. 사제의 기도는 사제가 끊임없이 추구해야 하는 본질적 직무이며, 사제직에 활력을 불러 일으키는 원천이며 토대입니다.

영성생활에 정진하는 일은 세례받은 모든 그리스도인의 기본적 실천사항입니다. 그래서 신자는 사제에게 간곡하게 기도하는 방법을 가르쳐 달라고 청하고, 여러 가지 가정과 사회, 직장 문제가 포함된 여러 내용을 알리며 기도를 부탁합니다. 신자 자신과 가정의 고통과 고뇌, 불편한 인간관계, 직장과 사회생활의 갈등, 자녀의 교육문제, 취직시험과 사업 등의 사안을 들고와 기도를 청합니다.

당연히 사제는 신자의 지향을 거부하지 않고 모두 귀담아 듣고 기도로 응답합니다. 신자는 사제의 기도를 통하여 힘들고 짜증나는 일상의 삶속에서 큰 위안과 용기를 얻습니다. 사제는 신자를 대신하여 주님 대전에서 기도하면서 사제로서의 기쁨과 보람을 느낍니다. 사제는 이렇게 신자에게 희망과 위로, 마음의 평화를 전해주는 꼭 필요한 존재입니다.

현대 사회는 물질주의와 과학 만능 사조로 인해 활동주의, 업적주의, 실적주의의 영향을 받고 있으며, 이런 풍조가 자칫 사제들을 지치게 하고 상처입게 합니다. 교회는 하느님의 의지, 영적 가치를 경시하고 겉모양이나 외적 활동을 높이 평가하는 일을 피해야 합니다. 교회의 활동 지상주의는 결국 사도직을 세속화시켜 성화되어야 하는 교회를 위기에 빠뜨리게 하고, 건전한 복음화의 길을 방해하는 요인이 될 수 있습니다.

  사목생활에 생기를 주는 것은 외적인 어떤 업적과 활동보다도 하느님께 대한 순결하고 순박한 사랑, 주님이시며 스승이신 예수님을 온 몸과 마음으로 따르는 일입니다. 사제가 세상의 구원을 위하여 몸을 바치겠다는 열정과 욕망은 깊은 내적 기도로부터 나옵니다.
  세상의 빛과 소금이 되어야 할 사제들은 무엇보다고 수덕적인 삶에 무게 중심을 두어야 합니다. 이런 생활로써 사제는 백성들을 지도하고, 그들을 하느님께 인도할 수 있는 힘과 용기를 얻을 수 있습니다.
  사제들이 기도에 열성을 기울이면 기쁨 가득한 외적 사목 활동은 자연스럽게 따라오는 부산물입니다. 기도와 활동의 조화만이 현대의 물질문명의 병폐와 과학 만능의 사조를 극복하는 지름길이 될 것입니다. 사제가 기도하는 습관을 생활화하고, 이를 활동과 자연스럽게 접목시킬 때, 주님께서 주시는 평화와 위안, 기쁨과 희열을 느끼며 기꺼이 사제직에 일생을 바칠 수 있을 것입니다. 이것이 세상에 희망을 주는 바람직한 사제의 모습입니다. 사제의 건강한 영성생활을 위해 교회 공동체 구성원의 열린 마음과 이해가 절실히 요청된다는 점도 잊지 말아야 할 것입니다.

사제의 직무와 역할

사제는 부르심을 받은 사람입니다. 사제는 하느님으로부터, 그리스도로부터 그리고 교회로부터 부름을 받은 사람입니다. 그리스도께서는 사제들을 한 사람 한 사람 개별적으로 부르십니다. 그 사제들의 몫은 세상에서 복음을 전하며 하느님의 백성을 성화시키고 그들을 돌보는 직무를 수행하는 것입니다.

사제는 그리스도의 인격 안에서 활동하며 서품에 의해 그리스도를 대리하며 세상의 구원을 위해 그분의 직무를 이어받습니다. 그 직무는 교도직, 성화직, 친교직이며, 이는 구원자이시며 중재자이신 그리스도의 직무를 이어받는 것입니다. 이런 고귀한 직무를 부여받는 사제는 모든 그리스도인과 더불어 완덕을 향해 나아가고 있습니다.

더욱이 사제는 성품성사를 통해 대사제이신 그리스도의 인격과 결합되어 있기 때문에 완덕으로 불림받고 있습니다. 사제의 존재와 사명은 예언자요 사제이며 왕이신 그리스도의 직무 수행을 통해 자신을 성화하고 있습니다. 특히 제 2의 그리스도로서 그리스도를 닮아야 하기에 성화와 완덕의 길을 향해 걸어가고 있습니다.

세상의 구원을 위해 아버지께로부터 파견되신 그리스도(요한 3,17)의 모습은 섬김을 받으러 온 것이 아니라, 섬기러 오시어 당신 목숨까지 바치신

그리스도의 자아 포기에 이르고 있습니다.(마태 20,28; 필리 2,7-8 참조)

마르코 복음 1장에 주님의 하루 일과가 잘 나타나는데, 자신을 조건 없이, 온전히 내어 놓으시는 주님의 열성적인 행위가 적나라하게 눈 앞에 펼쳐집니다. 안식일임에도 온종일 사람들을 위해 일하시는 모습, 곧 오전에 회당에서의 설교, 악령들인 사람의 치유, 베드로 장모의 치유, 저녁 때 집으로 몰려오는 병자들의 치유 등을 볼 수 있습니다. 그리고 먼동이 트기 전 조용한 곳을 선택하여 기도하시고, "다른 이웃 고을들을 찾아가자. 그 곳에도 내가 복음을 선포해야 한다"(마르 1,38)고 하시며 피곤한 몸을 이끌고 온 갈릴래아 지방을 다니셨습니다. 또 그 분은 전도여행에 지쳐 야곱의 우물가에 앉으시기도 하셨고(요한 4,6), 거센 파도가 치는 가운데 배안에서 주무시기도 하시고(마르 4,38), 머리둘곳조차 없이 편안한 집도, 휴식처도 없이 가난하게 사셨습니다.(루카 9,58)

물질, 명예, 권력은 그 분과 아무 관계가 없었습니다. 그 분의 봉사적 삶은 십자가상 고통과 죽음에서 절정에 달합니다. 수난과 죽음은 그 분이 인간에게 보여줄 수 있는 마지막 봉사의 극치입니다. 사제가 주님을 닮는 것도 사제 자신이 혼자 담당할 수 있는 것이 아니라, 교회 공동체가 함께 신뢰와 대화를 통해 풀어 나가야 할 과제가 아닐 수 없습니다.

"예수님께서는 그들을 가까이 불러 이르셨다. 너희도 알다시피 다른 민족들의 통치자라는 자들은 백성 위에 군림하고, 고관들은 백성에게 세도를 부린다. 그러나 너희는 그래서는 안 된다. 너희 가운데에서 높은 사람이 되려는 이는 너희를 섬기는 사람이 되어야 한다. 또한 너희 가운데에서 첫째가 되려는 이는 모든 이의 종이 되어야 한다. 사실 사람의 아들은 섬김을 받으러 온 것이 아니라 섬기러 왔고, 또 많은 이들의 몸값으로 자기 목숨을 바치러 왔다."(마르 10,42-45)

예수님은 위의 말씀을 통해 세상에서 통용되는 상식적인 상하관계의 도식을 송두리째 흔드십니다. 우리가 예수님을 따르는 유일한 방법은 예수님의 생활을 본받아 그대로 봉사하는 일입니다. 그렇지만 많은 이들이 아직도 세속의 기준으로 세상을 바라보고, 세상을 살아갑니다.

세속의 기준과 예수님이 제시한 삶의 기준은 큰 차이가 납니다. 예수님께서 이 차이를 강조하시는 것은 모든 교회 지도자들이 명심해야 할 부분입니다. 교회의 지도자인 사제는 주님으로부터 받은 교회의 사명, 즉 세상의 구원을 위한 특별한 도구로 불림 받았음을 자각하고 주님께서 보여주신 봉사의 삶을 자기 삶의 기준으로 삼아야 합니다.

하느님과 진정으로 일치하고 있는 영혼은 내면에 작용하는 뜨거운 하느님의 사랑을 보며 가만히 있지 못할 것입니다. 성령의 충동으로 하느님으로부터 받은 것을 남에게 전하는 것은 자연스런 일입니다. 사제가 하느님과의 일치 안에서 성무를 집전할 때 사제 자신의 성화은총이 증가되고, 내적인 변화도 뚜렷하게 나타납니다.

사제의 헌신적인 봉사가 참 목자적인 사랑에서 나올 때 그 행위 하나하나는 만나는 이들에게 감격스런 은총을 선사하게 됩니다. 죄의 고백을 듣고 성시를 집전하며 교리를 가르치고 환자를 방문하며 장례 미사를 집전하고, 본당이나 사회의 일반적 활동에 참여하는 것 모두가 사제의 사랑과 선행을 드러내는 것이기에 이런 활동을 통하여 사제 안에서 하느님의 생명은 힘차게 흘러넘칠 것입니다.

사제의 모든 활동은 대사제이신 주 예수님의 희생적인 사랑, 특별히 성체성사 안에 숨어 계시는 주 예수님의 헌신적인 사랑에 근거하며, 그 분을 본받아 자신의 전생애를 하느님과 인류를 위해 몸 바칠 각오로 살아가는 삶입니다.

"여러분 가운데에 있는 하느님의 양 떼를 잘 치십시오. 그들을 돌보되, 억지로 하지 말고 하느님께서 원하시는 대로 자진해서 하십시오. 부정한 이익을 탐내서 하지 말고 열성으로 하십시오. 여러분에게 맡겨진 이들을 위에서 지배하려고 하지 말고, 양 떼의 모범이 되십시오."(1베드 5,2-3)

이는 초대 교황이신 사도 베드로께서 제시한 사제상입니다. 베드로는 권위의 근거가 사랑과 봉사이지, 지배하고 억압하는 권력이 아니라고 강조합니다. 사제직이 섬기는 일이며 봉사직일 때 세상의 구원과 희망의 표지가 됩니다. 사제직은 사제 자신의 개인적인 이익을 위한 것이 아니라, 전체 교회와 소속 공동체, 그리고 형제자매들을 위한 것입니다.

기도생활과 외적활동의 조화

 모든 사제는 습관적으로 주님 품안에, 그분의 불타는 사랑 속에, 그 원천적인 사랑(amor fontalis)속에, 사랑의 불덩어리이신 하느님께 푹 담기기를 소망하며 살아가고 있습니다. 아니, 늘 잠겨 있으면 가장 이상적입니다. 그럴 때 사제의 외적 활동은 형언할 수 없는 보람과 기쁨에 젖어들 것입니다. 세상에 태어난 사람은 예외없이 자신에게 생명을 주신 하느님을 섬기며 살다가 끝내 그분의 생명 안으로 들어가는 존재입니다. 어느 누구도 이런 인간의 기본적인 소명을 저버릴 수 없을 것입니다. 특히 사제는 이런 인간됨을 구현하는 모형이 되어야 하기에 온 몸과 마음으로 이 길에 충실하기 위해 온 청춘과 일생을 봉헌하고 있습니다.

 자신을 낳고 길러주신 부모에게 철부지 자녀들이 '왜 우리를 낳았느냐, 우리가 언제 세상에 나오기를 원하였느냐, 우리 동의를 받지 않았으니 우리의 출생이 무효이고, 청하지 않은 삶은 무의미하다'고 말한다면, 이런 자녀의 말을 듣는 부모는 가슴 깊은 곳에 지울 수 없는 상처를 받을 것입니다.
 하느님의 외아들 주 그리스도께서는 우리 인간의 삶을 직접 보고 느끼고 이해하시기 위해 세상에 비천한 모습으로 오셔서 우리와 함께 머물고 계십니다. 그 분은 이전 시대에는 상상하지 못했던 놀라운 가르침을 전하셨습니다. 하늘나라와 사람의 도리를 비유로써 말씀하시고, 수많은 이들의 삶의 고통을 들으시고, 그들의 육신과 영혼의 모든 질병을 말끔이 치유해 주셨습니다. 그야말로 믿을 수 없는 기적들은 보며 사람들은 강렬한 환희와 기쁨, 행복에 취하고 말았습니다. 지금도 주님은 우리의 마음 문을 두드리고 계십니다. 주저하지 말고 활짝 마음의 문을 열고 신앙의 기쁨속으로 들어가야 합니다. 무엇 때문에 망설이며 시간을 끌고 있습니까. 무엇이 두렵습니까. 무엇이 아깝습니까. 아직도 젊음과 건강한 몸에 미련이 있습니까. 보잘 것 없는 재물이 우리의 갈 길을 못가게 막고 있습니까.

"너에게 아직 모자란 것이 하나 있다. 가진 것을 다 팔아 가난한 이들에게 나누어 주어라. 그러면 네가 하늘에서 보물을 차지하게 될 것이다. 그리고 와서 나를 따라라."(루카 18,22)

"나를 따라라."

주님의 음성은 언제나 강력합니다. 아직도 명예에 대한 욕심이 있습니까. 조만간 사라지고 없어질 것입니다. 지위와 명예가 나를 붙잡습니까. 그것도 곧 머지않은 장래에 다른 이에게 넘어갈 것입니다. 주님의 뜻과 반대로 주어진 지위와 권한을 사용하면, 훗날 주님의 혹독한 꾸지람을 감당하기 힘들 것입니다. 좋은 의복, 맛난 음식, 취미와 오락이 주님께 가는 길에 방해가 되고 있습니까. 세상이 주는 모든 즐거움, 안락, 재미, 소유물, 권한, 영예 등은 아주 잠깐 향유할 뿐이고, 주님께서 잠시 빌려주신 선물일 뿐입니다.

지금 혹시 아무런 병고 없이 건강합니까. 주님께서 허락하신 만큼 건강을 유지할 뿐입니다. 시간이 흐르면 병들어 몸져 눕는 일은 피할 수 없는 자연스런 현상일 것입니다. 질병과 고통, 육신의 노쇠와 그로 인한 장애뿐만 아니라, 삶의 종착역인 죽음도 언제 어떻게 닥칠지 도대체 예측할 수 없습니다. 우리 미래의 운명, 그것은 전적으로 하느님의 손안에 들어있습니다.

일생을 통해 소유하게 되는 눈에 보이는 사물과 물질, 그리고 눈에 보이지 않는 구체적인 모습을 지니지 않은 정신적, 영성적인 선물과 가치 등도 모두 우리의 것이 아닙니다. 주님께서 잠시 우리에게 맡기신 것입니다. 세상에 머무는 동안 그분의 영광에 보탬이 되기 위해 우리가 잠시 관리하고 사용할 뿐입니다.

현대 사회에서 그리스도인들은 다양한 활동 때문에 기도할 시간이 없다며 울상을 짓고 있습니다. 기도와 영적 생활에 따로 시간을 내지 못하지만, 정작 자신의 오락, 취미, 운동, 사교 등 외적 활동에는 많은 시간과 정열을 쏟고 있습니다. 사제들도 이와 같은 함정에 빠질 수 있습니다.

사제는 기도의 소홀함으로 인해 무의미 체험을 심화시키고 기쁨과 보람을 감소시킬 수 있습니다. 자칫 형식적이고 기계적으로 성사 집전이 이루어질 때 영적 건조함과 기쁨의 상실감은 사제의 정체성에 흠집을 낼 수 있습니다.

사제는 사랑 자체이신 하느님을 갈망하고 그 분 안에서 시간을 보내며 외적 활동을 할 때 영적 행복감에 젖어듭니다.

사제는 거룩한 일, 주님의 구원사업, 교회의 사람으로 불렸기에 기도에 정진해야 합니다. 사제는 기도의 모범이 되어 사람들에게 기도하는 법을 가르쳐야 합니다. 사제는 교회의 공식기도인 성무일도를 늘 바침으로써 일상생활을 성화시켜야 합니다. 또한 사제는 목자로서 맡겨진 신자들을 위해 기도할 의무가 있습니다. 사제가 진정으로 열성을 바쳐 기도할 때 자신과 교회, 그리고 신자들에게 큰 영적 유익을 줍니다. 하느님 백성과 함께 드리는 전례적인 기도는 성체성사 거행에서 절정을 이룹니다. 이때 사제는 그리스도의 인격을 대신하여 볼 수 없는 하느님을 제대에 모십니다. 공동체 구성원들과 성무일도를 바치는 일은 매우 값진 영적 활동입니다. 그래서 사제는 기도를 통해 백성을 하느님께 이끌고 있습니다.

주님과의 일치는 사제 직무 안에서 그대로 드러납니다. 관상성찰과 외적성찰은 별개의 것이 아닙니다. 위대한 사목자들이나 선교사들, 설교가들은 이 두 생활 양식을 하나로 적절히 조화시켰습니다.

'관상한 바를 남에게 전하라'(contemplata aliis tradere)는 영성의 원리는 깊은 내적 기도의 결과가 자연스럽게 이웃에게 영향을 미치고 있음을 일깨워 줍니다. 기도와 활동의 조화는 아주 자연스러운 것이지 특별한 현상은 아닙니다. 내적 기도의 결과는 언제나 활동 안에서 어떤 구체적 형태로 열매를 맺고 있습니다. 따라서 활동하는 자의 삶은 기도 생활을 결코 비켜가지 않습니다. 예수님은 바쁜 공생활 중에서도 이른 새벽녘에 일어나시어 하느님 아버지와 일치하는 기도 시간을 어김없이 할애하셨습니다.

선(善)은 저절로 넘치는 법입니다.(Bonum sui diffusivum est) 사제의 사목적 열정은 기도생활에 달려 있습니다. 내적 기도는 사제가 세상 구원을 위해 하느님 나라를 확장시키려고 하는 열망의 근거입니다. 그래서 사제들은 분주한 생활 속에서 기도 생활과 수덕적 삶에 성실히 임하고 있습니다. 성체 안에 현존하시는 예수님 앞에서 보낸 시간이 사목활동의 효력을 반감시키지 않습니다. 오히려 사목활동의 활력을 배가시키며 풍요롭고 윤기나게 합니다.

이 시대의 사제, 사제직

독신생활은 확실히 사제 직무를 효과적으로 수행하도록 인도합니다. 갈림없는 마음으로 하느님과 교회를 위해 봉사하도록 하기 때문입니다. 독신생활은 복음정신, 기도, 깨어있음, 가난, 기쁨, 형제애 안에서 이루어지고 있기에 복음 선포를 위한 가장 이상적 표징이 되며, 인류에게 그리스도의 사랑을 활기차게 전하는데 기여하고 있습니다.

또한 독신생활은 자연 질서를 초월하는 특별한 은총의 선물입니다. 전 인간적 사명을 요청하는 것이기에 하느님의 은총 없이는 유지될 수 없습니다. 이는 교회의 법규정이기 보다는 주님과 교회를 위한 봉헌의 징표로 하사되는 은사입니다. 이 독신의 은사는 주님과 교회, 하느님 백성 앞에서 공적으로 부여받는 특전입니다. 독신생활은 하느님 나라를 위한 하나의 봉헌이며, 공적으로 교회가 나약한 인간에게 부여하는 참되고 실제적인 표지입니다.

하늘나라를 위해 받아들인 독신생활을 위해 신학생들은 사제가 되기 전에 7년에 걸쳐 예수 그리스도를 닮는 수련을 받고 있습니다. 이들은 믿음과 사랑을 통해 이미 와 있는 하느님 나라를 완성시키기 위해, 그리고 천상에서 온전하게 전개될 완벽한 주님 나라를 미리 이 세상에서 앞당겨 보여주고 있습니다. 곧 봉헌된 독신생활은 종말론적 희망의 표지가 됩니다. 모든 이가 성령에 의해 예수님과 하나되어 성부께 영광을 드리기 위해 살게 될 미래의 실재(realitas)를 보여주는 예언자적 표지가 되는 것입니다.

오늘날 사제들은 서품 후 주어진 성무를 기쁘게 수행하고 있습니다. 그러나 때로는 어려움을 겪으며 마음의 상처를 받기도 합니다. 결코 녹록치 않는 사목환경속에서도 사제들은 세상에 기쁨과 희망의 메시지를 전하고 있습니다. 사제 자신이 주님 안에서 만족과 평화를 느끼며 행복하게 사는 것이 바로 사제와 만나고 대화하는 모든 이에게 참 진리와 희망을 선사하는 길입니다. 급변하는 사회 속에서 사제들의 삶이 위기를 겪지 않도록 교우들께서는 끊임없이 사제를 향한 기도와 격려, 신뢰의 손길을 내밀어 주어야 하겠습니다.

오늘날 한국 천주교회 신자수(570만여명)는 사제수(5200여명)와 함께 최근 50여년간 크게 증가했습니다. 하느님께서 한국교회에 내려주신 큰 축복이며 은혜입니다. 질적으로 우수한 영성과 지성, 사목적 역량을 겸비한 주님을 닮은 사제들이 많이 탄생하도록 전교회적인 관심과 기도가 요청됩니다. 사제들은 세상의 평화와 안녕을 수호하는 최후의 보루이기 때문입니다.

영원한 생명을 주는 하느님의 말씀을 전하고 성사들을 집전하며, 육체적이고 정신적으로 고통받고 소외된 사람들을 따뜻이 돌보며, 신자들을 하늘처럼 받들고 섬기며, 자신이 소유한 영적이고 물질적인 모든 것을 나누고, 백성들을 위해 한결같은 마음으로 일생을 봉헌하는 출중한 성덕을 갖춘 사제들이 나오도록 교우님들께서 기도와 희생을 바쳐주시기 바랍니다. 사제가 주님을 비추는 거울의 역할을 할 때, 사제는 세상에 희망과 용기, 화해와 평화를 선사하는 도구가 될 것입니다. 하느님의 교회와 나라는 사제와 신자공동체 구성원이 함께 만들어가는 신비로운 실체이며 작품입니다.

글을 마치며
다시 기억하는 교황 프란치스코의 방한
– 가톨릭 윤리의 자각

벌써 4년이 흘렀습니다. 지난 2014년 교황님이 한국 교회를 방한 하셨습니다. 당시 한국교회 신앙인들은 '복음의 기쁨' 안에서 교황님의 방한을 함께 기뻐했습니다. 마치 대학에 입학하여 기뻐하는 새내기 대학생처럼, 좋은 직장에 들어가 행복해하는 신입사원처럼 말입니다.

하지만 지금 우리는 그 때의 기쁨과 감격을 잊은 듯 보입니다. 교황님의 방한은 우리에게 숙제 거리를 부과했음을 잊지 말아야 합니다. 새내기 대학생과 신입사원들은 앞으로 할 일이 많습니다. 교황 방한과 관련해 우리도 할 일이 많습니다.

교황님의 한국 방문은 순교의식의 제고(提高), 소외된 이웃에 대한 관심, 민족화해에 대한 노력, 청년 청소년 사목의 쇄신 등 다양한 과제들을 우리에게 부여했습니다.

그런데 윤리신학도인 저는 여기에 한 가지 더 생각해 봐야 할 문제를 제기하고자 합니다. '가톨릭 윤리의식'의 제고(提高)가 그것입니다.

교회와 그리스도인은 사회문제에 대해 부해 부단한 관심과 애정을 가져야 합니다. 여기서 사회윤리의 과제가 등장합니다. 교회가 직접적으로 정치에 간섭하지 않는 한, 사회문제에 관심을 갖고 올바른 해결책을 찾으며, 기본적 인권보장을 위해 투신하는 것은 정당한 일입니다. 이런 교회의 성실하고 참신한 노력은 교회의 본성과 근본적 지향에서 나오는 것이기에 항상 존중되어야 하며, 결코 부당한 것으로 볼 수 없습니다.

그리스도인이 이웃과 세상을 위한 현세적 임무를 외면하거나 소홀히 하게 되면 그 자체로 하느님과 이웃을 부정하고 도외시 하는 것이므로 교회 구성원으로서의 사명을 망각하는 일입니다. 나아가 구원 대열에 합류할 수 없는 위태로운 상황에 직면하게 될 것입니다.

교회가 본연의 사명인 복음선포 소명을 다 하기 위해서도, 이런 사회문제들을 멀리한 채 '일차적 복음화 사업'(직접적 선교활동과 성사생활 지도)에만 매달릴 수는 없습니다. 교회는 사회와 동행하며 생존해야 하고 성장해야 하기 때문입니다. 이런 점에서 교회가 사회문제들에 대해 관심을 갖고 접근하여 해결책을 강구하는 것은 지극히 당연한 일입니다. 따라서 교회가 미래 사회의 복음화 사업에 역점을 두는 것은 대단히 유익한 일이 될 것입니다.

가톨릭교회의 윤리에 대한 지침과 방향은 사회교리 안에 잘 나타나고 있습니다. 1891년 교황 레오 13세의 「새로운 사태」 이후 지금까지 교회는 정치, 경제, 가정, 노동, 생명, 환경 등 사회문제 전반에 관하여 분명한 가르침을 전개해 왔습니다. 인간이 지켜야 할 성적(性的)질서, 가정생활, 사회, 경제, 정치 생활 분야에서 요청하는 윤리적 규범 등이 그것입니다. 급변하는 현대 세계와 발을 맞추어 구원의 학교로서의 적절한 이정표를 제시해온 것입니다.

이러한 사회적 가르침은 사회 현실에 대한 세상과 교회의 반성을 기대에 맞게 표현해 주고 있으며, 사회의 구체적 현실을 복음 안에서 재조명하고 평가하는 가운데 실제적인 행동 지침을 제공합니다.

더 나아가 교회의 사회적 가르침을 실천하는 일은 복음 전파 사명의 일부가 됩니다. 하느님과 교회에 목숨을 걸고 고백하는 신앙 교의(敎義, Dogma)의 내용이 사회현실 속에서 뿌리를 내리지 못하고 살아 움직이지 못하여 구체적 결과를 내지 못한다면, 사회와 세상은 비웃음과 비난으로 그리스도인의 이중성을 지적할 것입니다.

교회의 사회적 가르침이 인간 행동에 지표를 주는 것이라면 당연히 '생명과 인권존중' '정의에의 투신'을 겨냥할 수밖에 없습니다. 세상의 구조적인 악과 불의에 대항하는 일은 복음을 선포하는 봉사직의 일부분이며, 교회의 예언적 직무에 속하는 것입니다. 교회의 바른 복음 선포는 세상의 부정과 부패를 일소하고 예언적 소명을 성실히 수행하는 일이기 때문입니다. 교회의 사회적 가르침을 실천하는 것이야말로 새로운 시대의 사회윤리를 바르게 세우는 지름길이 될 것입니다.

인생은 '나그네의 길'입니다. '호모 비아또르'(homo viator, 길 위의 인간)는 인간의 또 다른 이름입니다. 이 나그네의 순례가 바로 사회 안에서 이뤄집니다. 신앙교리와 사회교리의 균형과 조화가 이루어져야 하는 이유도 여기에 있습니다.

교회는 고통받는 이, 소외된 약자들에게 관심을 가져야 합니다. 교회는 가치관이 전도되어 가는 이 사회에 가톨릭 윤리기준을 제시해야 합니다.

우리가 사는 이 시대는 격동의 시대입니다. 다시 말한다면, 새로운 패러다임이 생기는 시대, 전통적 윤리가치가 무너지는 시대입니다. 하지만 보편적인 윤리, 변치 않는 윤리는 존재합니다. 세상이 아무리 변한다고 해도 변하지 않는 것이 엄연히 있습니다. 그것은 곧 생명이며 사랑입니다. 자살, 안락사, 낙태 등은 교회가 허용할 수 없는 대상, 바로 절대로 물러설 수 없는 지켜야 할 가치입니다. 이것이 바로 우리가 이야기하는 '가톨릭 윤리'입니다.

인간양심에 기초한 가치는 변하지 않습니다. 다만 인간이 스스로 그것을 지키지 않으려고 할 따름입니다. 개별적이고 주관적인 양심의 판단이나 사회적 문화적 특별한 상황에 따라 행동해도 좋다는 주장에 교회는 결코 동의하지 않습니다. 극도의 이기주의, 한탕주의가 만연한 우리 사회 현실을 분석, 진단하며 교회의 가르침 안에서 새로운 해답을 찾아야 합니다.

우리는 하느님을 알게 되면 자신이 어떤 존재인지를 깨닫게 되고, 하느님의 생명에 참여하기 위해 스스로 자신의 모든 것을 그분 앞에 솔직하게 고백하게 됩니다.

자신이 누구인지를 잘 알면 하느님을 사랑하지 않을 수 없습니다. 하느님의 뜻을 실천하게 되면 이웃 형제를 자신과 같은 차원에서 이해하고 사랑하게 됩니다. 하느님께서 계시하신 진리를 따라 살고 하느님께서 새겨 주신 양심과 윤리규범에 따라서 행동하면 밝고 행복한 사회를 열어갈 수 있습니다.

세상이 변하고 올바른 규범을 지키기 힘들게 되었다고 해서, 진리가 절대로 다수결에 의해 결정되는 것이 아닙니다. 하느님께서 영원불변한 모습을 지닌 그대로 존재하시듯이 진리는 언제나 그 자리에 서 있어야 합니다.

그러므로 우리 마음속 깊은 곳에서 우러나오는 양심의 목소리에 귀를 기울이며 주님과 교회의 가르침을 실천에 옮겨야 할 때입니다. 특히 교회와 사회의 지도자들이 사명의식을 갖고 먼저 소외되고 어려운 이들을 위해, 새로운 각오와 다짐으로 깨어 있어야 할 것입니다. 이것이 바로 보이지 않는 하느님을 사랑하는 유일무이한 방법이며 교황 프란치스코의 방한을 잊지 않고 마음에 새기는 길입니다.